法政大の英語

［第9版］

久米芳之 編著

JN104055

教学社

はしがき

　本書は，法政大学を志望する受験生のための傾向対策問題集として執筆されました。「合格」という栄冠を勝ち取るためには，過去問の研究が最も重要であることは言うまでもありません。しかし，学力が不十分な段階で過去問に挑戦しても，なかなか成果が上がらないのが現実でしょう。そこで，「過去問を解きながら実力を養成することはできないか」と考えて執筆されたのが本書なのです。

　本書の用途は，以下の３つに大別できます。

　　⑴　過去問研究の入門書として
　　⑵　合格に必要な実力養成問題集として
　　⑶　過去問研究のための類題集として

　ここで，それぞれの用途に応じた本書の使い方を簡単に説明しましょう。

⑴　これから過去問を研究しようと思うのだが，いきなりでは自信がないという受験生のために，各問題の「解説」や「語句・構文」（読解問題の英文中で使われている単語や構文の訳や説明）を充実させました。各章全セクションの［研究問題］に一通り取り組んだ後に，［実戦問題］に挑戦するという使い方がよいでしょう。

⑵　基礎学習を終え，これから過去問に取り組もうという受験生の実力養成のために，［実戦問題］には「目標解答時間」と「目標正答数」を示しました。各セクションの［研究問題］に取り組んだ後，すぐに同じセクションの［実戦問題］に挑戦するという使い方がよいでしょう。問題の順番はおおよそ英文量・難易度・設問数などを基準にしています。

⑶　すでに志望学部の過去問を解き終えた受験生が類題を探しやすいように，「第1章　文法・語彙」は出題形式別に，「第2章　長文読解」は英文の分野別にセクションを設けるなどの工夫をしました。目当ての類題が見つかったら，［研究問題］・［実戦問題］を問わず，どんどん挑戦してください。

　また，巻末には頻出項目あるいは出題が予想される重要項目を CHECK としてコンパクトにまとめました。復習や暗記，最終チェック用のポイント集として活用してください。

　以上が本書の概要です。法政大学を目指す受験生のみなさんに，本書が必ず役立つものと確信しています。

編著者しるす

CONTENTS

第2章　長文読解

〈1〉環境・自然科学一般

〈2〉人間行動・心理・文化・社会一般

第3章　会話文

〈1〉日常会話

〈2〉 読解型会話文

　　　1　名詞に関する項目
　　　2　代名詞に関する項目
　　　3　形容詞に関する項目
　　　4　動詞・助動詞に関する項目
　　　5　第5文型に関する項目
　　　6　準動詞に関する項目
　　　7　接続詞・関係詞に関する項目
　　　8　前置詞に関する項目
　　　9　比較に関する項目
　　　10　特殊表現・語順に関する項目

傾向分析

（注）主に2021年度から2023年度までの 3 年間の出題について，出題の傾向を分析しています。なお，出題形式や試験時間などは，年度によって変更される可能性もありますので，大学から発表される募集要項などを必ずご確認ください。

出題の概要

　2006年度まではほぼ学部別に試験が実施されていたが，近年は複数の学部・学科の入試が同一日程で行われるようになった。試験時間は文学部A方式 I 日程（哲・日本文・史学科）の60分を除き全学部・学科 90分である。以下に2024年度の各日程ごとの学部・学科を示す。

T 日 程		理系学部A方式	
2月5日	グローバル教養学部・理工学部機械工学科航空操縦学専修を除く14学部	2月11日	情報科学部 I 日程（デジタルメディア）デザイン工学部 I 日程（都市環境デザイン工・システムデザイン）理工学部 I 日程（機械工〈機械工学〉・応用情報工）生命科学部 I 日程（生命機能）
	文系学部A方式		
2月7日	文学部 I 日程（哲・日本文・史）経営学部 I 日程（経営）人間環境学部		
2月8日	法学部 I 日程（国際政治）文学部 II 日程（英文・地理・心理）経営学部 II 日程（経営戦略・市場経営）		
2月9日	経済学部 I 日程（国際経済・現代ビジネス）社会学部 I 日程（社会政策科・メディア社会）現代福祉学部	2月14日	情報科学部 II 日程（コンピュータ科）デザイン工学部 II 日程（建築）理工学部 II 日程（電気電子工・経営システム工・創生科）生命科学部 II 日程（環境応用化・応用植物科）
2月12日	経済学部 II 日程（経済）社会学部 II 日程（社会）スポーツ健康学部		
2月16日	法学部 II 日程（法律・政治）国際文化学部キャリアデザイン学部		

■解答形式

T日程もA方式も全問マークシート方式である。

■大問構成

ほとんどの学部・学科では読解問題3題ないし4題がベースとなり，日程により会話文や文法・語彙問題が加わることがある。読解問題のボリュームが比較的少ない場合は会話文が長いということもあるので，読解問題が少ないから負担が少ないとは一概に言えない。次に各日程の大問構成と特色をまとめておく。

●各日程の大問構成と特色（2021〜2023年度）

方式・日程		学部・学科	大問構成・特色
A方式	2月7日	文学部 I	2021・2023年度　読解3題 2022年度　読解2題＋会話文1題 　　　　　※会話文はシナリオ
		経営学部 I 人間環境学部	2021・2023年度　読解4題 2022年度　読解3題＋会話文1題 　　　　　※会話文はシナリオ
	2月8日	法学部 I 文学部 II 経営学部 II	2021年度　読解3題＋会話文1題 　　　　　※会話文はシナリオ 2022・2023年度　読解4題
	2月9日	経済学部 I 社会学部 I 現代福祉学部	文法・語彙1題＋読解2題＋会話文1題 ※会話文はインタビュー形式
	2月12日	経済学部 II 社会学部 II スポーツ健康学部	文法・語彙2題＋読解2題 ※文章完成問題（赤本では「読解問題」に分類しているが本書では「文法・語彙問題」に分類）が独特
	2月16日	法学部 II 国際文化学部 キャリアデザイン学部	読解4題
	2月11日	情報科学部 I デザイン工学部 I 理工学部 I 生命科学部 I	2021・2023年度　読解5題＋文法・語彙1題＋会話文1題 2022年度　読解3題＋会話文2題＋文法・語彙1題＋発音1題 　　　　　※会話文のうち1題はインタビュー形式
	2月14日	情報科学部 II デザイン工学部 II 理工学部 II 生命科学部 II	読解4題＋発音，文法・語彙，会話文1題
T日程		全学部	2021年度　文法・語彙1題＋読解3題 2022・2023年度　読解4題

■難易度

学部・学科または実施日によって多少の違いはあるが，おおむね標準レベルの問題が中心である。ただし，試験時間と問題量を考慮すると，時間配分には十分に注意する必要があるだろう。

出題分野の特徴

出題分野を文法・語彙問題，読解問題，会話文問題の3つに大別すると，以下のような傾向がある。

■文法・語彙問題

大問で出題されない学部・学科もある。ただし，読解問題のなかに文法・語彙力を試す設問があるので，決しておろそかにできない。いずれにしても文法・語彙力は読解問題を解く上で基礎となるものなので，本書で学習を進めるにあたっては，どの学部・学科の志望者も「第1章　文法・語彙」から取り組むのがよいだろう。設問形式は，空所補充による短文の完成が多く，理系学部では語句整序も出題されている。

■読解問題

いずれの学部・学科でも読解問題が占める割合は大きい。大問のすべてが読解問題という実施日もある。設問には，先述のように文法・語彙力を試す小問が含まれるが，内容の真偽を問う問題もほとんどの大問に含まれている。また，情報科・デザイン工・理工・生命科学部などでは図表を用いた問題がよく出題されるので，理系学部の赤本で確認しておきたい。英文のテーマは，社会，文化，環境，サイエンスなどさまざまであるが，理系学部ではサイエンス系のテーマが出題されることが多い。

■会話文問題

学部・学科によっては大問として出題されないこともある。問題文は

　　「一般的な会話文」

　　「インタビュー，小説やシナリオの会話文」

に分類できるが，後者に関しては「会話文」というよりも実質的には会話文形式の読解問題だと考えるとよいだろう。

第1章

文法・語彙

〈1〉 短文の完成
〈2〉 語句整序
〈3〉 文章完成

■ この章の進め方

　〈3〉は文法・構文力に加えて読解力が試される形式で，第2章で扱う長文読解問題への橋渡しとなるセクションである。まずは，〈1〉・〈2〉から始めるのがよいだろう。〈1〉・〈2〉のうちどちらから始めてもかまわない。得意なセクションから始めて，学習のハードルを下げるのも一つの方法である。逆に，不得意なセクションから始めるのもよいだろう。

　各セクションは，[研究問題] と [実戦問題] に分かれている。[研究問題] は，時間を気にせず，「解説」や巻末の CHECK を参考にじっくりと取り組んでほしい。[実戦問題] には，時間内で解く練習のために「目標解答時間」が示されている。また，「目標正答数」も示しておいたので，学習の目安として参考にしてほしい。

　具体的な進め方としては，

　[A] 〈1〉・〈2〉の [研究問題] を解く→各セクションの [実戦問題] に挑戦

　[B] 各セクションごとに [研究問題] → [実戦問題] と進める

の2つの方法があるが，基礎力の養成を目指すなら，[A] の進め方がよいだろう。〈3〉は，他のセクションで養った力を試すような気持ちで取り組んでほしい。

〈1〉 短文の完成

ポイント

空欄の前後だけではなく，文全体の構造をつかむことが大切。文の成分（S・V・O・C・M）から頻出文法項目を整理すると，以下のようになる。文型を把握し，問われている項目に留意して研究問題に挑戦しよう。

S（主語）に関する問題——関係代名詞 what，複合関係詞（whatever，whoever，whichever など），接続詞 that，疑問詞節，準動詞（不定詞の名詞的用法，動名詞）など。

V（述語動詞）に関する問題——時制，仮定法，助動詞，自動詞と他動詞，態など。

O（目的語）に関する問題—— S に関する問題と同じ。

C（補語）に関する問題

　①第2文型（SVC）——関係代名詞 what，接続詞 that，疑問詞節，準動詞（不定詞の名詞的用法，動名詞）など。

　②第5文型（SVOC）——準動詞（不定詞・現在分詞・過去分詞の使い分け）など。

M（修飾語句）に関する問題

　①形容詞の働きをするもの——分詞の形容詞的用法，不定詞の形容詞的用法，関係詞など。

　②副詞の働きをするもの——分詞構文，不定詞の副詞的用法，接続詞，複合関係詞など。

研究問題

次の(1)から(5)の空欄に入れるのに最も適切なものを，それぞれ①〜④のうちから一つ選べ。

(1) Do you think they [　　　] me nicely if I go there again?

① will treat
② had treated
③ treat
④ treated

(2) Nothing can be [　　　] the way in which he does it.

① neatest as
② neater as
③ neater than
④ neatest than

(3) This [　　　] to be a very easy task.

① looked up
② turned out
③ dropped in
④ took off

(4) He looked around [　　　] sure that she was safe.

① to have made
② to make
③ for making
④ to be made

(5) I want [　　　] me a favor.

① you did
② you done
③ that you do
④ you to do

解 説

⑴ if I go there again「そこにもう一度行けば」に着目。〈条件〉を表す副詞節中の動詞は現在形で未来に言及する（⇨ CHECK 7-9 ）。帰結節の述語動詞は未来を表す ① will treat がふさわしい。

　文意「そこにもう一度行ったら彼らは私を優しくもてなしてくれると思いますか」

⑵ Nothing と the way が比較されていると考え，③ neater than を補う。

　文意「彼がそれを行うときのやり方ほど巧みなものはない」

⑶ 空欄の後に to be ～ と続くことに着目。turn out to be ～ で「～と判明する」の意味（⇨ CHECK 4-8 ）。②が適切。

　文意「これはとても容易な仕事であると判明した」

⑷ make sure (that) ～ で「～であることを確かめる」の意味。〈目的〉を表すように② to make を補う。③ for making は〈理由〉を表すので不適切。

　文意「彼女の無事を確かめるために彼は周囲を見回した」

⑸ want O to *do*「O に～してもらいたい」の形をとらえる（⇨ CHECK 4-5 ）。

　do O（人）a favor で「O のお願いを聞いてあげる」の意味（⇨ CHECK 4-13 ）。

　④ you to do がふさわしい。

　文意「あなたにお願いがあります」

(1)—①　(2)—③　(3)—②　(4)—②　(5)—④　　解　答

実戦問題❶

目標解答時間　8分　目標正答数　8/10問

2015年度　T日程　〔Ⅱ〕

つぎの文の空欄に入る最も適切な語(句)をそれぞれ(a)〜(d)から一つ選び，その記号を解答欄にマークしなさい。

(1) You should not put off [　　] your homework until the last minute.

　(a) to do
　(b) having done
　(c) doing
　(d) to have done

(2) I can't play the piano, [　　] the violin.

　(a) much more
　(b) the more
　(c) not in the least
　(d) much less

(3) Would you please have Alex [　　] us more drinks?

　(a) bring
　(b) bringing
　(c) to bring
　(d) brought

(4) I'm sorry to [　　] kept you waiting so long.

　(a) having
　(b) be
　(c) being
　(d) have

(5) I realized that my family was in danger, and [　　] .

　(a) so I was
　(b) so did I
　(c) so was I
　(d) so I did

(6) It was [　　] beautiful sunset that I forgot all my problems.

　(a) such
　(b) so
　(c) such a
　(d) a such

(7) ☐ shoes were completely worn out after a year.

 (a) Both of the   (b) The both

 (c) Both of   (d) The both of

(8) My parents were poor, so I ☐ school when I was 16.

 (a) must have left   (b) must have had to leave

 (c) had to leave   (d) had to have left

(9) Most people in Norway speak English, so you ☐ learn Norwegian.

 (a) don't ought to   (b) don't need to

 (c) ought not to   (d) need not to

(10) You don't have another red pen, ☐ ?

 (a) don't you   (b) do you

 (c) haven't you   (d) have you

解 説

(1) put off *doing* で「〜することを延期する」の意味となるので，(c)doing が適切（⇨ CHECK 4-8）。すでに起こったことは延期できないので，(b)having done は不適切。

文意「宿題をするのを土壇場まで延ばすべきではない」

(2) 否定文に much less を続けると「なおさら〜ない」の意味になるので，(d)much less が適切（⇨ CHECK 9-6）。

文意「私はピアノを弾くことができない。ましてバイオリンなど弾けるわけがない」

(3) have（使役動詞）に着目して，(a)bring を選ぶ。have O *do* で「O に〜してもらう」の意味（⇨ CHECK 5-3）。

文意「アレックスにもっと飲み物を持ってこさせてください」

(4) to 以下は I'm sorry という感情の原因を説明する不定詞（副詞的用法）と考えて，原形の(d)have を選ぶ（⇨ CHECK 6-2 CHECK 6-12）。

文意「こんなに長く待たせてすみません」

(5) 肯定の平叙文に続けて，so + 倒置文で「〜もまた…」の意味（⇨ CHECK 10-15）。(c)so was I が適切。

文意「私は家族が危険にさらされていることを悟った。そして私も危険な状態であった」

(6) 空欄の後に，形容詞 + 可算名詞 + that … と続くので，(c)such a が適切。such + 不定冠詞 + 形容詞 + 名詞 + that … で〈結果・程度〉を表す。such は形容詞で，不定冠詞の a〔an〕に対してのみ先行する（⇨ CHECK 10-14）。

文意「とても美しい夕焼けだったので私はすべての悩みを忘れた」

(7) both of the + 名詞で「〜のうちの両方」の意味になるので，(a)Both of the が適切。この both は代名詞（⇨ CHECK 2-1）。なお，both を形容詞として用いる場合は，both（the）+ 名詞の語順になる。the 以外に，*one's*，these，those などを用いることもある。

文意「その靴は両方とも 1 年後に完全に擦り減った」

(8) were に着目。have to *do*「〜しなければならない」の過去形である(c)had to leave を選ぶ。

文意「私の両親は貧しかった。それで私は16歳のときに学校を中退しなければならなかった」

(9) don't need to *do* で「〜する必要はない」の意味。(b)don't need to が適切。need を助動詞として用いる場合は，need not *do* となる（⇨ CHECK 4-17）。

文意「ノルウェーのたいていの人々は英語を話す。だからあなたはノルウェー語を

　学ぶ必要はない」

(10)付加疑問文。否定文には，助動詞＋主語？ が付加される。述語動詞は don't have
　なので，(b) do you が適切。

　文意「赤ペンをもう1本持っていませんよね」

(1)—(c)　(2)—(d)　(3)—(a)　(4)—(d)　(5)—(c)　(6)—(c)　(7)—(a)　(8)—(c)
(9)—(b)　(10)—(b)

実戦問題❷

目標解答時間 8分　**目標正答数** 8/10問

2019年度　デザイン工・理工・生命科学部A方式I日程　〔I〕

つぎの英文中に入る最も適切な語(句)をイ〜ニの中から一つ選び，その記号を解答用紙にマークせよ。

(1) Arisa is very different from ☐ she was ten years ago.

イ　how　　　ロ　that　　　ハ　which　　　ニ　what

(2) Alex ☐ to Joanne about the science test.

イ　said　　　ロ　told　　　ハ　spoke　　　ニ　asked

(3) I will be ☐ to see you at the airport very soon.

イ　thrilled　　　　　　　ロ　excitement

ハ　exciting　　　　　　　ニ　looking forward

(4) I went to Hawaii last year for the first time, and I ☐ it very relaxing.

イ　knew　　　ロ　found　　　ハ　realized　　　ニ　expected

(5) AI ☐ to artificial intelligence.

イ　defines　　　ロ　looks　　　ハ　means　　　ニ　refers

(6) ☐ decisions is one of the fundamental human rights.

イ　Choosing　　　ロ　Finishing　　　ハ　Making　　　ニ　Taking

(7) Humanitarian aid is in ☐ meant to help people in need.

イ　essence　　　ロ　time　　　ハ　all　　　ニ　turn

(8) When I was a high school student, I was ☐ a basketball club.

イ　beyond　　　　ロ　at　　　　　ハ　in　　　　　ニ　of

(9) ☐ your draft from this desk by yourself and revise it by the next lesson.

イ　Bring　　　　ロ　Keep　　　　ハ　Have　　　　ニ　Collect

(10) Interviewers are ☐ to clarify what types of applicants they want and organize the interview process beforehand.

イ　advised　　　ロ　kept　　　　ハ　contributed　ニ　suggested

解　説

(1)前置詞 from の目的語が不足している。名詞節が続くように，**ニ. what** を補う。what S is で「現在の S」の意味。この what は S の状態を表す（⇨ **CHECK 7-12**）。
文意「アリサは10年前とはたいへん異なっている」

(2)to＋人の形が続くので，**ハ. spoke** が適切。speak to ～で「～と話をする，～に話しかける」の意味。say は「（言葉を）口に出す」の意味。tell や ask には to＋人の形は続かない。
文意「アレックスは理科のテストについてジョアンと話をした」

(3)空欄の直後の to see に着目。〈感情の原因〉を表す不定詞（⇨ **CHECK 6-2**）であると判断して，**イ. thrilled** を補う。be thrilled to *do* で「～してわくわくしている」の意味。look forward to *doing*「～することを楽しみにしている」との違いに注意。
文意「もうすぐ空港でお会いできるのでわくわくしています」

(4)空欄の直後に，it(O) と relaxing(C) が続くので，**ロ. found** が適切。find O C で「O が C であるとわかる」の意味。
文意「私は昨年初めてハワイへ行った。そしてハワイがとてもリラックスできる場所であることがわかった」

(5)空欄の直後に to＋名詞の形が続くので，**ニ. refers** が適切。refer to ～で「～を表す」の意味。
文意「AI は人工知能のことである」

(6)空欄の直後に decisions が続くので，**ハ. Making** が適切。make decisions で「決断する」の意味。何らかの苦労や努力が伴う場合は，do ではなく make が用いられることが多い。
文意「決定することは基本的な人間の権利の一つである」

(7)「本質的には」となるように，**イ. essence** を補う。in essence で essentially とほぼ同じ意味になる。この in は〈分野の限定〉を表す。「本質の点で」と考えるとわかりやすい。
文意「人道的支援は本質において困窮している人々の援助を意図している」

(8)空欄の直後の a basketball club に着目して，**ハ. in** を補う。この in は〈所属〉を表す。
文意「高校生の頃，私はバスケットボールクラブに属していた」

(9)from this desk に着目して，**ニ. Collect** を補う。collect *A* from *B* で「*B* から *A* を取ってくる」の意味。
文意「この机からあなたの原稿を回収し次の授業までに再点検しなさい」

(10)空欄の直後に to *do* の形が続くので，**イ. advised** を補う。be advised to *do* で「～するように助言される」の意味。be suggested to *do* は誤りとなるので注意。

　文意「面接官は求められる受験者のタイプを明確にし，前もって面接のプロセスを系統立てるように助言された」

実戦問題❸

目標解答時間 12分　**目標正答数** 13/15問

2017年度　経済・社会学部Ａ方式Ⅰ日程・現代福祉学部Ａ方式　〔Ⅰ〕

つぎの問１〜問15の各文の空欄に入る最も適切なものを，ａ〜ｅの中からそれぞれ一つ選び，その記号を解答欄にマークしなさい。

問１　You should (　　　) it in mind because it's extremely important.

　　ａ．hold　　　ｂ．show　　　ｃ．get　　　ｄ．hit　　　ｅ．keep

問２　She had her portrait (　　　) by that famous artist.

　　ａ．painted　　　　ｂ．been painted　　　ｃ．paint

　　ｄ．have painted　　　ｅ．let painted

問３　There is (　　) what will happen tomorrow.

　　ａ．no told　　　　ｂ．not to tell　　　ｃ．not telling

　　ｄ．no telling　　　ｅ．not having told

問４　Ann looked as if she (　　　) anything though she knew all about it.

　　ａ．hadn't heard　　　ｂ．could hear　　　ｃ．had been heard

　　ｄ．hasn't heard　　　ｅ．wouldn't hear

問５　Judy is a nice person if she doesn't (　　　) her temper.

　　ａ．make　　　ｂ．pay　　　ｃ．lose　　　ｄ．put　　　ｅ．ask

問６　You can (　　　) the project regardless of your age.

　　ａ．be taken in　　　ｂ．take part in　　　ｃ．take part with

　　ｄ．be taken part　　　ｅ．take part for

問７　I was standing there lost in thought (　　　) I was called from behind.

　　ａ．who　　　ｂ．if　　　ｃ．when　　　ｄ．whom　　　ｅ．that

問8　We are sending our representative （　　　） you may discuss the matter with her.

a．in order that　　　b．to order in　　　c．in order to

d．order as in　　　e．in that order

問9　A: We're going to the concert.　（　　　）?

B: I'm sorry, but I can't.

a．Do you like it　　　　　b．Can I join you

c．Shall we invite you　　　d．Won't you join us

e．Will I go there

問10　A: Beth has a very strong personality, doesn't she?

B: Oh, yes.　She always manages to （　　　）.

a．let when she is　　　　b．get what she wants

c．let where she goes　　　d．be who she was

e．get what she has

問11　A: Would you give me something to write with?

B: （　　　）

A: Sure.　Thanks a lot.

a．Will you do this pen?　　　b．Yes, I would.

c．Will this pen do?　　　　　d．Any pen will do.

e．No, I wouldn't.

問12　A: Did you do your English homework last night?

B: （　　　）.

a．No, but I think I should have　　　b．Yes, but I wish I did

c．No, but I wish I didn't do it　　　d．Yes, but I think I could do it

e．No, but I had done it

問13　I'm very happy to see you again.　I（　　　）you.

    a．am missed　　　　　b．missed　　　　　　c．miss

    d．will miss　　　　　e．can miss

問14　You can't be（　　　）cars in crossing this street.

    a．careful so that　　　　　　b．too careful as

    c．so careful that　　　　　　d．so careful with

    e．too careful of

問15　You'll never know（　　　）you try.

    a．after　　　b．when　　　c．unless　　　d．that　　　e．nor

解 説

問1. in mind に着目して，e. keep を補う。keep *A* in mind で「*A* を心に留めて おく」の意味。
文意「それは極めて重要なので心に留めておくべきである」

問2. had に着目して，a. painted を補う。have *A* *done* で「*A* を〜してもらう」 の意味。〈受益〉を表す表現（⇨ CHECK 5-5 ）。
文意「彼女はその有名な画家に自分の肖像を描いてもらった」

問3. There is に着目して，d. no telling を選ぶ。There is no *doing* で「〜する ことはできない」の意味。It is very difficult to *do* に近い意味。
文意「明日何が起こるかわからない」

問4. as if に着目して，仮定法時制の動詞の形を選ぶ。主節の動詞（過去形）が表 すことよりも以前のことなので，a. hadn't heard が適切（⇨ CHECK 4-20 ）。
文意「アンはそれについて全てを知っていたのに，何も聞いたことがないかのよう だった」

問5. temper「平静」に着目して，c. lose を選ぶ。lose *one's* temper で「かっと なる，自制心を失う」の意味。
文意「ジュディは，かんしゃくを起こすことがなければ素晴らしい人である」

問6. the project regardless of your age「年齢に関係なくその企画（に）」と続く ので，b. take part in「（に）参加する」がふさわしい。join に近い意味。
文意「年齢に関係なくその企画に参加できます」

問7. 主節の動詞の時制が過去進行形なので，空欄以下が，動作が行われていた時点 を表す副詞節になるように，c. when を補う。
文意「背後から声をかけられたとき，私は物思いにふけってそこに立っていた」

問8. may discuss と続くことから，a. in order that が適切であると判断する。in order that S may *do* で「Sが〜するために」の意味。〈目的〉を表す表現（⇨ CHECK 10-7 ）。
文意「彼女に関する議論が行えるように我々の代表を送ります」

問9. 次にBが丁寧に断っていることに着目。Aはコンサートに誘っていると考えて， d. Won't you join us を補う。c も勧誘表現だが，「あなたを招待しませんか」 の意味なので不適切。
文意A：「私たちはコンサートに行きます。一緒に行きませんか？」
　　　 B：「ごめんなさい。ご一緒できません」

問10. ベスの a very strong personality「強烈な個性」を追認する具体例として最 適なものを選ぶ。b. get what she wants を補うと，「欲しいものはどうにかし て手に入れる」となる。manage to *do* で「何とか〜する」の意味。
文意A：「ベスは強烈な個性ですね」

　　　　B：「そうですね。いつでも彼女は欲しいものはどうにかして手に入れますね」

問11. Aは筆記用具を貸してくれと頼んでいる。Bの答えを受けて，Sure. と述べて
　　　いることから，c．Will this pen do?「このペンでいいですか」がふさわしい。
　　　この do は「間に合う，用が足りる」の意味。
　　　文意A：「何か筆記用具を貸して頂けますか？」
　　　　　　B：「このペンでいいですか？」
　　　　　　A：「もちろんです。ありがとう」

問12. それぞれの選択肢の Yes ／ No が but 以下と矛盾しないものを選ぶ。宿題をし
　　　たかというAの問いに対して「するべきだった」という内容が続くと考えて，a．
　　　No, but I think I should have を選ぶ。should have（done it）と補って考える。
　　　should have *done* で「～するべきだったのに（しなかった）」の意味となる
　　　（⇨ CHECK 4-18）。なお，bとcについては I wish I did ／ didn't ～（仮定法過去
　　　形）は過去の事実には言及しないので不適切。dとeは，Yes ／ No と but 以下が
　　　矛盾する。
　　　文意A：「昨夜は英語の宿題をしましたか？」
　　　　　　B：「していません。するべきでした」

問13. それぞれの選択肢の miss は「～がいなくて寂しい」の意味。再会した場面で
　　　の発言なので，b．missed がふさわしい。I miss you は，会えない人に対して用
　　　いる表現なのでここでは不自然（⇨ CHECK 4-12）。
　　　文意「またお会いできてとてもうれしく思います。お会いできなくて寂しく思って
　　　いました」

問14. 通りを渡るときの注意を強く喚起していると考えて，e．too careful of を選ぶ。
　　　can't be too＋形容詞「いくら～してもしすぎることはない」（⇨ CHECK 10-18）
　　　be careful of ～「～に気をつける」にも注意。
　　　文意「この通りを渡るときは車にいくら注意してもしすぎることはない」

問15. 主節の never know と従属節の try から「やってみなければわからない」とい
　　　う内容であると考えて，c．unless を補う。この unless は「～でない限り」の意
　　　味で，主節の内容を否定する唯一の条件を表す（⇨ CHECK 7-20）。
　　　文意「やってみなければわからない（ものは試しだ）」

問1. e　問2. a　問3. d　問4. a　問5. c　問6. b　問7. c
問8. a　問9. d　問10. b　問11. c　問12. a　問13. b　問14. e
問15. c

実戦問題❹

目標解答時間 12分　**目標正答数** 12/15問

2016年度　デザイン工・理工・生命科学部A方式Ⅰ日程　〔Ⅱ〕

つぎの英文中の空欄に入る最も適切な語(句)をイ～ニの中から一つ選び，その記号を解答用紙にマークせよ。

(1) It is a bit cold, so don't leave the door ＿＿＿＿＿ .

イ　to open

ロ　opened

ハ　open

ニ　with opening

(2) The waiter ＿＿＿＿＿ us the menu.

イ　brought　　ロ　had　　ハ　took　　ニ　kept

(3) The cold weather ＿＿＿＿＿ the leaves yellow.

イ　took　　ロ　brought　　ハ　gave　　ニ　turned

(4) What ＿＿＿＿＿ movie it is!

イ　an amazed

ロ　an amazing

ハ　an amazement

ニ　an amazingly

(5) The boy enjoyed ＿＿＿＿＿ like a man.

イ　having treated

ロ　treating

ハ　to treat

ニ　being treated

(6) This book is ＿＿＿＿＿ great interest.

イ　of　　ロ　in　　ハ　from　　ニ　at

(7) Hurry up, ＿＿＿＿＿ you will be late for your train.

イ　or　　ロ　but　　ハ　instead　　ニ　nonetheless

(8) London is no longer the city ☐ it was twenty years ago.

イ where   ロ which   ハ in which   ニ when

(9) Mt. Fuji is worth ☐ once.

イ for climb   ロ to climb   ハ for climbing   ニ climbing

(10) ☐ a fluent speaker of English, Yui is often mistaken for a native English speaker.

イ Been   ロ Being   ハ To be   ニ Having

(11) The students returned home very ☐ after the test.

イ to be depressed   ロ depressing

ハ depressed   ニ depression

(12) ☐ , the birds flew lower in the sky.

イ With the rain falls   ロ As the rain beginning to fall

ハ With the rain beginning to fall   ニ As the rain falling

(13) Ryo was rich ☐ to buy a yacht.

イ sufficient   ロ well   ハ enough   ニ so

(14) That is the key ☐ understanding global issues.

イ of   ロ to   ハ at   ニ from

(15) The article appeared in *Science*, ☐ .

イ in which a distinguished scientific journal

ロ that is a distinguished scientific journal

ハ it is a distinguished scientific journal

ニ a distinguished scientific journal

解　説

(1)leave に着目して，ハ. **open** を補う。leave O C で「O を C の状態に放置する」の
意味（⇨ CHECK 5-8 ）。この open は「開いている」という状態を表す形容詞。ロ.
opened は「開けられる」という動作を表す過去分詞で，「開いている」という状態
を表さないので不適切。
文意「少し寒いので，ドアを開けたままにしないで下さい」

(2)us the menu と目的語が2つあることに着目して，**イ. brought を選ぶ**。bring *A*
B で「*A* に *B* を持ってくる」の意味。take *A B*「*A* のところに *B* を持っていく」
との違いに注意。
文意「ウェイターは私たちにメニューを持ってきた」

(3)the leaves yellow は O と C の関係であることに着目して，**ニ. turned を補う**。
turn O C で「O を C に変える」の意味。
文意「寒い天気のために葉が黄色くなった」

(4)感嘆文。名詞の movie を修飾する形容詞を選ぶ。他動詞の amaze「驚嘆させる」
から転用された amazing「驚くべき」を含む，**ロ. an amazing が適切**（⇨ CHECK 3-3 ）。
文意「それは何てすごい映画であろうか」

(5)enjoy は動名詞を目的語にとる。the boy と treat は〈受動〉の関係なので，**ニ.
being treated が適切**。
文意「その少年は大人扱いされることを楽しんだ」

(6)of ＋抽象名詞で文の補語となる。**イ. of が適切**。of great interest で「とても興味
深い」の意味（＝very interesting）（⇨ CHECK 1-6 ）。
文意「この本はとても興味深い」

(7)命令文，or you will *do* で「～しなさい。さもないと…だろう」の意味（⇨ CHECK 10-4 ）。
イ. or が適切。
文意「急がないと電車に乗り遅れますよ」

(8)空欄に続く節に補語が欠けているので，**ロ. which が適切**。この which は補語と
なる関係代名詞。先行詞の the city を代入すると，it was the city twenty years
ago とパラフレーズできる（⇨ CHECK 7-19 ）。
文意「ロンドンはもはや20年前のような都市ではない」

(9)worth *doing* で「～する価値がある」の意味。**ニ. climbing が適切**。この worth
は前置詞なので動名詞が続く（⇨ CHECK 8-2 ）。
文意「富士山は，一度は登る価値がある」

(10)（As she is）a fluent speaker of English と補って考える。これを分詞構文にす
ると，Being a fluent speaker of English となる。**ロ. Being が適切**。
文意「ユイは流暢に英語を話すので，ネイティブスピーカーとよく間違われる」

⑾SVC の文型の補語に準じる用法。C になることができる形容詞・分詞を選ぶ。the students と depress は〈受動〉の関係なので，ハ. depressed が適切（⇨ CHECK 3-3 ）。

文意「学生たちはテストの後，とても落胆した様子で帰宅した」

⑿the rain を主語と考えると，the rain（was）beginning to fall とパラフレーズできるハ. With the rain beginning to fall が適切。この with は〈付帯状況〉を表す（⇨ CHECK 8-5 ）。

文意「雨が降り始めたので，鳥たちはふだんより低空飛行をしていた」

⒀形容詞＋enough to *do* で「～するほど…」の意味。〈結果・程度〉を表す表現（⇨ CHECK 10-14 ）。ハ. enough が適切。

文意「リョウはヨットを買えるほど裕福だった」

⒁key に着目して，ロ. to を補う。the key to ～（～には名詞または動名詞が入る）で「～の鍵」の意味。

文意「それこそ地球規模の問題を理解する鍵である」

⒂*Science* と同格の関係となるように，ニ. a distinguished scientific journal「著名な科学雑誌」を補う。

文意「その記事は，著名な科学雑誌である『サイエンス』に掲載された」

---

(1)—ハ　(2)—イ　(3)—ニ　(4)—ロ　(5)—ニ　(6)—イ　(7)—イ　(8)—ロ
(9)—ニ　(10)—ロ　(11)—ハ　(12)—ハ　(13)—ハ　(14)—ロ　(15)—ニ

実戦問題❺

目標解答時間 12分　**目標正答数** 13/15問

2018年度　Ｔ日程〔Ⅰ〕

つぎの問 1 ～問15の各文の空欄に入る最も適切なものを, a ～ d の中からそれぞれ一つ選び, その記号を解答欄にマークしなさい。

問 1　She asked me ｜　　　　｜ I could wait for her until she came back.
　　a . after　　　　　b . that　　　　　c . there　　　　　d . if

問 2　The children were ｜　　　　｜ so much noise that I could not hear him.
　　a . playing　　　　b . making　　　　c . speaking　　　d . taking

問 3　Many ｜　　　　｜ wants to study abroad nowadays.
　　a . a student　　　　　　　　　b . of a student
　　c . the student　　　　　　　　d . students

問 4　When I first came to Tokyo, the map was ｜　　　　｜ great use.
　　a . with　　　　　b . of　　　　　c . on　　　　　d . at

問 5　Smith is very cautious.　He always looks ｜　　　　｜ he leaps.
　　a . when　　　　b . during　　　　c . before　　　　d . after

問 6　There are numerous cases ｜　　　　｜ Japanese modesty causes misunderstanding.
　　a . what　　　　　b . that　　　　　c . which　　　　　d . where

問 7　She felt herself ｜　　　　｜ by a strong arm from behind.
　　a . seize　　　　b . seized　　　　c . be seizing　　　d . seizing

問 8　｜　　　　｜ what to do, she asked her boss for advice.

a . Not to know   b . Know not

c . Had not known   d . Not knowing

問9 Buses come [   ] five minutes now.

　　 a . at   b . before   c . every   d . each

問10 If he had been a little more careful, he [   ] his work properly.

　　 a . could have done   b . must have done

　　 c . did not do   d . will do

問11 The government is planning to make many reforms in the country.

　　 [   ], it's planning to change its system of taxation.

　　 a . However   b . Whichever

　　 c . For example   d . In contrast

問12 A: Can you guess how old that temple is?

　　 B: More than 3,000 years old.

　　 A: That [   ] be right! It looks so new to me.

　　 a . can't   b . would   c . could   d . needn't

問13 A: What are the *Seven Wonders of the Ancient World*?

　　 B: The Great Pyramid is one.

　　 A: [   ]?

　　 a . Is one before two

　　 b . Will you tell me the other seven

　　 c . Do you know the other one

　　 d . Can you think of any others

問14 A: Can I help you carry your groceries, Mrs. Crampton?

　　 B: [   ], thank you.

A: Are you sure? They look heavy.

a . I'm glad you like it

b . Sorry, but you never

c . No, I can manage

d . Well, you are great

問15 A: I remember the day you moved in ten years ago. You came over
and borrowed a hammer.

B: That's right! And you invited me in for coffee!

A: Oh, it seems like _____ .

a . a long day   b . just yesterday

c . a memory   d . good times

解 説

問 1 . 動詞の asked に着目し，**d ． if** を補う。ask *A* if S V で「*A*（人）に S が V するかどうかと尋ねる」の意味。この if は whether に近い意味（⇨ CHECK 7-21 ）。
文意「彼女は私に戻って来るまで待てるかどうか尋ねた」

問 2 . so ～ that … 「とても～なので…／…するほど～」の形に注意（⇨ CHECK 10-14 ）。
b ． making を補い「話が聞こえないほど騒いでいた」という内容にする。make （a）noise で「騒ぐ」の意味。
文意「子供たちは非常に騒いでいたので私は彼の言うことが聞こえなかった」

問 3 . 動詞の wants（三人称単数形）に着目して，**a ． a student** を補う。〈many a ＋単数形の名詞〉で「多くの～」の意味。意味は複数だが，単数扱いになる点に注意。
文意「最近では多くの学生たちが留学を希望している」

問 4 . 抽象名詞の use に着目して，**b ． of** を補う。of use ＝ useful となり，文の成分としては，C（補語）になる。〈of ＋抽象名詞〉で形容詞句になる点に注意（⇨ CHECK 1-6 ）。
文意「私が初めて東京に来たときは地図が大いに役立った」

問 5 . Look before you leap. 「跳ぶ前に見よ（転ばぬ先の杖）」ということわざ表現を思いつくかがポイント。very cautious「とても慎重である」とあるのもヒント。
c ． before を補う。
文意「スミスはとても用心深い。彼はいつも跳ぶ前に見る」

問 6 . cases「場合」に着目。その場合において S が V する，という内容になると考え，**d ． where** を補う。この where は関係副詞で，in the cases のこと。in which で書き換え可能。
文意「日本人の謙虚さが誤解を招く場合が多い」

問 7 . feel（知覚動詞）＋ O C の形。herself と空欄に入る C（補語）は〈受動〉の関係であると考え，**b ． seized** を補う（⇨ CHECK 5-1 ）。
文意「彼女は背後から強い力でつかまれるのを感じた」

問 8 . 副詞句を選ぶ問題。a ． Not to know と d ． Not knowing に絞る。彼女が助言を求めた理由を述べていると考え，**d** を選ぶ。〈理由〉を表す分詞構文（⇨ CHECK 6-13 ）。
文意「彼女は何をすべきかわからなかったので上司に助言を求めた」

問 9 . 空欄の直後の five minutes に着目して，**c ． every** を補う。〈every ＋数詞＋複数形の名詞〉で，「～ごとに，～おきに」の意味になる。
文意「現在，バスは 5 分おきにやって来る」

問10. 条件節の had been を仮定法過去完了形と考えて，**a ． could have done**（仮定法過去完了形）を選ぶ。残念な気持ちをこめて過去の事実に反することを述べている。
文意「もう少し注意深ければ，彼は適切に仕事を行うことができたのに」

問11. many reforms の具体例を述べていると考え，ｃ．For example を補う。

　文意「政府は国内で多くの改革を計画している。例えば，税制改革を計画している」

問12. Bの発言を強く否定していると考えて，「～のはずがない」の意味のａ．can't を補う。

　文意Ａ：「あの寺はどれほど古いかわかりますか？」

　　　　Ｂ：「3,000年以上前かな」

　　　　Ａ：「そんなわけがない。私には新しいものに見えますよ」

問13. 七不思議のうちの1つに言及されている。残りのものについて尋ねていると考えて，ｄ．Can you think of any others を選ぶ。複数のものを論じていて，残りのいくつかに言及する場合は others，残りの全てに言及する場合は the others となる。なお，2つのうちの残ったものに言及する場合は the other を用いる。

　文意Ａ：「古代世界の七不思議とは何ですか？」

　　　　Ｂ：「ギザの大ピラミッドがその1つです」

　　　　Ａ：「他に何か思いつきますか？」

問14. Ａは2回目の発言で，Are you sure?「確かですか（本当によいのですか）」と確認しているので，BはAの申し出を断ったと考える。ｃ．No, I can manage「いいえ，結構です。自分で何とかできますから」が適切。

　文意Ａ：「クランプトンさん，食料品を運ぶのを手伝いましょうか？」

　　　　Ｂ：「いいえ，結構です。ありがとう，でも自分で何とかできますから」

　　　　Ａ：「大丈夫ですか？　重そうですよ」

問15. ＡとＢは10年前の出来事を回想している。it seems like ～に着目。ｂ．just yesterday を補うと，「つい昨日のようだ」となる。この just は only に近い意味。

　文意Ａ：「10年前にあなたが引っ越してきたときのことを覚えています。金づちを
　　　　　　借りに来ましたね」

　　　　Ｂ：「その通り。コーヒーに誘ってくれましたね」

　　　　Ａ：「ああ，つい昨日のようですね」

問1．d　問2．b　問3．a　問4．b　問5．c　問6．d　問7．b
問8．d　問9．c　問10．a　問11．c　問12．a　問13．d　問14．c
問15．b

実戦問題❻

目標解答時間 12分　**目標正答数** 12/15問

2021年度　経済・社会学部A方式 I 日程・現代福祉学部A方式 〔 I 〕

つぎの問1〜問15の各文の空欄に入る最も適切なものを，a〜eの中からそれぞれ一つ選び，その記号を解答欄にマークしなさい。

問1　I can't have you（　　　）home so late at night.

a．to come　　　　　　b．coming　　　　　　c．came

d．had come　　　　　　e．having come

問2　Do not（　　　）to ask me if you have a question.

a．mind　　　　　　b．worry　　　　　　c．recognize

d．hesitate　　　　　　e．conduct

問3　Their homework（　　　），the kids all went out to play in the park.

a．have finished　　　　b．had finished　　　　c．finishing

d．had been finished　　e．finished

問4　People say that James is the very（　　　）of his late father.

a．image　　b．figure　　c．person　　d．sight　　e．sense

問5　I'm not going to attend the meeting and（　　　）is my assistant.

a．either　　　　　　b．both　　　　　　c．neither

d．too　　　　　　e．together

問6　Mr. White is often（　　　）for a student because he looks so young.

a．viewed　　　　　　b．mistaken　　　　　　c．seen

d．missed　　　　　　e．resembled

問7　Michael （　　　） the rest of his life to the welfare of the local community.

    a ．decided　　　　　　b ．decreased　　　　　c ．denied

    d ．devoted　　　　　　e ．developed

問8　Jane doesn't even know how to speak properly, let （　　　） how to behave.

    a ．down　　　b ．off　　　　c ．alone　　　d ．only　　　e ．up

問9　The construction noise always （　　　） me mad.

    a ．drives　　　b ．runs　　　c ．sets　　　d ．puts　　　e ．rides

問10　（　　　） from space, the Earth is truly beautiful.

    a ．Have seen　　　　　b ．Seen　　　　　　c ．Having seen

    d ．Saw　　　　　　　　e ．Be seeing

問11　Some of these parts need replacing, but not all of them （　　　）.

    a ．is　　　b ．do　　　c ．does　　　d ．are　　　e ．done

問12　People in South America have a custom of （　　　） a nap in the early afternoon.

    a ．holding　　　　　　b ．driving　　　　　c ．resting

    d ．falling　　　　　　　e ．taking

問13　You must have thought （　　　） foolish.

    a ．will I　　　　　　　b ．am I　　　　　　c ．I was

    d ．did I　　　　　　　e ．I do

問14　A: Can I make a reservation for two this evening?

　　　B: I'm sorry, (　　　　).

　　a . we looked on your reservation　　b . we are fully booked up

　　c . we keep the books all the time　　d . we do everything by the book

　　e . we always looked up to you

問15　A: Excuse me, but would you wait in line, please?

　　　B: (　　　)

　　　A: I asked you to wait in line.　The line starts back there.

　　　B: Oh, I'm sorry.

　　a . Do you like that?　　　　　　b . I would love it.

　　c . Do I know you?　　　　　　　d . I need some stamps.

　　e . I beg your pardon?

解　説

問 1 ． have に着目。 b ． **coming** を選び，have O *doing*「O に～させておく」の形を完成する。容認を表す表現。have O *do* との違いについては **CHECK 5-4** を参照。
文意「こんなに夜遅くの帰宅を許しておけません」

問 2 ． 後続の if you have a question から質問を促していると考える。 d ． **hesitate** を選び，Don't hesitate to *do*「遠慮なく～しなさい」とする（⇨ **CHECK 4-14** ）。
文意「ご質問があればご遠慮なくどうぞ」

問 3 ． 空欄の後には SVM（M＝修飾語句）の形の完成文が続いている。 e ． **finished** を選び，分詞構文を完成する。Their homework（having been）finished と補って考える。Their homework は意味上の主語。having been や being は省略できる点に注意。節に戻すと As their homework had been finished となる。As 以外に When や After なども考えられる。
文意「宿題が終わったので，子供たちはみんな公園に遊びに行った」

問 4 ． the very に着目。 a ． **image** を選び，the very image of ～「～に生き写しだ」という意味の慣用表現を完成する。この very は形容詞で「正にその」という意味。very の代わりに living や spitting などを用いることもある。
文意「ジェームズは亡き父親に生き写しだという」

問 5 ． and の前が否定文であることに着目。 c ． **neither** を選び，neither＋倒置文「～もまた…ない」（⇨ **CHECK 10-9** ）の形を完成する。neither is my assistant（going to attend the meeting）と補って考える。なお， 2 ・ 3 人称を主語とする be going to *do* には約束や警告の意味が含まれていることがある。
文意「私はその会合には出席しませんし，助手も出席しませんよ」

問 6 ． 理由を示す because he looks so young に着目。 b ． **mistaken** を補い，be mistaken for ～「～と間違われる」の形を完成する。mistake *A* for *B*「*A* を *B* と間違える」の受動態。
文意「ホワイト先生はとても若く見えるので，学生とよく間違われる」

問 7 ． 空欄の後の *A* to *B* の形に着目して， d ． **devoted** を補う。devote *A* to *B* で「*B* に *A* を捧げる」の意味。
文意「マイケルは残りの人生を地域社会の福祉に捧げた」

問 8 ． 空欄の直前の let に着目。 c ． **alone** を補い，let alone ～「～は言うまでもない」の形を完成する。通例，否定文の後で用いる（⇨ **CHECK 9-6** ）。
文意「ジェーンはきちんとした口の利き方すら知らない。行儀作法はなおさらだ」

問 9 ． 空欄の後の me と mad は O と C の関係。 a ． **drives** を補い，drive O C「O を C に追いやる」の形を完成する。類例は **CHECK 5-7** を参照。
文意「この工事の騒音はいつも私をいらだたせる」

問10. 分詞構文。副詞節に戻して，(When the Earth is) seen from space と考えると，b．**Seen** がふさわしいとわかる。

文意「宇宙から見ると，地球は本当に美しい」

問11. 先行する need replacing に着目すると，not all of them <u>need replacing</u> とつながることがわかる。下線部の反復を避ける代動詞が求められていると考えて，b．**do** を選ぶ。need *doing* で「～される必要がある」の意味。類似表現に，want *doing*，require *doing* などがある。not all で部分否定となっている点にも注意（⇨ **CHECK 10-3**)。

文意「これらの部品はいくつか交換の必要があるが，すべてではない」

問12. 空欄の直後のa nap に着目。e．**taking** を補い，a custom of taking a nap「仮眠を取る習慣」とする。take a nap で「うたた寝をする，仮眠を取る」の意味。

文意「南アメリカの人々には昼下がりに仮眠を取る習慣がある」

問13. thought の後の接続詞の省略に注意。c．**I was** を補い，thought (that) I was foolish とする。must have *done* で「～したにちがいない」の意味。過去の事柄についての推量を表す。確信の度合いについては，**CHECK 4-22** を参照。

文意「あなたは，私が愚かであると思ったにちがいない」

問14. 予約をしようとしている A に対して，B は I'm sorry と対応している。予約できない状況だと考えて，b．**we are fully booked up** を選ぶ。be booked up「予約でいっぱいである」　この book は reserve「予約する」の意味。

文意A：「今夜の2人分の予約はできますか？」

　　　B：「申し訳ありません。予約でいっぱいです」

問15. A の2度目の発言は1度目の発言の言い換えである。B が聞き返したので A が言い換えたと考えて，e．**I beg your pardon?** を選ぶ。単に Pardon? という場合が多い。類似表現に Sorry? や Excuse me? などがある。

文意A：「恐れ入りますが，列に並んでお待ちください」

　　　B：「もう一度お願いします」

　　　A：「列に並んでお待ちくださいとお願いしたのです。列はこの後ろから始まります」

　　　B：「ああ，ごめんなさい」

問1．b　問2．d　問3．e　問4．a　問5．c　問6．b　問7．d
問8．c　問9．a　問10．b　問11．b　問12．e　問13．c　問14．b
問15．e

実戦問題❼

目標解答時間 12分　**目標正答数** 12/15問

2022年度　経済・社会学部A方式I日程・現代福祉学部A方式　〔I〕

つぎの問1〜15の各文の空欄に入る最も適切なものを，a〜dの中からそれぞ
れ一つ選び，その記号を解答欄にマークしなさい。

問1）I like to lie on the bed _____ and listen to the radio.

　　a．with my eyes closed　　　　b．with closed my eyes

　　c．while my eyes closing　　　d．while my eyes closed

問2）_____ on the wrong side of the road, my grandfather caused a major
accident.

　　a．To drive　　　　　　　　　b．Driving

　　c．Driven　　　　　　　　　　d．Have been driving

問3）We need to figure out what other things lead us to happiness _____
eating, such as taking a walk, reading books, and watching movies.

　　a．ahead　　　b．especially　　　c．additionally　　　d．besides

問4）The company has been _____ dropping support for older products
that are still widely used.

　　a．eager　　　　　　　　　　b．criticized for

　　c．worth　　　　　　　　　　d．announcing that

問5）My colleagues _____ to hear that I wanted to leave the company
after 12 years.

　　a．disappointed　　　　　　　b．were disappointing

　　c．were disappointed　　　　　d．disappoint

問 6 ）The car manufacturer spent ＿＿＿ amounts of money on developing a
new type of electric vehicle.

    a ．enormous   b ．endangered   c ．enlightening   d ．evolved

問 7 ）My four-year-old nephew is never happy ＿＿＿ he's the center of
attention.

    a ．as it is   b ．the reason

    c ．without   d ．unless

問 8 ）I visited the house my grandparents used to own.　It is the house
＿＿＿ my mother was born.

    a ．there   b ．which   c ．in   d ．where

問 9 ）More than five years have passed since the car accident.　The victim
no ＿＿＿ suffers from nightmares about death.

    a ．longer   b ．intention to   c ．interest in   d ．matter

問10) The motorcycle I bought last year was ＿＿＿ ideal because it kept
wanting to roll to the left.

    a ．so much as   b ．no wonder

    c ．by any means   d ．far from

問11) ＿＿＿ the dress code at dinner, I would have dressed more properly.

    a ．I had not known   b ．Had I known

    c ．Having been known   d ．Not known

問12) If things carry on badly at my company for another year or so, I may
consider ＿＿＿ the job.

    a ．to promote   b ．to quit   c ．promoting   d ．quitting

問13) A study shows that a good night's sleep _____ people happier, but those who sleep over ten hours get angry easily.

    a. takes   b. increases   c. makes   d. proposes

問14) A: "I thought Jason and Erin were separating for just a while so that they could work out their problems. But, apparently, that's not the case. I want to hear the whole story."

    B: "_____. In detail!"

    a. As much as you   b. So do I

    c. Neither do I   d. As much as I do

問15) A: "You look pale. Are you all right?"

    B: "Well, I decided to slim down. I ate _____ cabbage soup for two weeks."

    a. if anything   b. scarcely   c. nothing but   d. as if

解 説

問1） 付帯状況を表す副詞句が求められていると考えて，a．with my eyes closed 「目を閉じた状態で」を補う。with *A done* で「*A* が〜された状態で」の意味（⇨ CHECK 8-5 ）。

文意「私は目を閉じてベッドに横たわりラジオを聴くのが好きだ」

問2） 空欄の直後の the wrong side of the road に着目。道路を逆走していて自動車事故を起こしたと判断する。As he was driving … や While he was driving … を分詞構文で表現したと考えて，b．Driving を補う。

文意「私の祖父は自動車で逆走をして，大事故を引き起こした」

問3） 空欄の直後の eating は動名詞であると考えて前置詞の d．besides を補う。この besides は in addition to 〜「〜に加えて」に近い意味（⇨ CHECK 8-8 ）。such as は「〜のような」の意味で例示する場合に用いられる。figure out 〜「（自分で考えて）〜を理解する」≒ understand

文意「我々は，食事のほかに，例えば，散歩，読書，映画鑑賞など，何が幸福に導くのかをよく考えて理解する必要がある」

問4） 空欄の直後の dropping support「サポートを終了すること」に着目。これに対する反応と考えて，b．criticized for を選ぶ。criticize *A* for *B*「*B* のことで *A* を非難する」の受動態。

文意「その会社は，まだ広く使われている旧製品に対するサポートを終了したことで非難されている」

問5） 空欄の直後の to hear は〈感情の原因〉を説明する不定詞（⇨ CHECK 6-2 ）であると考える。disappoint は「（人を）がっかりさせる」の意味なので，受動態の c．were disappointed が適切。「がっかりさせられた→がっかりした」と考える（類例については⇨ CHECK 3-3 ）。

文意「12 年勤めた会社を私が辞めたがっていると聞いて同僚たちはがっかりした」

問6） 空欄の後の amounts of money に着目。資金の量の大きさを強調していると考えて，a．enormous「巨大な」を選ぶ。その他の選択肢の意味は以下の通り。

b．「絶滅の危機に瀕した」　c．「啓発的な」　d．「進化した」

文意「その自動車メーカーは，新型電気自動車の開発に巨額の資金を費やした」

問7） 空欄の前後が文の形なので，接続詞の d．unless「〜でない限り」を補い副詞節を完成する（⇨ CHECK 7-20 ）。

文意「私の 4 歳の甥は，注目を集めない限り決して楽しそうではない」

問8） 空欄前後が文の形なので接続詞か関係詞が入る。the house を先行詞と考え，関係副詞の d．where を選ぶ。この where は in which で書き換え可能。接続詞の where との違いについては CHECK 7-16 を参照。

文意「私は祖父母がかつて所有していた家を訪れた。そこは母が生まれた家である」

問9） 空欄の直前の no に着目。**a．longer を補い**，suffers from nightmares「悪夢に苦しむ」を否定する形にする。no longer「もはや〜ない」

文意「その自動車事故から5年を超える年月が過ぎた。被害者はもはや死の悪夢に苦しんではいない」

問10） roll to the left から左に横ぶれするバイクであるとわかる。ideal「申し分ない，理想的な」を打ち消す**d．far from「決して〜ない」が適切**。c．by any means は by no means とすればほぼ同じ意味になる。

文意「去年購入したバイクは常に左に横ぶれするので理想からほど遠い」

問11） 主節の would have dressed は仮定法過去完了形であると判断する。条件節の If S had *done* は Had S *done* とすることもできるので，**b．Had I known が適切**。自動詞の dress は「（副詞とともに）〜な服装をする，正装する」の意味。

文意「ディナー時のドレスコードを知っていたら，もっときちんとした格好をしてきたのに」

問12） 動名詞を目的語にとる consider「〜を検討する」に着目（⇨ CHECK 4-3 ）。If … or so から会社の事業環境が悪化していることが読み取れるので，**d．quitting「辞める」が適切**であると判断する。

文意「もう1年やそこら会社の経営環境が悪化し続けるならば，私は退職を検討するかもしれない」

問13） 空欄の直後は people happier で O C の形である。この文型をとることができる**c．makes が適切**。make O C で「O を C にする」の意味。a good night's sleep で「熟睡」の意味。

文意「ある研究によると，熟睡すると人々は幸福感が増すが，10時間を超える睡眠ではイライラしやすくなる」

問14） A の I want to hear the whole story. に対して，「私も聞きたい」と B が応じていると考える。肯定的な内容を受ける場合は So ＋倒置文の形になるので，**b．So do I が適切**（⇨ CHECK 10-15 ）。c．Neither do I は否定文を受ける場合（⇨ CHECK 10-9 ）。work out〜「〜を解決する」，That's not the case.「それは事実ではない」（⇨ CHECK 1-3 ）などの表現に注意。

文意A：「ジェイソンとエリンは問題の解決のためにしばらく距離をおいていると思っていたよ。でも，どうもそうではないらしい。話の一部始終を聞きたいね」

　　　　B：「私も聞きたい。詳しくね！」

問15） A は B の体調を心配している。**c．nothing but を補う**と，痩せるためにキャベツスープしか食べていない，となり B の説明が完成する。nothing but 〜「〜し

か」は only に近い意味。look pale「顔色が悪い」，slim down「痩せる」などの表現に注意。

文意A：「顔色が悪いよ。大丈夫？」

　　　B：「ええ，痩せることにしたの。食事は2週間キャベツのスープだけなの」

問1）a　問2）b　問3）d　問4）b　問5）c　問6）a　問7）d
問8）d　問9）a　問10）d　問11）b　問12）d　問13）c　問14）b
問15）c

〈2〉 語句整序

ポイント

対応する日本文が与えられずに語句を整序し英文を完成する問題は，文型や品詞に関する正確な知識が問われているのは言うまでもないが，完成英文の意味を推測しながら解く必要がある。

研究問題

2014年度　情報科学部Ａ方式　問5

適切な英文になるように選択肢を並べ替えたとき，空欄 (ア) ～ (シ) に入る語句をそれぞれ①～⑤のうちから一つずつ選べ。

(1) I am glad ☐ (ア) ☐ (イ) ☐ my results.

① I can discuss　　② to have　　③ a friend

④ whom　　⑤ with

(2) He ☐ (ウ) ☐ (エ) ☐ .

① his pockets　　② for　　③ searching

④ the key　　⑤ was

(3) I am afraid ☐ (オ) ☐ (カ) ☐ .

① to understand　　② you　　③ might not

④ help　　⑤ she

(4) I find ☐ (キ) ☐ (ク) ☐ .

① to　　② answer　　③ this question

④ somewhat　　⑤ difficult

(5) I thought it ☐ (ケ) ☐ (コ) ☐ my home.

① enter　　② best　　③ not to

④ let　　⑤ them

(6) Can't you see ☐ (サ) ☐ (シ) ☐ for me?

① this　　② a terrible　　③ thing

④ what　　⑤ is

解 説

(1)I am glad │to have│ │a friend│ │with│ │whom│ │I can discuss│ my results.

感情を表す形容詞 glad に着目して，to *do*（〈感情の原因〉を説明する不定詞・副詞的用法）を続ける（⇨ CHECK 6-2 ）。discuss は他動詞である点に注意（⇨ CHECK 4-1 ）。

文意「結果について話し合える友人がいてうれしい」

(2)He │was│ │searching│ │his pockets│ │for│ │the key│.

述語動詞を was *doing*（過去進行形）にする。search *A* for *B* で「*B* を求めて *A* を捜す」の意味。

文意「彼はポケットを探って鍵を捜した」

(3)I am afraid │she│ │might not│ │help│ │you│ │to understand│.

従属節の述語動詞を might not help にする。help O（to）*do* で「O が～するのを手伝う」の意味（⇨ CHECK 4-6 ）。

文意「残念ながら彼女はあなたが理解するのを助けてくれないかもしれません」

(4)I find │this question│ │somewhat│ │difficult│ │to│ │answer│.

find に着目して，OC の形を続ける。副詞の somewhat は difficult の前に置く。この to answer は副詞的用法で difficult を修飾する（⇨ CHECK 6-2 ）。

文意「この問題はやや答えにくいと思う」

(5)I thought it │best│ │not to│ │let│ │them│ │enter│ my home.

it は形式目的語。think it C not to *do*「～しないのは C であると思う」の形にする。to *do* を否定する not はその直前に置く。let O *do*「O に～させてやる」の形に注意（⇨ CHECK 5-3 ）。

文意「彼らを家に入れないのが一番よいと思った」

(6)Can't you see │what│ │a terrible│ │thing│ │this│ │is│ for me?

what に着目し，see の目的語となる名詞節を作る。感嘆文の語順 what S V に注意（⇨ CHECK 7-18 ）。

文意「これが私にとってどんなにひどいことかわからないのですか」

実戦問題❶

目標解答時間 4分　**目標正答数** 2/3問

2023年度　情報科・デザイン工・理工・生命科学部A方式Ⅱ日程　〔Ⅰ〕問4

(1)〜(3)において，それぞれ下の語(句)イ〜ホを並べ替えて空所を補い，最も適切な文を完成させよ。解答は2番目と4番目に入る語(句)を選び，その記号を解答用紙にそれぞれマークせよ。なお，文頭の大文字・小文字は問わない。

(1)　The engineers have invented ☐ 2 ☐ 4 ☐ to the development of agriculture.

　イ　a new machine　　　ロ　a contribution　　　ハ　which

　ニ　make　　　　　　　ホ　will

(2)　☐ 2 ☐ 4 ☐ , I made an appointment with Professor Suzuki and got some advice.

　イ　how to　　　　　　ロ　knowing　　　　　　ハ　prepare for

　ニ　not　　　　　　　ホ　the next math exam

(3)　☐ 2 ☐ 4 ☐ , we can do a lot of things without leaving our house.

　イ　become widely used　　　　　ロ　has

　ハ　information technology　　　　ニ　now

　ホ　that

解 説

(1) The engineers have invented a new machine which will make a contribution to the development of agriculture.

which が主格の関係代名詞であることに気づくかがポイント。make a contribution to ～ で「～に貢献する」の意味。

文意「その技術者たちは農業の発展に貢献する新しい機械を発明した」

(2) Not knowing how to prepare for the next math exam, I made an appointment with Professor Suzuki and got some advice.

整序すべき語句に主語にあたるものがないので，分詞構文であると判断する。Not knowing ～ で「～を知らなかったので」（＝As I didn't know ～）となる。分詞を否定する not はその直前に置く点に注意（⇨ CHECK 6-13 ）。prepare for ～ で「～の準備をする」の意味。

文意「次の数学のテストの準備の仕方がわからなかったのでスズキ教授にアポを取り助言をしてもらった」

(3) Now that information technology has become widely used, we can do a lot of things without leaving our house.

主語（we）の前にくる副詞節か副詞句を完成する問題であると判断する。Now (that) S V で「今や S は V するので」となる。〈理由〉を表す接続詞の since に近い意味。

文意「今や情報技術は広く使われるようになっているので，私たちは家を出ずに多くのことができる」

(2番目・4番目の順に）
(1)—ハ・ニ　(2)—ロ・ハ　(3)—ホ・ロ

解答

実戦問題❷

目標解答時間 5分　**目標正答数** 3/4問

2022年度　情報科・デザイン工・理工・生命科学部A方式Ⅱ日程　〔Ⅰ〕問4

(1)～(4)において，それぞれ下の語（句）イ～ホを並べ替えて空所を補い，最も適切な文を完成させよ。解答は2番目と4番目に入るもののみを選び，その記号を解答用紙にそれぞれマークせよ。なお，文頭の大文字・小文字は問わない。

(1) Since the proportion of elderly drivers in traffic accidents has increased, some bus companies offer discounts on bus fares 〔　　〕 〔 2 〕 〔　　〕 〔 4 〕 〔　　〕.

　イ　for　　　　　　　　　ロ　their driver's license　　ハ　those

　ニ　voluntarily return　　ホ　who

(2) 〔　　〕 〔 2 〕 〔　　〕 〔 4 〕 〔　　〕 than average, more forest fires are likely to occur.

　イ　is expected　　　　ロ　much hotter　　　　ハ　given that

　ニ　to be　　　　　　　ホ　this summer

(3) Robots 〔　　〕 〔 2 〕 〔　　〕 〔 4 〕 〔　　〕 at once.

　イ　carry out　　　　　ロ　enable　　　　　　ハ　to

　ニ　three operations　　ホ　hospital doctors

(4) Although it is widely known that cacao beans are good for health, we need to 〔　　〕 〔 2 〕 〔　　〕 〔 4 〕 〔　　〕.

　イ　about　　　　　　　ロ　careful　　　　　　ハ　be

　ニ　too many chocolates　ホ　eating

解 説

(1) Since the proportion of elderly drivers in traffic accidents has increased, some bus companies offer discounts on bus fares |for| |those| |who| |voluntarily return| |their driver's license|.

Since … has increased は〈理由〉を表す副詞節である。offer a discount on ～ で「～の割引料金を設定する」の意味。for 以下は割引対象者を表す。those who ～「～な人々」 those は people の意味。who は主格の関係代名詞。

文意「高齢者ドライバーの交通事故率が増加したので,バス会社の中には免許証を自主返納した人のためにバス運賃を割り引くところもある」

(2) |Given that| |this summer| |is expected| |to be| |much hotter| than average, more forest fires are likely to occur.

主語の more forest fires の前には副詞句か副詞節がくるはず。Given (that) S V「S が V することを考えると」の形にする。given は過去分詞から転用された接続詞(⇨ CHECK 7-22)。be expected to be ～「～であると予想される」

文意「今年の夏は平均よりもはるかに暑いと予想されていることを考えると,山火事が起こる可能性が高くなりそうだ」

(3) Robots |enable| |hospital doctors| |to| |carry out| |three operations| at once.

enable O to *do*「O が～するのを可能にする」の形(⇨ CHECK 5-6)。carry out～「～を行う」 perform が近い意味。

文意「ロボットのおかげで病院の医師たちは一度に 3 件の手術を行うことができる」

(4) Although it is widely known that cacao beans are good for health, we need to |be| |careful| |about| |eating| |too many chocolates|.

空所の直前の to に着目して,名詞的用法の不定詞句を完成する。be careful about ～「～に注意する」

文意「カカオ豆は健康によいことが広く知られているが,チョコレートの食べ過ぎには注意する必要がある」

（2番目・4番目の順に）
(1)—ハ・ニ (2)—ホ・ニ (3)—ホ・イ (4)—ロ・ホ

解 答

実戦問題❸

目標解答時間 5分　**目標正答数** 4/5問

2019年度　情報科学部Ａ方式　問3

最も適切な英文になるように選択肢を並び替えたとき，空欄 (ア) ～ (コ) に入る語句を，選択肢①～⑤からそれぞれ一つずつ選べ。

(1) Children under six years old are not allowed to enter ☐ (ア) ☐ (イ) ☐ an adult.

① accompanied　　② unless　　③ are

④ they　　⑤ by

(2) We are often surprised ☐ (ウ) ☐ (エ) ☐ know about our own country.

① to　　② little　　③ we

④ how　　⑤ discover

(3) The committee put trash boxes all over campus, ☐ (オ) ☐ (カ) ☐ clean.

① it　　② to　　③ keep

④ help　　⑤ hoping

(4) It took a while to ☐ (キ) ☐ (ク) ☐ the customers' needs.

① that　　② products　　③ develop

④ new　　⑤ meet

(5) I cannot thank my parents ☐ (ケ) ☐ (コ) ☐ with great care.

① for　　② up　　③ enough

④ us　　⑤ bringing

解　説

(1) Children under six years old are not allowed to enter │unless│ │they│ │are│ │accompanied│ │by│ an adult.

unless S V で「～でない限り」の意味の副詞節（⇨ CHECK 7-20 ）。accompany は「～に同行する」の意味なので，be accompanied by ～ で「～に付き添われる」となる。

文意「6歳未満の子供は大人の付き添いがない限り入場が許されていない」

(2) We are often surprised │to│ │discover│ │how│ │little│ │we│ know about our own country.

〈感情の原因〉を説明する副詞的用法の不定詞（⇨ CHECK 6-2 ）。how は副詞で，little を修飾する。

文意「私たちは，自国についていかに無知であるかを知ってしばしば驚く」

(3) The committee put trash boxes all over campus, │hoping│ │to│ │help│ │keep│ │it│ clean.

分詞構文。help（to）*do*「～するのに役立つ」to の省略に注意（⇨ CHECK 4-6 ）。

文意「委員会は，美化に有効であると期待してキャンパス中にゴミ箱を設置した」

(4) It took a while to │develop│ │new│ │products│ │that│ │meet│ the customers' needs.

主格の関係代名詞の that。「満たす」の意味の meet に注意。

文意「顧客のニーズを満たす新製品を開発するのにしばらく時間がかかった」

(5) I cannot thank my parents │enough│ │for│ │bringing│ │us│ │up│ with great care.

cannot *do* enough で「いくら～してもしすぎることはない」の意味（⇨ CHECK 10-18 ）。

bring up ～「～を育てる」動詞＋副詞の群動詞は代名詞が目的語の場合は，動詞＋代名詞＋副詞の語順になる（⇨ CHECK 4-21 ）。

文意「私たちを大切に育ててくれたことで私は両親にいくら感謝してもし切れない」

(1)(ア)—④　(イ)—①　(2)(ウ)—⑤　(エ)—②　(3)(オ)—②　(カ)—③
(4)(キ)—④　(ク)—①　(5)(ケ)—①　(コ)—④

実戦問題❹

2021年度　情報科・デザイン工・理工・生命科学部A方式Ⅱ日程　〔Ⅰ〕問3

(1)～(4)において，それぞれ下の語(句)イ～ホを並べ替えて空欄を補い，最も適切な文を完成させよ。解答は2番目と4番目に入るもののみを選び，その記号を解答用紙にそれぞれマークせよ。なお，文頭の大文字・小文字は問わない。

(1)　When people step on escalators, they stand on 　　　　 2 　　　　 4 　　　　 pass in some cities of Japan.

　　イ　others　　　　　ロ　to　　　　　ハ　side

　　ニ　one　　　　　　ホ　let

(2)　Having even a little cultural knowledge can 　　　　 2 　　　　 4 　　　　 to behave in other countries.

　　イ　figure　　　　　ロ　help　　　　　ハ　how

　　ニ　out　　　　　　ホ　people

(3)　The director has authority 　　　　 2 　　　　 4 　　　　 .

　　イ　will　　　　　　ロ　the insurance　　　ハ　to decide

　　ニ　cover　　　　　ホ　which cases

(4)　　　　　 2 　　　　 4 　　　　 try our hardest in the next exam.

　　イ　all　　　　　　ロ　can　　　　　ハ　do

　　ニ　is　　　　　　ホ　we

解 説

(1) When people step on escalators, they stand on | one | | side | | to | | let | | others | pass in some cities of Japan.

最初の空欄の直前の stand on に着目。one side と続けると，「片側に立つ」となる。最後の空欄の直後の pass は動詞の原形であると判断し，to let others pass「他の人が追い越せるように」とする。let O *do* で「O が～するのを許す」の意味（⇨ CHECK 5-3 ）。なお，この to let は〈目的〉を表す副詞的用法の不定詞である（⇨ CHECK 6-2 ）。

文意「日本の都市の一部では，エスカレーターに乗るときは他の人が追い越せるように片側に立つ」

(2) Having even a little cultural knowledge can | help | | people | | figure | | out | | how | to behave in other countries.

Having even a little cultural knowledge「ほんの少しでも文化的知識を持っていること」が文の主語。help O (to) *do*「O が～するのに役立つ」の形が続くと判断する。to の省略に注意（⇨ CHECK 4-6 ）。なお，how to 以下が figure out「理解する」の目的語である。

文意「ほんの少し文化について知っているだけでも，他国でどのようにふるまえばよいかを理解するのに役立つ」

(3) The director has authority | to decide | | which cases | | the insurance | | will | | cover | .

authority「権限」の内容を説明する to decide を続ける（不定詞の形容詞的用法⇨ CHECK 6-1 ）。decide の目的語となるように which cases the insurance will cover とする（間接疑問文⇨ CHECK 7-18 ）。この which は疑問形容詞なので直後に被修飾語の cases が来ている。

文意「その役員はどの事例にその保険が適用されるかを判断する権限を有している」

(4) | All | | we | | can | | do | | is | try our hardest in the next exam.

最後の空欄の直後の try に着目。動詞の原形であると判断し，All S can do is (to) *do*「S は～することしかできない（S ができるすべてのことは～することだ）」の形にする。to の省略に注意（⇨ CHECK 6-16 ）。

文意「私たちができるのは次の試験で精いっぱい努力することだけだ」

（2番目・4番目の順に）
(1)—ハ・ホ　(2)—ホ・ニ　(3)—ホ・イ　(4)—ホ・ハ

解 答

実戦問題❺

目標解答時間 7分　**目標正答数** 4/6問

2014年度　デザイン工・理工・生命科学部A方式Ⅱ日程　〔Ⅳ〕

つぎの(1)～(6)において，それぞれ下の語句を並べかえて空所を補い，最も適当な文を完成させよ。解答は2番目と4番目に入るもののみをイ～ホから選んで解答用紙にマークせよ。

(1) He has decided to get a look at the house and see [　　] [2] [　　] [4] [　　] .

　イ　buying　　　　　ロ　might be　　　　ハ　if
　ニ　it　　　　　　　ホ　worth

(2) I [　　] [2] [　　] [4] [　　] may just be another of her tricks.

　イ　help　　　　　　ロ　that　　　　　　ハ　can't
　ニ　this　　　　　　ホ　feeling

(3) Let us know if you [　　] [2] [　　] [4] [　　] something special to offer.

　イ　across　　　　　ロ　anywhere　　　　ハ　come
　ニ　has　　　　　　 ホ　that

(4) The Prime Minister congratulated the Japanese team [　　] [2] [　　] [4] [　　] games.

　イ　all　　　　　　　ロ　on　　　　　　　ハ　having
　ニ　their　　　　　　ホ　won

(5) Any comparison that is not strictly factual ⬚ ②
⬚ ④ ⬚ as subjective.

　イ　the risk 　　　　　ロ　interpreted 　　　　ハ　of

　ニ　runs 　　　　　　ホ　being

(6) My father has ordered me ⬚ ② ⬚ ④
⬚ could get me into an accident.

　イ　that 　　　　　　ロ　away 　　　　　　　ハ　from

　ニ　to stay 　　　　　ホ　anything

解　説

(1) He has decided to get a look at the house and see if it might be worth buying.

see の目的語となるように，if S V「～かどうか」の形にする。worth *doing* で「～する価値がある」の意味（⇨ CHECK 8-2 ）。

文意「彼はその家を見て買う価値があるかどうかを確かめることに決めた」

(2) I can't help feeling that this may just be another of her tricks.

can't help *doing* で「～せざるを得ない」の意味（⇨ CHECK 4-16 ）。

文意「これはまた彼女のいつもの悪ふざけなのではないかと感じざるを得ない」

(3) Let us know if you come across anywhere that has something special to offer.

come across「偶然に見つける」（≒happen to find）を if 以下の条件節の述語動詞にする（⇨ CHECK 4-8 ）。この場合，anywhere を名詞としてとらえ，that（主格の関係代名詞）の先行詞と考える。

文意「何か特別なものを提供してくれる所を偶然見つけたら私たちにご一報下さい」

(4) The Prime Minister congratulated the Japanese team on having won all their games.

述語動詞の congratulated に着目し，congratulate *A* on *B*「*B* のことで *A* に祝辞を述べる」の形にする。形容詞 all の位置に注意。〈all the＋名詞〉の語順になる。

文意「総理大臣は日本チームが全勝したことを祝福した」

(5) Any comparison that is not strictly factual runs the risk of being interpreted as subjective.

Any comparison が文の主語で，runs が述語動詞。run the risk of ～ で「～の危険を冒す」の意味。

文意「厳密に事実に基づかない比較はどれも主観的と解釈される危険がある」

(6) My father has ordered me to stay away from anything that could get me into an accident.

述語動詞の ordered に着目して，order O to *do*「O に～するように命令する」の形にする（⇨ CHECK 4-5 ）。stay away from ～ で「～を避ける，～に近寄らない」の意味。この that は主格の関係代名詞。

文意「父は事故に遭わせるようなものには近づくなと私に命じた」

（2番目・4番目の順に）
(1)―ニ・ホ　(2)―イ・ロ　(3)―イ・ホ　(4)―ハ・イ　(5)―イ・ホ　(6)―ロ・ホ

実戦問題❻

目標解答時間 7分 　**目標正答数** 5/6問

2015年度　情報科学部Ａ方式　問5

最も適切な英文になるように選択肢を並べ替えたとき，空欄 (ア) ～ (シ) に入る語句を①〜⑤のうちから一つずつ選べ。

(1) My mother wanted to know ☐ (ア) ☐ (イ) ☐ .

① would ② where ③ staying
④ I ⑤ be

(2) We were ☐ (ウ) ☐ (エ) ☐ sleep at all.

① so ② that ③ couldn't
④ we ⑤ excited

(3) I gave up ☐ (オ) ☐ (カ) ☐ of the game.

① to ② rules ③ trying
④ learn ⑤ the

(4) We will need ☐ (キ) ☐ (ク) ☐ soon.

① shopping ② get ③ to
④ done ⑤ the

(5) I'm sorry ☐ (ケ) ☐ (コ) ☐ so long.

① waiting ② keep ③ you
④ for ⑤ to

(6) Are these ☐ (サ) ☐ (シ) ☐ me for my birthday?

① the ones ② gloves ③ that
④ gave ⑤ you

解　説

(1) My mother wanted to know | where | I | would | be | staying |.

間接疑問文。疑問詞以下は平叙文の語順（⇨ CHECK 7-18 ）。

文意「母は私がどこに滞在するのかを知りたがっていた」

(2) We were | so | excited | that | we | couldn't | sleep at all.

so 〜 that … で「とても〜なので…」の意味。〈結果・程度〉を表す表現（⇨ CHECK 10-14 ）。

文意「私たちはとても興奮していてまったく眠ることができなかった」

(3) I gave up | trying | to | learn | the | rules | of the game.

give up *doing* で「〜することをあきらめる」の意味（⇨ CHECK 4-3 ）。

文意「私はそのゲームのルールを覚えようと努力することをあきらめた」

(4) We will need | to | get | the | shopping | done | soon.

get O *done* で「O を〜してしまう」の意味。〈完了〉を表す表現（⇨ CHECK 5-5 ）。

文意「私たちは買い物を早く済ませる必要があるだろう」

(5) I'm sorry | to | keep | you | waiting | for | so long.

I'm sorry（感情表現）に着目。感情を説明する副詞的用法の不定詞を続ける（⇨ CHECK 6-2 ）。keep O *doing* で「O に〜させておく」の意味（⇨ CHECK 5-2 ）。

文意「こんなに長い間お待たせしてすみません」

(6) Are these | gloves | the ones | that | you | gave | me for my birthday？

the ones＝the gloves と考える（⇨ CHECK 2-3 ）。この that は主格の関係代名詞。

文意「この手袋は私の誕生日にあなたに頂いたものですか」

---

(1)㋐—④　㋑—⑤　(2)㋒—⑤　㋓—④　(3)㋔—①　㋕—⑤
(4)㋖—②　㋗—①　(5)㋘—②　㋙—①　(6)㋚—①　㋛—⑤

実戦問題❼

目標解答時間 8分　**目標正答数** 4/6問

2020年度　情報科学部A方式　問3

次の(1)から(6)について，正しい英文になるように選択肢①〜⑥を並べ替えたとき，空欄 (ア) 〜 (シ) に入る語句を選べ。

(1) You have the right to have information available when you want it, where you want it, and ☐ (ア) ☐ (イ) ☐ ☐ .

①　want　　　　　②　you　　　　　③　in

④　it　　　　　　⑤　form　　　　　⑥　the

(2) We should ☐ (ウ) ☐ (エ) ☐ ☐ give children the freedom to explore when learning about the arts.

①　to　　　　　②　realize　　　　③　it

④　is　　　　　⑤　important　　　⑥　how

(3) I always wake up moments before my alarm clock rings, ☐ (オ) ☐ (カ) ☐ ☐ it for.

①　I　　　　　②　matter　　　　③　no

④　set　　　　⑤　time　　　　　⑥　what

(4) The internet allows you to communicate with your friends and family ☐ (キ) ☐ (ク) ☐ ☐ from them.

①　are　　　　②　apart　　　　③　if

④　you　　　　⑤　even　　　　⑥　far

(5) This research ☐ (ケ) ☐ (コ) ☐ ☐ AIDS.

①　a　　　　　②　lead　　　　③　cure

④　to　　　　⑤　for　　　　　⑥　might

(6) X-ray machines ☐ (サ) ☐ (シ) ☐ ☐ that can provide clearer images of the human body.

①　by　　　　②　to　　　　③　machines

④　are　　　　⑤　be　　　　⑥　replaced

解 説

(1) You have the right to have information available when you want it, where you want it, and in the form you want it .

in the form (in which) you want it と補って考える。この form は way に近い意味。in the way (in which) S V などの表現から類推する（⇨CHECK 7-3）。

文意「あなた方には，望むときに，望むところで，望む形で，情報を利用する権利がある」

(2) We should realize how important it is to give children the freedom to explore when learning about the arts.

最初の空欄の直前は助動詞の should なので，動詞の realize が続く。これに how から始まる疑問詞節を続ける（⇨CHECK 7-18）。この how は副詞で，important を修飾する。it は形式主語で to give 以下が真主語。

文意「芸術について学んでいるときに探求する自由を子供たちに与えることがいかに重要であるかを我々は実感すべきである」

(3) I always wake up moments before my alarm clock rings, no matter what time I set it for.

最初の空欄の前は SVM（M＝修飾語句）の形で完成している点に着目。no matter what で始まる副詞節を続ける。この場合の what は形容詞なので，直後に名詞の time がくる（⇨CHECK 7-14）。

文意「たとえ何時にセットしても，私はいつも目覚まし時計が鳴る寸前に目を覚ます」

(4) The internet allows you to communicate with your friends and family even if you are far apart from them.

最初の空欄の前は SVOC の形で完成しているので，even if「たとえ～でも」で始まる副詞節を続ける。far apart from ～で「～から遠く離れている」となる。far は〈程度〉を表す副詞で，形容詞の apart を修飾している。

文意「たとえ友人や家族と遠く離れていても，インターネットで彼らと交流することができる」

(5) This research might lead to a cure for AIDS.

This research は主語なので動詞は might lead となる。lead to ～で「～につながる」の意味。類例については CHECK 4-8 参照。

文意「この研究はエイズの治療法を生み出すかもしれない」

(6) X-ray machines are to be replaced by machines that can provide clearer images of the human body.

X-ray machines は主語と考え，動詞を続ける。be＋to 不定詞で，〈予定・義務・

可能〉などを表すことから，are to be replaced とする（⇨ CHECK 6-15 ）。最後の空欄の直後の that は主格の関係代名詞で，machines が先行詞である。

文意「X 線装置は，それよりも鮮明な人体画像を提供できる装置によって取って代わられるだろう」

---

(1)(ア)—⑥　(イ)—②　(2)(ウ)—⑥　(エ)—③　(3)(オ)—②　(カ)—⑤
(4)(キ)—③　(ク)—①　(5)(ケ)—②　(コ)—①　(6)(サ)—②　(シ)—⑥

実戦問題❽

目標解答時間 8分 **目標正答数** 5/7問

2015年度 デザイン工・理工・生命科学部A方式Ⅱ日程 〔Ⅲ〕問3

(1)～(7)において，それぞれ下の語(句)を並べかえて空所を補い，最も適当な文を完成させよ。解答は2番目と4番目に入るもののみをイ～ホから選び，その記号を解答用紙にそれぞれマークせよ。なお，頭文字の大文字，小文字の区別は問わない。

(1) As there is ☐ ☐2☐ ☐4☐ ☐ , I have to go to the office supply store.

 イ in   ロ ink   ハ left

 ニ no   ホ the printer

(2) What ☐ ☐2☐ ☐4☐ ☐ project was occupying more and more of her spare time.

 イ a   ロ had seemed   ハ be

 ニ worthwhile   ホ to

(3) I felt so tired that I could ☐ ☐2☐ ☐4☐ ☐ .

 イ my   ロ hardly   ハ keep

 ニ open   ホ eyes

(4) I found some pages ☐ ☐2☐ ☐4☐ ☐ at a bookshop nearby.

 イ bought   ロ I had   ハ which

 ニ in the book   ホ missing

(5) ☐ ☐2☐ ☐4☐ ☐ don't come on the market every day.

 イ that   ロ houses   ハ in mind

 ニ bear   ホ of this quality

(6)　This is a ☐ ☐2☐ ☐ ☐4☐ ☐ for all
the family.

　　イ　with　　　　　　　ロ　three-story　　　　ハ　plenty

　　ニ　house　　　　　　ホ　of space

(7)　Not ☐ ☐2☐ ☐ ☐4☐ ☐ to Germany
after our graduation, I asked her if she would go to France with me.

　　イ　go　　　　　　　　ロ　my friend's　　　　ハ　knowing

　　ニ　plan　　　　　　　ホ　to

解説

(1) As there is no ink left in the printer, I have to go to the office supply store.

There is S *done* で「S が～されている」の意味。〈存在〉と〈状態〉を表す（⇨ CHECK 6-14）。

文意「プリンターにインクが残っていないので，事務用品店に行かねばならない」

(2) What had seemed to be a worthwhile project was occupying more and more of her spare time.

was occupying が述語動詞，What … project が文の主語である。seem to be ～ で「～のようである」の意味。

文意「価値のある企画であると思われたものが，彼女の仕事の合間の時間をますます占めるようになっていた」

(3) I felt so tired that I could hardly keep my eyes open.

so ～ that … で「とても～なので…」の意味。〈結果・程度〉を表す（⇨ CHECK 10-14）。

hardly は「ほとんど～ない」の意味の否定語。位置に注意（⇨ CHECK 10-16）。

keep OC「O を C の状態にしておく」（⇨ CHECK 5-8）

文意「私はとても疲れていて，ほとんど目をあけておくことができなかった」

(4) I found some pages missing in the book which I had bought at a bookshop nearby.

find OC「O が C であることに気付く」の形。which は目的格の関係代名詞。先行詞の the book を代入して，I had bought the book at a bookshop nearby とパラフレーズすると意味を取りやすい。

文意「近所の書店で私が購入した本は数ページ落丁していることに気付いた」

(5) Bear in mind that houses of this quality don't come on the market every day.

bear〔keep〕in mind that SV で「…を心に留めておく」の意味。of ～ quality で「～の品質の」の意味の形容詞句となる。

文意「この品質の住宅は毎日市場に出回るわけではないことを心に留めておきなさい」

(6) This is a three-story house with plenty of space for all the family.

three-story「3階建ての」　with ～「～を持っている」　plenty of ～「たくさんの～」不可算名詞でも可算名詞でも用いる。

文意「これは，家族全員に十分な空間がある3階建ての家である」

(7) Not knowing my friend's plan to go to Germany after our graduation, I asked her if she would go to France with me.

分詞構文。Not は分詞を否定する（⇨ CHECK 6-13）。この to go は形容詞的用法の不定詞（⇨ CHECK 6-1）。

文意「卒業後はドイツに行くという友人の計画を知らなかったので，私は一緒にフランスに行くつもりはないかと彼女に尋ねた」

（2番目・4番目の順に）

(1)—ロ・イ　(2)—ホ・イ　(3)—ハ・ホ　(4)—ニ・ロ　(5)—ハ・ロ
(6)—ニ・ハ　(7)—ロ・ホ

実戦問題❾

目標解答時間 8分　**目標正答数** 5/7問

2018年度　デザイン工・理工・生命科学部A方式Ⅰ日程　問3

(1)～(7)において，それぞれ下の語(句)を並べかえて空所を補い，最も適切な文を完成させよ。解答は2番目と4番目に入るもののみをイ～ホから選び，その記号を解答用紙にそれぞれマークせよ。

(1) My brother is 190 cm tall. His height ☐ ☐2☐ ☐ ☐4☐ ☐ in the crowd.

　　イ　him　　　ロ　it　　　ハ　makes　　　ニ　to find　　　ホ　easy

(2) I'm sorry ☐ ☐2☐ ☐ ☐4☐ ☐ so long.

　　Someone came to talk to me when I was about to leave my office.

　　イ　you　　　ロ　to　　　ハ　kept

　　ニ　waiting　　　ホ　have

(3) Both Gracie and I like British movies a lot. I ☐ ☐2☐ ☐ ☐4☐ ☐ about them.

　　イ　without　　　ロ　cannot　　　ハ　meet

　　ニ　talking　　　ホ　her

(4) He cares about ☐ ☐2☐ ☐ ☐4☐ ☐ .

　　イ　what　　　ロ　him　　　ハ　think　　　ニ　of　　　ホ　others

(5) Further discussion ☐ ☐2☐ ☐ ☐4☐ ☐ .

　　イ　the lunch break　　　ロ　after　　　ハ　postponed

　　ニ　until　　　ホ　was

(6) I hope this book ☐ ☐2☐ ☐ ☐4☐ ☐ you.

　　イ　be　　　ロ　of　　　ハ　to

　　ニ　will　　　ホ　some use

(7) What ☐ ☐2☐ ☐ ☐4☐ ☐ your mind so suddenly?

　　イ　change　　　ロ　has　　　ハ　to

　　ニ　caused　　　ホ　you

解　説

(1) My brother is 190cm tall. His height makes it easy to find him in the crowd.
make it C to *do*「〜することをCにする」の形にする。it は to *do* を指す形式目的語。
文意「私の兄弟の身長は190センチだ。背が高いので人混みの中でも見つけやすい」

(2) I'm sorry to have kept you waiting so long.
〈感情の原因〉を説明する副詞的用法の不定詞（⇨ CHECK 6-2 ）。「ずっと待たせて
いる」という内容になるように，to have *done*（完了不定詞）の形にする。keep
O C「OをCにしておく」の形にも注意（⇨ CHECK 5-2 ）。
文意「こんなに長くお待たせしてすみません」

(3) Both Gracie and I like British movies a lot. I cannot meet her without talking about them.
cannot 〜 without *doing*「〜すると必ず…する（…せずに〜できない）」の形にす
る（⇨ CHECK 10-12 ）。
文意「グレーシーと私は2人ともイギリス映画が大好きだ。彼女と会うと必ずイギ
リス映画の話をする」

(4) He cares about what others think of him.
間接疑問の形。疑問詞＋主語＋動詞の語順に注意（⇨ CHECK 7-18 ）。関係代名詞
の what と考えることもできる（⇨ CHECK 7-12 ）。
文意「彼は他人がどう思うかを気にする（彼は自分について他人が思うことを気にする）」

(5) Further discussion was postponed until after the lunch break.
until after 〜「〜の後まで」二重前置詞に注意。
　類例：since before 〜「〜以前からずっと」　from behind 〜「〜の背後から」
　　　　from under 〜「〜の下から」など。
文意「さらなる議論は昼休みの後まで延期された」

(6) I hope this book will be of some use to you.
〈of＋抽象名詞〉の形（⇨ CHECK 1-6 ）。
文意「この本はあなたに少しは役立つと思います」

(7) What has caused you to change your mind so suddenly?
cause A to *do*「Aが〜する原因となる」の形（⇨ CHECK 5-3 ）。
文意「何がきっかけでそんなに突然に決心を変えたのですか？」

（2番目・4番目の順に）
(1)―ロ・ニ　(2)―ホ・イ　(3)―ハ・イ　(4)―ホ・ニ　(5)―ハ・ロ
(6)―イ・ホ　(7)―ニ・ハ

解　答

〈3〉 文章完成

> **ポイント**
>
> 比較的短めの英文を，内容を把握しながら完成する問題である。文章中に選択肢があるので，
> 解きにくいと感じる場合もあるだろう。しかし，短文の完成問題と解き方は同じなので，ま
> ずは形式に慣れることが大切である。

研究問題

2020年度　経済・社会学部Ａ方式Ⅱ日程・スポーツ健康学部Ａ方式　〔Ⅱ〕

つぎの英文を読んで，〈1〉～〈27〉に入る最も適切なものを，ａ～ｄからそれぞ
れ一つ選び，その記号を解答欄にマークしなさい。

Catching a Cold

〈例〉
Many people catch colds
ⓐ. in
b. on
c. with
d. under
the springtime or fall. It

〈1〉
a. turns
b. gets
c. makes
d. gives
us wonder why. If scientists can send a man to the moon,

〈2〉
a. what
b. which
c. when
d. why
can't they find a cure for the

〈3〉
a. natural
b. severe
c. common
d. bitter
cold? The

〈4〉
a. finally
b. literally
c. exactly
d. particularly
answer is easy. There are hundreds of kinds of cold

〈5〉
a. care
b. pill
c. stage
d. one
viruses out there. You never know which you will get. There

〈6〉
|a. all|
|b. both|
|c. none|
|d. either|

is no cure for 〈6〉 of them.

〈7〉
|a. attacks|
|b. comes|
|c. avoids|
|d. leaves|

When a virus 〈7〉 your body, the body works hard to get

〈8〉
|a. out|
|b. rid|
|c. healthy|
|d. tired|

〈9〉
|a. holds|
|b. leaks|
|c. rushes|
|d. sheds|

〈8〉 of it. Blood 〈9〉 to your nose and causes congestion.

〈10〉
|a. although|
|b. hence|
|c. accordingly|
|d. because|

You feel terrible 〈10〉 you can't breathe well, but your body is

〈11〉
|a. "detecting"|
|b. "freeing"|
|c. "eating"|
|d. "reproducing"|

actually 〈11〉 the virus. Your temperature rises and you 10

〈12〉
|a. muscle|
|b. heat|
|c. thirst|
|d. nerve|

get a fever, but the 〈12〉 of your body is killing the virus. You

〈13〉
|a. for|
|b. from|
|c. by|
|d. with|

also have a runny nose to stop the virus 〈13〉 getting into more of

〈14〉
|a. cells.|
|b. stomach.|
|c. sweat.|
|d. brains.|

your 〈14〉 You may feel miserable, but actually your wonderful

〈15〉
|a. can|
|b. is|
|c. tries|
|d. bites|

body is doing everything it 〈15〉 to kill the germs.

〈16〉
|a. temperatures|
|b. symptoms|
|c. remedies|
|d. reactions|

Different people have different 〈16〉 for colds. For 15

〈17〉
a. serve
b. have
c. contain
d. apply

example, in the US, some people 〈17〉 chicken soup to feel better.

〈18〉
a. Second
b. Remaining
c. Another
d. Other

people take hot baths and drink warm liquids.　Sleep is

〈19〉
a. struggle.
b. therapy.
c. period.
d. consequence.

an alternative 〈19〉　There is one interesting thing to

〈20〉
a. ignore
b. carry
c. note
d. bring

about cold medication.

〈21〉
a. Better
b. Appealing
c. Coming
d. Contrary

to what you'd

20　expect, some scientists say taking medicine when you have a cold is actually

bad for you.　If you have medicine in your body, the virus stays in you

〈22〉
a. longer
b. eventually
c. harder
d. simultaneously

because your body doesn't have a

〈23〉
a. time
b. will
c. way
d. place

to

completely kill it.　Bodies do an amazing job of fighting germs on their

〈24〉
a. hand.
b. own.
c. case.
d. pace.

〈25〉
a. damage
b. effect
c. infection
d. injection

25　　　There is a joke about the 〈25〉 of medicine when you have a

〈26〉
a. goes
b. says
c. stands
d. tells

cold.　It 〈26〉 like this: it

〈27〉
a. functions
b. works
c. spends
d. takes

about one week to get

over a cold if you don't take medicine, but only seven days to get over a cold

if you do take medicine.

全訳

≪風邪を引く≫

　多くの人が春や秋に風邪を引く。それはなぜなのだろうかと思わせる。科学者たちは人間を月に送ることができるのに，なぜ普通の風邪に対する治療法を見つけることができないのか？　答えは簡単である。まさに何百もの種類の風邪のウイルスが世に存在するからだ。どのウイルスに感染するかは決してわからない。それらすべてに対処する治療法はないのである。

　ウイルスが体を攻撃するとき，体はウイルスを取り除くために一生懸命に働く。血液が鼻に勢いよく流れ込み，鬱血を起こす。うまく呼吸することができないので，とてもつらい。しかし，実際のところは体はウイルスを「食べている」のである。体温が上昇し熱が出る。だが体の熱がウイルスを殺しているのだ。ウイルスがより多くの細胞に侵入しないように，鼻水も出る。苦しく感じるかもしれないが，実際は驚異的な体は，細菌を殺すためにできるあらゆることをしているのである。

　風邪に対する治療法は人によってさまざまだ。たとえばアメリカでは，症状を改善するためにチキンスープを飲む人がいる。熱い風呂に入って，温かい飲み物を飲む人もいる。睡眠はもうひとつの治療法である。風邪の薬に関して注目すべき興味深いことがひとつある。期待に反して，風邪を引いているときに薬を飲むのは，実際には体によくないと言う科学者たちもいる。薬が体の中にあると，体にはウイルスを完全に殺す方法はないので，ウイルスは体内に更に長く留まってしまうのだ。いずれにせよ体は，自力で細菌と戦うという驚嘆すべき仕事をしているのである。

　風邪を引いているときの薬の効果に関するジョークがある。それはこんな感じだ：もし薬を飲まなかったら，風邪を治すのに1週間かかる。しかし，薬を飲んだら，風邪を治すのにかかるのはわずか7日間だ。

● 語句・構文 ……………………………………………………………………………………

第1段落
- □ *l.* 4　hundreds of ～「何百という～，非常に多くの～」
- □ *l.* 6　cure「治療法」

第2段落
- □ *l.* 8　blood「血液」
- □ *l.* 8　congestion「鬱血，充血」
- □ *l.* 10　temperature「体温」
- □ *l.* 11　fever「発熱」
- □ *l.* 12　have a runny nose「鼻水が出る」
- □ *l.* 14　germ「細菌」　主として病気を引き起こす細菌を指す。病気を含め，発酵（fermentation）などを引き起こす細菌全般を表す場合は microbe を用いる。

第3段落
- □ *l.* 18　alternative「もう1つの，代替の」
- □ *l.* 19　medication「薬物療法」
- □ *l.* 20　medicine「薬，医学」

□ *l.* 23　amazing「驚くべき」
最終段落
□ *l.* 26　get over a cold「風邪が治る」　get over 〜の同意表現に recover from 〜 がある。

解　説

〈1〉It makes us wonder why「それは私たちになぜなのかと不思議に思わせる」
後続の wonder が動詞の原形であることから，**c．makes を選ぶ**。make O *do* で
「O に〜させる」の意味。この make は〈原因〉を表す（⇨**CHECK 5-3**）。

〈2〉why can't they find a cure「なぜ治療法を見つけることができないのか」　If
scientists can send a man to the moon「月に人を送り込めるのに」に「どうし
て…？」とつながると考えて，**d．why を選ぶ**。

〈3〉a cure for the common cold「普通の風邪の治療法」　the common cold で
「普通感冒，風邪症候群」の意味。様々なウイルスや細菌が引き起こす疾患群のこ
と。**c．common を選ぶ**。

〈4〉There are literally hundreds of kinds of cold viruses「まさに何百種もの風
邪のウイルスが存在する」　hundreds of 〜「何百もの〜，無数の〜」は多さを強
調する表現。強意的な表現をさらに強調する，**b．literally「まさに，実際に」を
選ぶ**。

〈5〉You never know which one you will get.「どのウイルスに感染するかは決し
てわからない」　前文の hundreds of kinds of cold viruses に着目。which virus
you will get とつながることをふまえて，**d．one を選ぶ**。この one は名詞の繰り
返しを避ける代名詞である。

〈6〉There is no cure for all of them「それらすべてに対する治療法はない」
them は 2 文前の cold viruses を指すことをふまえて，**a．all を選ぶ**。どのウイル
スにも効く治療法は存在しないということ。部分否定であることに注意。

〈7〉When a virus attacks your body「ウイルスが体を攻撃するとき」　風邪の症
状の説明の導入部と考えて，**a．attacks「襲う，冒す」を選ぶ**。

〈8〉to get rid of it「それ（ウイルス）を排除するために」　**b．rid を補い**，get
rid of「取り除く」の形を完成する。ウイルス排除の働きがこれ以後で説明されて
いる。

〈9〉Blood rushes to your nose「血液が鼻に勢いよく流れる」　and causes
congestion「鬱血を引き起こす」と続くことから，**c．rushes を選ぶ**。rush to *A*
で「*A* に（液体などが）勢いよく流れる」の意味。

〈10〉because you can't breathe well「呼吸がうまくできないため」　主節の You
feel terrible「とてもつらく感じる」の理由を述べていると考えて，**d．because**

を選ぶ。

〈11〉but your body is actually "eating" the virus「実際には体がウイルスを『食べている』のである」 直後の文の is killing the virus から推測して，**c**．"eating" を選ぶ。擬人化表現。

〈12〉but the heat of your body is killing the virus「しかし体が発熱することでウイルスを殺しているのだ」 but に先行する Your temperature rises and you get a fever から，**b**．heat を選ぶ。

〈13〉have a runny nose to stop the virus from getting into …「鼻水が出て，ウイルスが…に侵入するのを防ぐ」 **b**．from を選び，stop O from *doing*「O が〜するのを防ぐ」の形を完成する（⇨**CHECK 4-4**）。

〈14〉getting into more of your cells「より多くの細胞に侵入すること」 ウイルスの侵入場所は，**a**．cells「細胞」である。

〈15〉your wonderful body is doing everything it can「驚異的な体は，できることは何でもしている」 everything（that）it can（do）と補って，**a**．can を選ぶ。that は目的格の関係代名詞。it は主語の your wonderful body を指す。

〈16〉different remedies for colds「風邪に対する様々な対処法」 直後の For example に着目。対処法が紹介されていることから，**c**．remedies「治療法，対処法」を選ぶ。

〈17〉some people have chicken soup「チキンスープを飲む人々もいる」 風邪の対処法の一例として述べられている。**b**．have「食べる，飲む」がふさわしい。

〈18〉Other people take hot baths「熱い風呂に入る人々もいる」 前文の some people に呼応していると考えて，**d**．Other を選ぶ。some 〜，other …で「〜もいれば，…もいる」の意味。

〈19〉Sleep is an alternative therapy.「睡眠はもうひとつの治療法である」 さらに対処法の紹介が続くと考えて，**b**．therapy「治療法」を選ぶ。〈16〉の remedies を言い換えている。相互にヒントになっている点に注意。

〈20〉one interesting thing to note「注目すべき興味深いこと」 後続の薬物治療の問題点の導入部となっていると考えて，**c**．note「注目する」を選ぶ。この to note は形容詞的用法の不定詞である（⇨**CHECK 6-1**）。

〈21〉Contrary to what you'd expect「期待に反して」 風邪を引いているときに薬を飲むのは体によくないという指摘もある，という後続の内容から，**d**．Contrary を補う。contrary to *A* で「*A* に反して」の意味。

〈22〉the virus stays in you longer「ウイルスが体内に長く留まる」 風邪薬がよくない理由と考えて，**a**．longer を選ぶ。

〈23〉because your body doesn't have a way to completely kill it「体にはウイルスを完全に死滅させる方法がない」 ウイルスが体内に留まる理由を述べていると

考えて，c. way を選ぶ。to completely kill it は形容詞的用法の不定詞だが，分割不定詞〈to＋副詞＋原形動詞〉の形になっている。

〈24〉 an amazing job of fighting germs on their own「自力で細菌と戦うという驚異的な仕事」　薬に頼らず治癒することを述べていると考えて，b. own を選ぶ。on *one's* own「自力で」　同意表現に for *oneself*, by *oneself*, without help などがある。

〈25〉 a joke about the effect of medicine「薬の効き目についてのジョーク」　第1段落最終文の There is no cure（*ll.* 5-6）および第3段落第6文の taking medicine … is actually bad for you（*ll.* 20-21）などに着目。風邪薬の効き目についてのジョークを紹介しようとしていると判断して，b. effect を選ぶ。

〈26〉 It goes like this「こんな感じだ」　a. goes を選ぶと，後続のジョークの紹介の前置きとなる。この go は「(話，ことわざなどが) 言われている」の意味。

〈27〉 it takes about one week to get over a cold「1週間くらいで風邪は治る」　d. takes を選び，it takes ～ to *do*「…するのに (時間，週，月，年など) かかる」の形にする（⇨ CHECK 4-11）。

〈1〉－c　〈2〉－d　〈3〉－c　〈4〉－b　〈5〉－d　〈6〉－a　〈7〉－a
〈8〉－b　〈9〉－c　〈10〉－d　〈11〉－c　〈12〉－b　〈13〉－b　〈14〉－a
〈15〉－a　〈16〉－c　〈17〉－b　〈18〉－d　〈19〉－b　〈20〉－c　〈21〉－d
〈22〉－a　〈23〉－c　〈24〉－b　〈25〉－b　〈26〉－a　〈27〉－d

実戦問題❶

目標解答時間 20分　**目標正答数** 26/30問

2018年度　経済・社会学部Ａ方式Ⅱ日程・スポーツ健康学部Ａ方式　〔Ⅱ〕

つぎの英文を読んで，〈1〉～〈30〉に入る最も適切なものを，ａ～ｄからそれぞ
れ一つ選び，その記号を解答欄にマークしなさい。

Apartment Pets in the U.S.

〈例〉
ⓐ. like
ｂ. with
ｃ. such
ｄ. both

In U.S. cities New York City and Los Angeles, many people

〈1〉
ａ. As
ｂ. Instead
ｃ. Despite
ｄ. Nevertheless

live in small apartments. not having homes with big

〈2〉
ａ. look
ｂ. wish
ｃ. reach
ｄ. seek

yards, some people with apartments still the companionship

〈3〉
ａ. offer.
ｂ. have.
ｃ. run.
ｄ. pet.

that animals like dogs and cats

〈4〉
ａ. mind
ｂ. feel
ｃ. inspire
ｄ. wonder

Some people

that having a pet, even in a small space, is good for teaching children 5

〈5〉
ａ. respondent.
ｂ. responding.
ｃ. responsibility.
ｄ. response.

〈6〉
ａ. Therefore,
ｂ. Consequently,
ｃ. Otherwise,
ｄ. However,

many landlords forbid tenants

〈7〉
ａ. with
ｂ. from
ｃ. of
ｄ. by

having

〈8〉
ａ. training
ｂ. food
ｃ. damage
ｄ. protection

pets, specifically cats and dogs, because of the the animals

can　do　to　carpets.　Many　landlords 〈 9 〉
a．charge
b．chain
c．change
d．check
an　extra　fee,

〈10〉
a．know
b．knew
c．known
d．knowing
as a pet deposit, to tenants 〈11〉
a．who
b．ones
c．they
d．which
want to keep pets.

This　is　to 〈12〉
a．look
b．pay
c．buy
d．maintain
for　repairs　or　cleaning　due　to　problems

〈13〉
a．occurred
b．taken
c．placed
d．caused
by the pet.

Many 〈14〉
a．cases
b．times
c．families
d．ways
apartment　residents　will　choose　animals,　like

〈15〉
a．dogs
b．birds
c．fish
d．cats
or　hamsters,　that　won't　make　any　noise　or　mess　or

〈16〉
a．put away
b．take down
c．break in
d．chew up
the furniture. 〈17〉
a．Those
b．Seldom
c．Other
d．Most
people keep lizards as pets,

since they don't 〈18〉
a．ask
b．require
c．spend
d．make
much　space　and　can　be　kept　in　small　cages

or　tanks.　Another 〈19〉
a．benefit
b．factor
c．result
d．disadvantage
of　these　smaller　pets　is　that　they

don't　need　to　be 〈20〉
a．fed.
b．walked.
c．cared.
d．spoken.
However,　some　people　who　live　in

〈21〉
apartments have pets that are not so
a. unusual,
b. small,
c. ordinary,
d. quiet,
like miniature pigs

and spiders, which are permitted by law in all states.　20

〈22〉
a. Neither
b. So
c. Not
d. But
all exotic pets are legal,
〈23〉
a. too.
b. though.
c. perhaps.
d. instead.
In

〈24〉
a. answer
b. attempt
c. addition
d. order
to maintain public
〈25〉
a. money,
b. opinions,
c. safety,
d. employees,
some cities and states

〈26〉
have laws
a. ban
b. bans
c. banned
d. banning
specific animals as pets. New York City, for

〈27〉
example,
a. makes
b. prevents
c. endures
d. allows
people from keeping poisonous snakes and

〈28〉
scorpions as pets. Such laws
a. exist
b. work
c. support
d. deserve
for a good
〈29〉
a. place.
b. time.
c. reason.
d. condition.
　25

〈30〉
In 2003, a man in a Manhattan apartment was
a. doubted
b. discovered
c. attracted
d. surprised
to have a

huge tiger as a pet. Later he was arrested.

https://www.rong-chang.com/

From Apartment Pets, *American Culture And Customs*, rong-chang ESL, Inc.

全訳

≪アメリカのアパートでのペット事情≫

　ニューヨークやロサンゼルスのようなアメリカの都市では，多くの人々が小さなアパートに住んでいる。そうした人々の中には大きな庭がある家を持っていないのに，犬や猫のような動物がもたらす親密な付き合いを探し求める者もいる。狭い空間の中でさえ，ペットを飼うことは子供たちに責任感というものを教えるのによい，と考える人たちもいる。

　しかしながら，多くの家主は借主にペット，特に犬や猫などを飼うことを禁じている。動物たちがカーペットへ与える損害のせいである。多くの家主は，ペットを飼いたいと思う借主へ，ペット保証金として知られる別料金を課す。これは，ペットによって引き起こされる問題が原因となった修理や清掃の支払いのためである。

　アパートの住民が魚やハムスターのような動物を選ぶのはよくあることであろう。騒音を出さないし散らかさないし，家具を噛んだりしないからである。トカゲをペットにする人々もいる，というのは，それらはあまり空間を必要としないし，小さな檻や水槽で飼えるからである。これらの比較的小さなペットのもう１つの利点は，散歩をさせる必要がないことである。しかしながら，アパートに住む人々の中には，ミニブタや蜘蛛のような，それほど一般的でないペットを飼う者もいるが，それらは全ての州で法律によって認められている。

　けれども，めずらしいペットが全て合法というわけではない。公共の安全を維持するために，特定の動物をペットとしては禁止している法律のある市や州がいくつかある。たとえば，ニューヨーク市は，人々に毒蛇やサソリをペットとして飼わせないようにしている。そのような法律は正当な理由があって存在する。2003年，マンハッタンのアパートに住む男がペットとして大きなトラを飼っているのがわかった。後に彼は逮捕されたのである。

● 語句・構文 ………………………………………………………………………………………

タイトル

□apartment「（共同住宅の）１区画」　主に賃貸住宅の場合に用いられ，分譲の場合は，condominium を用いる。和製英語の「マンション」はこれに相当する（英語の mansion は「大豪邸」の意味）。なお，建物全体は apartment house を用いる。

第1段落

□ *l.* 3　yard「庭」　米国では芝生や舗装された家の周囲の土地のこと。garden も「庭」だが，主に花や野菜などを植えてある狭い土地を意味する。

第2段落

□ *l.* 7　landlord「家主，大家」

□ *l.* 7　tenant「（家屋などの）賃借人，借主，居住者」

□ *l.* 9　fee「料金，授業料，（弁護士などへの）報酬」

　　参考：admission「入会金，入場料」　charge「手数料」　fare「運賃」　toll「通行料」

□ *l.* 10　pet deposit「ペット保証金」　借主が飼っているペットが部屋を汚したり，破損した場合に備えて，退去時の原状回復のために家主があらかじめ預かる資金のこと。

第3段落

☐ *l.* 13　resident「居住者，住民」　ここでは tenant の言い換え表現として用いられている。
類語：inhabitants, dweller「（その地域に長く住みつく）住民または動物」

☐ *l.* 15　furniture「家具（類）」　数える場合は，a piece〔an article〕of furniture などとする。

最終段落

☐ *l.* 21　exotic「めずらしい，風変わりな」

☐ *l.* 21　legal「合法の」⇔ illegal「違法の」

☐ *l.* 27　be arrested「逮捕される」

解　説

〈1〉Despite not having homes with big yards「大きな庭がある家を持っていないのに」　後続の not having を否定形の動名詞（⇨CHECK 6-13）と考えて，前置詞の a．As と c．Despite に絞る。some people 以下の still「それでも」に着目し，〈譲歩〉の関係であると考えて，c を選ぶ。

〈2〉・〈3〉some people with apartments still seek the companionship that animals like dogs and cats offer「犬や猫のような動物がもたらしてくれる親密な付き合いを求めるアパートの住民もいる」　まず，目的格の関係代名詞 that に着目。animals like dogs and cats offer the companionship と読みかえて，〈3〉は，a．offer「提供する」を選ぶ。the companionship は「ペットとの親密な関係」のことであるので，〈2〉は d．seek「求める」が適切であるとわかる。

〈4〉Some people feel that having a pet, …, is good「ペットを飼うことはよいことだと感じる人々もいる」　that S V を続けることができるのは，a．mind と b．feel と d．wonder だが，人々がペットの利点を実感していることを述べていると考えて，b を補う。

〈5〉is good for teaching children responsibility「子供たちに責任感を教えるのに有効である」　teach O O の形。子供に教えるのは動物を飼うことの「責任（感）」である，と考える。c．responsibility が適切。

〈6〉However, many landlords forbid …「しかしながら，多くの家主は…を禁じている」　many landlords forbid から，借主がペットを飼いたがっているという前文の内容と〈逆接〉の関係であると考えて，d．However を補う。

〈7〉forbid tenants from having pets「借主がペットを飼うことを禁止している」　forbid *A* from *doing* の「*A* が～することを禁じる」の形。この from は〈分離・抑制〉を表す（⇨CHECK 4-4）。b．from が適切。

〈8〉because of the damage (that) the animals can do「動物がもたらす可能性のある損害のために」と目的格の関係代名詞を補って考える。that に先行詞を代入

して，the animals can do the <u>damage</u> と読み換えるとわかりやすい。 c ．damage が適切。

〈9〉 Many landlords <u>charge</u> an extra fee「多くの家主は別料金を請求する」 目的語の fee「料金」がヒント。a ．charge が適切。

〈10〉 <u>known</u> as a pet deposit「ペット保証金として知られている」 an extra fee が意味上の主語であると考えると〈受動〉の関係なので，c ．known がふさわしいことがわかる。

〈11〉 to tenants <u>who</u> want to keep pets「ペットを飼いたい借主に対して」 tenants が先行詞で，動詞の want が続くので，主格の関係代名詞の a ．who がふさわしい。

〈12〉 This is to <u>pay</u> for repairs「これは修理に支払うためのものである」 This は a pet deposit を指すと考えて，b ．pay を選ぶ。be to *do* で「〜するためのものである」の意味（⇨ CHECK 6-15 ）。

〈13〉 due to problems <u>caused</u> by the pet「ペットによって引き起こされる問題のために」 形容詞的用法の過去分詞。被修飾語の problems と caused は意味上の主語と動詞の関係。problems are caused を読み換えて考えるとわかりやすい。 d ．caused が適切。

〈14〉 Many <u>times</u> apartment residents will chose …「何度も繰り返し（一度ならず）アパートの住民は…を選ぶだろう」 apartment residents が主語なので，Many 〜は副詞句であると判断する。b ．times 以外は副詞句にならないことが決め手。

〈15〉 like <u>fish</u> or hamsters「魚やハムスターのような」 直前の animals の具体例を示している。後続の，that won't make any noise「音を出さない」に着目して，c ．fish を選ぶ。この後続の that は主格の関係代名詞で先行詞の animals を修飾する形容詞節を導く〈限定用法〉。which にすると，先行詞が fish or hamsters とも解される（継続用法）ので，曖昧さを避けるために that が用いられている。いずれにせよ that には継続用法がない点に注意。

〈16〉 that won't … <u>chew up</u> the furniture「家具をかみ砕いたりしないだろう」 the furniture が目的語であることから，d ．chew up「かみ砕く」が適切であると判断する。

〈17〉 <u>Other</u> people keep lizards as pets「トカゲをペットとして飼う人々もいる」 騒いだり，取り散らかしたりなどしないペットの例を追加していると考える。c ．Other が適切。

〈18〉 since they don't <u>require</u> much space「あまり多くの空間を必要としないので」 トカゲが飼育される理由が示されている。can be kept in small cages or tanks「小さな檻や水槽で飼育できる」と続くことがヒント。b ．require が適切。

〈19〉 Another <u>benefit</u> of these smaller pets「これらの比較的小型のペットのもう 1

つの利点」 Another に着目。直前に示された場所をとらないという利点に加えて，もう1つ利点が示されていると考える。ａ．benefit が適切。

〈20〉 they don't need to be <u>walked</u>「これらの小動物は散歩の必要がない」 ペットとしてのトカゲのもう1つの利点を述べている。walk「散歩させる」の受け身の形のｂ．walked が適切。

〈21〉 pets that are not so <u>ordinary</u>「それほど一般的でないペット」 like miniature pigs and spiders「ミニブタや蜘蛛のような」と続くことがヒント。ｃ．ordinary が適切。

〈22〉・〈23〉 <u>Not</u> all exotic pets are legal, <u>though</u>.「けれども全てのめずらしいペットが合法というわけではない」 not と all で部分否定となる。ミニブタや蜘蛛は全ての州で合法であるという直前の内容と〈譲歩〉の関係。〈22〉はｃ．Not，〈23〉はｂ．though が適切。

〈24〉・〈25〉 In <u>order</u> to maintain public <u>safety</u>「公共の安全を維持するために」 後続の have laws「法律を持つ」目的を表していると考え，〈24〉からｄ．order を選び，〈25〉からｃ．safety を選ぶ。in order to do で「〜するために」の意味（⇨CHECK 10-7）。

〈26〉 laws <u>banning</u> specific animals as pets「ペットとして特定の動物を禁止する法律」 現在分詞の形容詞的用法。laws は banning の意味上の主語で，specific animals はその目的語である（⇨CHECK 6-11）。ｄ．banning が適切。

〈27〉 <u>prevents</u> people from keeping poisonous snakes and scorpions as pets「人々に毒蛇やサソリをペットとして飼わせない」 prevent A from doing「Aに〜させない」（⇨CHECK 4-4）〈7〉の forbid A from doing が類似表現。ｂ．prevents が適切。

〈28〉・〈29〉 Such laws <u>exist</u> for a good <u>reason</u>.「そのような法律は正当な理由があって存在する」 危険なペットを飼っていた男が逮捕された，という後続の内容がヒント。公共の安全を維持するために危険なペットを飼うことを禁じているということ（最終段落第2文参照）。〈28〉はａ．exist，〈29〉はｃ．reason が適切。

〈30〉 was <u>discovered</u> to have a huge tiger as a pet「巨大なトラをペットとして飼っているのがわかった」 be discovered to do で「〜しているのが明らかになる」の意味。この場合，do は通例 have などの状態動詞である。ｂ．discovered が適切。

〈1〉─c 〈2〉─d 〈3〉─a 〈4〉─b 〈5〉─c 〈6〉─d 〈7〉─b
〈8〉─c 〈9〉─a 〈10〉─c 〈11〉─a 〈12〉─b 〈13〉─d 〈14〉─b
〈15〉─c 〈16〉─d 〈17〉─c 〈18〉─b 〈19〉─a 〈20〉─b 〈21〉─c
〈22〉─c 〈23〉─b 〈24〉─d 〈25〉─c 〈26〉─d 〈27〉─b 〈28〉─a
〈29〉─c 〈30〉─b

実戦問題❷

目標解答時間 20 分　**目標正答数** 26/29 問

2023 年度　経済・社会学部Ａ方式Ⅱ日程・スポーツ健康学部Ａ方式　〔Ⅱ〕

つぎの英文を読んで，〈1〉〜〈29〉に入る最も適切なものを，a〜dからそれぞれ一つ選び，その記号を解答欄にマークしなさい。

Coffee

〈例〉
a. pack
b. remove
c. send
d. play

To make an espresso, you must ［a. pack / b. remove / c. send / d. play］ freshly ground coffee into

〈1〉
a. to
b. in
c. at
d. between

a filter that attaches ［〈1〉］ an espresso machine. The machine

〈2〉
a. end
b. standards
c. altitude
d. pressure

forces heated water at high ［〈2〉］ through the freshly ground

〈3〉
a. drink
b. bean
c. material
d. powder

coffee. The resulting ［〈3〉］ has a strong, smooth, and flavorful

〈4〉
a. possibly
b. centrally
c. adequately
d. extremely

5　taste. You can then make a cappuccino by adding ［〈4〉］

〈5〉
a. simulates
b. appropriates
c. equates
d. requires

heated milk to an espresso. Making a perfect espresso ［〈5〉］

〈6〉
a. response
b. movement
c. control
d. fill

several things: the right amount of fresh coffee and skillful ［〈6〉］

of water temperature, pressure, and timing.

You might enjoy a cup of coffee at your small local coffee

〈7〉
a. storehouse
b. desk
c. region
d. stand
, but coffee is part of a huge international industry.　10

Research shows that
〈8〉
a. many of
b. as few as
c. as many as
d. fewer than
one-third of the people in the world

drink coffee.　Some people enjoy coffee for its rich smell and taste.　Others

like the
〈9〉
a. forcing
b. awakening
c. moderating
d. advancing
feeling from caffeine, a chemical in coffee.　But,

not everyone understands how coffee is produced and
〈10〉
a. compensated
b. dripped
c. distributed
d. roasted
,

as it travels through many paths to reach the market.　Coffee is the second　15

most
〈11〉
a. heavily
b. hastily
c. potentially
d. thickly
traded product in the world after oil.　Enormous

amounts of coffee beans
〈12〉
a. go on
b. go through
c. take in
d. take over
a series of producers, exporters,

importers, roasters, and sellers.　This long chain of production has major

social and political
〈13〉
a. effects
b. events
c. figures
d. affects
.　For example, both coffee producers and

〈14〉
a. investors
b. farmers
c. workers
d. consumers
are very focused on the Fair Trade Movement.　In other　20

words, people who make and drink coffee want to
〈15〉
a. make believe
b. make sure
c. carry out
d. carry through
that

⟨16⟩
coffee farmers
| a . for the field |
| b . over the field |
| c . inside the world |
| d . around the world |
get a fair price for their harvest.

⟨17⟩
Firstly, farmers are
| a . organized |
| b . marketed |
| c . switched |
| d . analyzed |
into cooperative associations. In

addition to being placed into those groups, they are guaranteed money

⟨18⟩
| a . after |
| b . over |
| c . under |
| d . behind |
this system. Even if prices and profits from coffee

⟨19⟩
| a . disappear |
| b . rise |
| c . surge |
| d . drop |
, farmers can earn a minimum amount of money to live.

⟨20⟩
However, some people
| a . support |
| b . celebrate |
| c . criticize |
| d . neglect |
the Fair Trade Movement by saying

it still does not provide coffee farmers with fair pay. There are also

⟨21⟩
environmental
| a . details |
| b . reductions |
| c . additions |
| d . concerns |
within the coffee industry. For instance,

people are worried that coffee production can have a bad influence on nature.

⟨22⟩
The chemicals used on large coffee farms can
| a . cure |
| b . hurt |
| c . save |
| d . decline |
soil and water

⟨23⟩
sources. These large farms also
| a . burn on |
| b . burn out |
| c . cut down |
| d . cut over |
many trees to make room

⟨24⟩
for coffee plants. This
| a . shrinks |
| b . maintains |
| c . adjusts |
| d . threatens |
native plants and birds.

Environmental organizations have worked to create 〈25〉
a. penalties
b. rules
c. benefits
d. machines
for

producing coffee in environmentally friendly ways. For example, some 35

〈26〉
a. researchers
b. customers
c. drinkers
d. companies
must use recycled packaging for coffee bags. To support

environmental protection, many coffee drinkers buy coffee

〈27〉
a. released
b. participated
c. approved
d. accumulated
in this way by environmental organizations. So, the

next time you enjoy your morning coffee, you can think about its wide

popularity and environmental 〈28〉
a. sections
b. profits
c. impact
d. expansion
. Also, you can imagine 40

the long distances it traveled to 〈29〉
a. drink up
b. end up
c. drop down
d. set down
in your cup.

Adapted from "Coffee and the Coffee Culture in the US" manythings.org (accessed 4/10/ 2022) Voice of America

≪コーヒーの香りの向こうに≫

　エスプレッソを作るには，挽きたてのコーヒーをエスプレッソマシンに付属しているフィルターに詰めなければならない。マシンは挽きたてのコーヒーに熱せられたお湯を高圧で勢いよく流し込む。出来上がった飲み物は，濃厚で，滑らかで，風味豊かな味わいである。次に，エスプレッソに十分に加熱したミルクを加えてカプチーノを作ることができる。理想的なエスプレッソを作るには，いくつかのことが必要である。すなわち，適切な量の新鮮なコーヒーと，お湯の温度，圧力，タイミングを熟練の技で調節することである。

　あなたは地元の小さなコーヒースタンドで1杯のコーヒーを楽しむかもしれないが，しかしコーヒーは国際的な巨大産業の一部なのである。研究によると，世界の3分の1もの人々がコーヒーを飲んでいる。その豊かな香りと味わいを求めてコーヒーを楽しむ人もいる。コーヒーに含まれる化学物質であるカフェインによる覚醒感を好む人もいる。しかし，コーヒーが市場に届くまでに多くの経路をたどるので，コーヒーがどのように生産され供給されるのかを誰もが理解しているわけではない。コーヒーは石油に次いで2番目に取引量の多い生産物である。莫大な量のコーヒー豆は，一連の生産者，輸出業者，輸入業者，焙煎業者，販売会社を経由する。この長い生産チェーンは，大きな社会的，政治的影響力を持つ。例えば，コーヒー生産者と消費者はフェアトレード運動に非常に注目している。換言すれば，コーヒー作りをする人々やコーヒーを飲む人々は，世界中のコーヒー農家が収穫に対して公正な対価を得るようにしたいのである。まず，農家は協同組合に組織される。そうしたグループに配置されることに加えて，彼らはこのシステムで金銭を保証されるのである。たとえ価格が下落しコーヒーから得られる収益が低下したとしても，農家は生きるための最低限の金額を稼ぐことができるのである。しかしながら，コーヒー農家は依然として正当な支払いを受けていないと言ってこの運動を批判する人々もいる。コーヒーの産業の中には，環境への懸念もある。例えば，コーヒーの生産は自然に悪影響を及ぼす可能性があると人々は心配している。大規模なコーヒー農場で使用される化学物質は土壌や水源を損なう可能性があるのだ。これらの大規模農場はまた，コーヒーの木を栽培するための場所を確保するために多くの樹木を伐採する。これは在来植物や鳥類を脅かす。自然環境保護団体は，環境に優しい方法でコーヒーを生産するためのルール作りに取り組んできた。例えば，一部の会社は再生された包装材をコーヒーバッグに使用しなければならない。環境保護を支援するために，多くのコーヒー愛好家は，自然環境団体にこのようにして認可されたコーヒーを買う。だから，次に朝のコーヒーを楽しむときは，その幅広い人気と環境への影響について思いをめぐらせることができる。また，コーヒーがカップにたどり着いた長い旅を想像することができるのだ。

● 語句・構文 ……………………………………………………………………………………

第1段落

☐ *l*.1　freshly ground coffee「挽きたてのコーヒー」

☐ *l*.4　a strong, smooth, and flavorful taste「濃厚で，滑らかで，風味豊かな味わい」

第2段落

☐ *l*.9　may ～, but …「なるほど～だが，しかし…」〈譲歩〉の表現。

☐ *l*.13　chemical「化学物質」

☐ *l*.14　not everyone understands …「すべての人が…を理解しているわけではない」　部分否定。

☐ *l*.20　the Fair Trade Movement「フェアトレード運動」　途上国などの弱い立場の人々が生産する農産物などを適正価格で取引し生産者を支えることを目指す世界的な運動のこと。

☐ *l*.23　cooperative association「協同組合」

☐ *l*.23　in addition to ～「～に加えて」≒ besides（⇨ CHECK 8-8 ）

☐ *l*.24　are guaranteed money「金銭が保証される」　guarantee *A B*「*A* に *B* を保証する」の受動態。

☐ *l*.26　minimum「最小限の」⇔ maximum「最大限の」

☐ *l*.30　have a bad influence on ～「～に悪い影響力を及ぼす」

☐ *l*.32　make room for ～「～のために場所をあける」　この room は「場所，余地」の意味。

☐ *l*.38　the next time S V「次に S が～するときに」　副詞節を構成する。

☐ *l*.40　popularity「人気」

解　説

〈1〉 直前の attaches に着目。 a を補い，a filter that attaches <u>to</u> an espresso machine「エスプレッソマシンに付属しているフィルター」とする。attach to ～ で「～に付属する」の意味。that は主格の関係代名詞。

〈2〉forces *A* through *B*「*A* に力を加えて *B* の中を通過させる」の形の文である。強制的にフィルターを通過させるには圧力が必要であると考えて，d を補う。at high <u>pressure</u> で「高圧で」となる。〈6〉の解説も参照。

〈3〉直前の resulting に着目。「結果として得られる」→「出来上がった」と考えて，a．drink「飲み物」を補う。espresso のこと。

〈4〉カプチーノを作る場合の，加えるミルクの温度が問われている。 c を補い，<u>adequately</u> heated milk「十分に加熱されたミルク」とする。milk は加熱しすぎると分離するので d．extremely は不適切。

〈5〉主語は Making a perfect espresso である。その要件（コロン（:）以下を参照）を述べていると考えて，d．requires「必要とする」を補う。

〈6〉コロン（：）の前の several things について具体的に述べている。**c を補い**，skillful <u>control</u> of water temperature, pressure, and timing「お湯の温度，圧力，タイミングを熟練の技で調節すること」とする。

〈7〉前にある enjoy a cup of coffee に着目。コーヒーを楽しむことができる場所を考える。**d を補い**，at your small local coffee <u>stand</u>「地元の小さなコーヒースタンドで」とする。主に椅子のないコーヒー店を指す。

〈8〉one-third of the people in the world と続くので，数の多さを強調していると考える。**c. as many as**「～もの」が適切。no fewer 〔less〕than が近い意味。

〈9〉後続の from caffeine に着目。**b を補い**，<u>awakening</u> feeling「覚醒感」とする。

〈10〉how coffee <u>is</u> produced and に続くので，過去形ではなく受動態である。後続の as it travels … to reach the market に着目。コーヒーが市場に届くまでの生産・流通を論じていると考えて，**c. distributed を補う**。distribute「～を流通させる」の過去分詞形である。

〈11〉直前の the second most と後続の after oil から「石油に次いで2番目に～」の意味とわかる。**a を補い**，<u>heavily</u> traded product「大量に取引される生産物」とする。

〈12〉直後の a series of producers, … and sellers に着目。生産・流通にかかわる複数の業者が続くので，**b. go through**「～を経由する」が適切である。

〈13〉次の文の For example 以下では，フェアトレード運動への関心が例として挙げられている。**a を補い**，has major social and political <u>effects</u>「（この長い生産チェーンは）大きな社会的・政治的な影響力を持つ」とすると，「抽象→具体」の関係になる。have ～ effects（on …）で「（…に対して）～な影響力を持つ」の意味。d. affects は「～に影響する」という意味の動詞。名詞では「情緒」の意味もある。

〈14〉後続の are very focused on the Fair Trade Movement「フェアトレード運動に非常に注目している」に着目。主語は both *A* and *B* の形で，*A* に該当するのは coffee producers「コーヒー生産者」で，問われているのは *B* の部分である。次の文の In other words 以下で，people who make and drink coffee「コーヒー作りをする人々とコーヒーを飲む人々」と言い換えられていることから，**d. consumers**「消費者」が適切であると判断する。

〈15〉・〈16〉文頭に In other words とあるので，前の文（For example, …）で言及されたフェアトレード運動への注目について別の言葉で述べていることがわかる。コーヒーの生産者と消費者が求めるのは農家が正当な対価を得るようにすることであると考え，〈15〉は，**b. make sure を補う**。make sure that S V で「確実に～する，～であることを確かめる」の意味。コーヒーは石油に次いで世界中で大量に取引されているものであるから（〈11〉の解説参照），〈16〉は **d を補い**，coffee farmers <u>around the world</u>「世界中のコーヒー農家」とする。

〈17〉 直前が farmers are で直後が into … であることに着目。続く文で In addition to being placed into those groups「これらのグループに配置されることに加えて」と農家の状態が下線部のように言い換えられている。これに近い意味にするには，a．organized がふさわしい。organize A into B「A を B に編入する」の受動態である。

〈18〉 直後の this system はコーヒー農家を協同組合に編入することを指す。c．under を補うと，「このシステムのもとで」となり，they are guaranteed money「金銭が保証される」とつながる。

〈19〉 主節は farmers can earn a minimum amount of money to live「農家は生きてゆくのに最低限の金額を稼ぐことができる」である。d を補うと，Even if prices and profits from coffee drop「たとえ価格が下落しコーヒーから得られる収益が低下したとしても」となり，譲歩の関係でつながる。

〈20〉 後続の by saying it still does not provide coffee farmers with fair pay「依然としてコーヒー農家は正当な支払いを受けていないと言うことで」に着目。これは批判にあたる。c を補い，criticize the Fair Trade Movement「フェアトレード運動を批判する」とする。

〈21〉 次の文の For instance 以下で，コーヒー生産による自然への悪影響を指摘している（〈22〉の解説参照）。d を補うと，There are also environmental concerns「環境への懸念もある」となり，追加の話題を導入している流れになる。

〈22〉 The chemicals … coffee farms が主語である。直前の文 For instance, … の can have a bad influence on nature を具体的に述べていると考えて，b を補うと，can hurt soil and water sources「土壌や水源を損なう可能性がある」となる。

〈23〉 many trees が目的語。これに to make room for coffee plants「コーヒーの木を栽培するための場所を確保するために」（副詞的用法の不定詞⇨ CHECK 6-2 ）と続くので，c を補い，cut down many trees「多くの樹木を伐採する」とする。

〈24〉 主語の This は「樹木の伐採」を指す。目的語は native plants and birds「在来植物や鳥類」であるから，d．threatens「～を脅かす」が適切である。

〈25〉 直前の to create 以下は，環境保護団体の取り組みの目的を表している（副詞的用法の不定詞⇨ CHECK 6-2 ）。b を補うと，to create rules for producing coffee in environmentally friendly ways「環境に優しいやり方でコーヒーを生産するルール作りのために」となる。

〈26〉 策定すべきルールの例として述べられている。must use recycled packaging for coffee bags「コーヒーバッグ用にリサイクルされた包装材を使用しなければならない」と続くので，主語として適切なのは，d．companies「会社」である。

〈27〉 後続の by environmental organizations に着目。c．approved を補い，「環境保護団体によって認可されたコーヒー」とする。

〈28〉環境に優しいコーヒーを飲む人が何を思うかが問われている。ｃを補うと，can think about its wide popularity and environmental <u>impact</u>「そのようなコーヒーの幅広い人気と環境への影響について思いをめぐらせることができる」となる。ｂの profit は「（金銭的）利益，収益，収入」の意味なのでここでは不適切。

〈29〉直後の in your cup に着目。農家が生産したコーヒーは最後はカップの中に入る。ｂを補うと，the long distances it traveled to <u>end up</u> in your cup「コーヒーがカップにたどり着いた長い旅」となる。〈end up ＋場所を表す副詞句〉で「最後は〜に行きつく」の意味。

〈1〉−a 〈2〉−d 〈3〉−a 〈4〉−c 〈5〉−d 〈6〉−c 〈7〉−d
〈8〉−c 〈9〉−b 〈10〉−c 〈11〉−a 〈12〉−b 〈13〉−a 〈14〉−d
〈15〉−b 〈16〉−d 〈17〉−a 〈18〉−c 〈19〉−d 〈20〉−c 〈21〉−d
〈22〉−b 〈23〉−c 〈24〉−d 〈25〉−b 〈26〉−d 〈27〉−c 〈28〉−c
〈29〉−b

第2章

長文読解

〈1〉 環境・自然科学一般
〈2〉 人間行動・心理・文化・社会一般

この章の進め方

　第1章の〈3〉「文章完成」は本章への橋渡し的なセクションになっていたが，その設問内容は文法・語彙力を試すものが中心であった。それに対して，本章で扱うのは，「同意表現」「語句整序」「指示内容」「内容真偽」などの小問形式からなる読解総合問題である。

　第1章と同様，各セクションは，[研究問題] と [実戦問題] に分かれている。[研究問題] は，時間を気にせず，「解説」や巻末の CHECK を参考にじっくりと取り組んでほしい。[実戦問題] には，時間内で解く練習のために「目標解答時間」と「目標正答数」が示されているので，学習の目安として参考にしてほしい。

　具体的な進め方としては，

　[A] 〈1〉・〈2〉 の [研究問題] を解いてから，各セクションの [実戦問題] に挑戦する

　[B] 各セクションごとに [研究問題] → [実戦問題] と進める

の2つの方法がある。基礎力の養成を目指すなら，[A] の進め方がよいだろう。基礎力が完成している場合は，[B] の進め方がよいだろう。その際，得意な分野から始めてもよいし，不得意な分野から始めてもよい。また，興味のある分野から始めるのもよいだろう。

〈1〉 環境・自然科学一般

研究問題

2017年度　法学部A方式Ⅱ日程・国際文化・キャリアデザイン学部A方式　〔Ⅲ〕

> **ポイント**
>
> 研究が進み遺伝子決定論が優勢になっても，それを受け入れない社会的・文化的風潮がある
> ことを論じる英文。2・5・7では文法や熟語の知識が求められている。指示内容を問う1
> と3は比較的取り組みやすい。8は「遺伝」対「環境」の対立図式で選択肢を絞り込むこと
> ができる。

つぎの英文を読み，問いに答えよ。

Quietly, patiently, experimentally, scientists are revolutionising the way
we see human nature, a dramatic and important discovery that may be as
earthshaking as Darwin's discovery 150 years ago.　Or to put it this way,
scientists went looking for genetic influences on human behaviour — and
5　what happened next will excite you.

Last week, for example, one study found multiple genes linked to
educational success, and <u>more</u> will surely follow.　There are numerous
　　　　　　　　　　　　　(1)
papers being published linking all sorts of characteristics and traits —
depression, smoking, even tiredness — to genes.　An analysis of twin
10　studies lists the estimated degree 〔 (A) 〕 which various traits can be
inherited.　It shows that while the abilities of knowing, understanding, and
learning something are just over 50 per cent genetic, even things like social
values are inherited.

The evidence that human nature is under genetic control has been
15　growing for some time, yet despite <u>this</u> it remains a taboo to discuss it
　　　　　　　　　　　　　　　　　(2)
because it doesn't fit with <u>the 'blank slate' model of human behaviour</u>.　If
　　　　　　　　　　　　　(3)
you turn on the radio and listen to news programmes about the differences

in academic achievement between the social classes, for example, possible genetic factors are never mentioned. I'm never sure if this is because the people in broadcasting are unaware of them, or whether it is just assumed   20 they're so obvious as to be not worth explaining.

(4)

The reasons for the cultural taboo about genetics are obvious, understandable and political; moreover, this cultural taboo is reinforced by traditional Christianity, which is opposed to any sort of genetic determinism*. The word 'eugenics', the study of methods to improve the   25 mental and physical characteristics of the human race by choosing who may become a parent, still causes a strong and negative reaction, even if some people are happy to ignore it taking place in practice. Genetics makes it easier to justify unfairness, and it's hard to build a fair society once one accepts that things like intelligence are partly genetic.   30

The denial of genetic factors can, paradoxically, result in less fairness. An example of injustice is that it can lead to greater praise for those at the
(5)
top who are wrongly seen as having justly earned their success, when in fact it was partially through genetic luck. Our public discussion is filled with that tiresome term 'privilege', referring to race or class, yet the greatest   35 privilege for an individual human being is to be born intelligent, attractive and with athletic abilities. Just to compound our sense of unfairness about all this, these three things sometimes come together.

All this has much to do with public policy, especially when so much of it is involved in promoting a fairer society. It would be like trying to reduce   40 economic inequality while pretending that wealth cannot be inherited and
[(B)]   all fortunes were the results of education, culture, hard work or sheer luck. These things really are in our genes — yet public policy is still built on an outdated 20th-century idea of human nature.

From The 'blank slate' view of humanity is looking increasingly outdated, *The Spectator on April 16, 2016* by Ed West

*genetic determinism：遺伝子決定論（遺伝子が身体的・行動的特徴を決定づけるという考え方）

1. 下線部(1)more を具体的に示したものとして，もっとも適切なものを，つぎ
のa～dより一つ選び，その記号を解答欄にマークせよ。

  a. more educational success   b. more genes

  c. more people   d. more studies

2. 空所 (A) に入るもっとも適切なものを，つぎのa～dより一つ選び，
その記号を解答欄にマークせよ。

  a. for   b. from   c. of   d. to

3. 下線部(2)this が指すものとして，もっとも適切なものを，つぎのa～dよ
り一つ選び，その記号を解答欄にマークせよ。

  a. the evidence that human nature is under genetic control

  b. the evidence that human nature is under genetic control has been
     growing for some time

  c. human nature

  d. genetic control

4. 下線部(3)the 'blank slate' model of human behaviour の意味するものとし
て，もっとも適切なものを，つぎのa～dより一つ選び，その記号を解答欄
にマークせよ。

  a. the idea that some characteristics of human behaviour are determined
     before human beings are born

  b. the idea that all characteristics of human behaviour are determined
     after human beings are born

  c. the idea that some characteristics of human behaviour can be changed
     by genetic science before human beings are born

  d. the idea that all characteristics of human behaviour can be changed
     by genetic science after human beings are born

5. 下線部(4) they're so obvious as to be not worth explaining の意味するもの
として，もっとも適切なものを，つぎのa～dより一つ選び，その記号を解
答欄にマークせよ。

　a. possible genetic factors are so clear that it is not necessary for them
　　　to be explained

　b. possible genetic factors need to be explained much more clearly

　c. the people in broadcasting are explaining everything so clearly that
　　　others can understand it at once

　d. the people in broadcasting bear a responsibility to explain everything
　　　much more clearly

6. 下線部(5) injustice の具体的事例として本文中に挙げられていることは何か。
もっとも適切なものを，つぎのa～dより一つ選び，その記号を解答欄にマ
ークせよ。

　a. the situation in which human beings belong to different classes or
　　　races

　b. the situation in which human beings are evil by nature

　c. the situation in which successful people are praised unfairly for what
　　　is, to some extent, the result of their genes

　d. the situation in which successful people are praised unfairly for what
　　　is, to some extent, the result of dishonest behaviour

7. 空所　　(B)　　に入るもっとも適切なものを，つぎのa～dより一つ選び，
その記号を解答欄にマークせよ。

　a. because　　　b. that　　　　c. where　　　d. which

8．筆者の主張と合致するものを，つぎの a 〜 e より一つ選び，その記号を解答
　欄にマークせよ。

　　a ．In spite of scientists' efforts, they cannot present any evidence at all that genes have an influence on human behaviour.

　　b ．Differences in academic achievement are not caused by possible genetic factors.

　　c ．People at the top of society are praised for having superior genes.

　　d ．For public policy, ignoring genetic factors is as wrong as ignoring the inheritance of wealth.

　　e ．All fortunes are the results of what people do after they are born.

≪遺伝子決定論再考≫

全 訳

　静かに，辛抱強く，そして，実験を通じて，科学者たちは我々の人間性の見方に革命を起こしており，これは150年前のダーウィンの発見と同じくらいに地球を揺るがすかもしれない劇的で重大な発見である。あるいは，こう言ってもいいだろう。科学者たちは，遺伝子が人間の行動に及ぼす影響力を探しに出たのだ。そしてその後の出来事に人々は動揺するだろう。

　たとえば先週，ある研究が教育の成功と関連する多数の遺伝子を発見し，さらに多くの研究が確実にこれに続きそうだ。現在，ありとあらゆる特徴・特質（うつ，喫煙，さらには疲労感）を遺伝子と関連づける論文が無数に発表されている。ある双子の研究の分析は，さまざまな特質がどの程度まで遺伝可能であるかについての推定値を挙げている。この分析によると，何かを知り，理解し，習得する能力は50％強が遺伝しており，社会的価値観のようなものでさえ遺伝するという。

　人間性が遺伝子制御の支配下にあるという証拠はこのところ増えているが，それにもかかわらず，このことを論じることは依然としてタブーである。なぜならば，人間行動の「白紙の状態」モデルと合致しないからだ。たとえば，ラジオをつけて，社会階級間の学業成績の格差に関するニュース番組を聞くと，潜在的な遺伝的要因には絶対に言及されない。放送局の人間がそれらに気づいていないからなのか，それとも，それらがあまりにも自明すぎて説明するに値しないと思われているだけなのかは，私は全くわからない。

　遺伝学に関する文化的タブーの理由は，自明であり，理解可能であり，政治的である。さらに，この文化的タブーを強化しているのは伝統的なキリスト教であり，この宗教はあらゆる種類の遺伝子決定論に反対している。誰が親になるかを選ぶことで人類の心身の特徴を改善する方法を研究する「優生学」という語は，強烈な否定的反応を依然として引き起こす（優生学が実践されているのを見て見ぬふりをしてよかったと思う人もいるが）。遺伝学によって，不公平は正当化しやすくなるし，知能などが部分的には遺伝によることをひとたび認めてしまえば，公平な社会を築くのは難しくなる。

　しかし逆説的なことだが，遺伝的要因を否定する結果，公平さが損なわれる可能性がある。不公平の一例は，トップにいる人々で，成功を正当に勝ち取ったと誤解されている人々が，より一層称賛される可能性である。実際のところは，彼らの成功の一部は遺伝的幸運によるものであっても，である。公共での討論は，人種や階級を指す「特権」という辟易する語に満ちているが，個人にとって最大の特権とは，生まれ持っての知能の高さ，魅力，運動能力である。この3つは時として一体となって，これら全てに関する我々の不公平感をさらに高めるのである。

　こうしたことの全ては，その大半がより公平な社会を推進することに関わっている場合は特に，公共政策に大いに関係がある。それはまるで，財産は相続できず，あらゆる富や成功が教育・教養・勤労・単なる幸運の賜物であると偽りながら経済的不平等を減らす努力をしているようなものである。これらは実際には我々の遺伝子に組み込まれているにもかかわらず，公共政策はいまだに20世紀の旧態依然とした人間性に関する思想に基づいているのだ。

● 語句・構文 ···

第1段落

☐ *l.* 1 the way we see human nature「人間性の見方」= how we see human nature「人間性をどう見るか」(⇨ CHECK 7-3)

☐ *l.* 3 to put it this way「言い換えると，言い方を変えれば」 この put は「述べる，説明する」の意味。

第2段落

☐ *l.* 6 multiple genes「多数の遺伝子」

☐ *l.* 7 There are numerous papers being published linking…to genes.「…と遺伝子を結びつける無数の論文が発表されている」 there is *A* being *done*「*A* が（現在）～されている」 linking（現在分詞）の意味上の主語は papers「論文」である。

☐ *l.* 9 An analysis of twin studies「双子の研究の分析」

☐ *l.* 12 social values「社会的価値観」

第3段落

☐ *l.* 14 The evidence that …「…という証拠」 この that は同格節を導く(⇨ CHECK 7-10)。

☐ *l.* 17 the differences in academic achievement「学業成績の格差」

☐ *l.* 20 are unaware of ～「～に気づいていない」

第4段落

☐ *l.* 23 is reinforced by ～「～によって強化されている」

☐ *l.* 24 is opposed to ～「～に反対している」

☐ *l.* 25 eugenics「優生学」 遺伝的素質の改良により人類の進歩を目指す応用科学。これと反対の立場は euthenics「優境学」という。

☐ *l.* 26 the human race「人類」

☐ *l.* 28 ignore it taking place in practice「優生学が実践されているのを見て見ぬふりをする」

☐ *l.* 29 once one accepts that …「…をひとたび認めると」 この once は接続詞。

第5段落

☐ *l.* 31 The denial of ～「～の否定」

☐ *l.* 31 paradoxically「逆説的なことに」 この場合は，一見，正しいように思えるが，実はそれに反する事態を招くことがあることを述べるために用いられている。

☐ *l.* 31 result in less fairness「公正さの低下をもたらす」

☐ *l.* 32 those at the top who are wrongly seen as …「誤って…とみなされるトップの人々」 この those は「人々」のこと。

☐ *l.* 34 is filled with that tiresome term 'privilege'「『特権』という辟易する語に満たされている」

☐ *l.* 35 referring to race or class「人種や階級を指している」

☐ *l.* 35 yet the greatest privilege for an individual human being is to be born …「だが個人にとっての最大の特権は生まれながらにして…であることである」

☐ *l.* 37 Just to compound our sense of unfairness about …, these three things sometimes come together.「これら3つは時として一体となって，我々の…についての不公平

感を正に高めている」　強調のために副詞句が文頭に来ている。

最終段落

- [ ] *l.* 39　has much to do with ～「～と大いに関係がある」
- [ ] *l.* 39　public policy「公共政策」
- [ ] *l.* 40　is involved in ～「～に関わっている」
- [ ] *l.* 41　economic inequality「経済的不平等」
- [ ] *l.* 42　fortune「富，成功，幸運」
- [ ] *l.* 43　in our genes「遺伝子に組み込まれている」
- [ ] *l.* 44　an outdated 20th-century idea「20世紀の旧態依然とした思想」

解 説

1．one study found…and more will surely follow という対応関係に着目。「今後，さらに多くの研究が続くだろう」と考えて，**d．more studies** を選ぶ。

2．the estimated degree to which various traits can be inherited「さまざまな特質の遺伝可能性の推定された度合い」　関係代名詞 which に the estimated degree を代入し，to the estimated degree という形を導く。to some degree「ある程度まで」などの表現を知っているかがポイント。**d．to** が適切である。

3．yet despite this it remains a taboo to discuss it「だがこうしたことにもかかわらず，そのこと（人間性が遺伝子制御の支配下にあること）を論じるのは依然としてタブーである」　yet に着目。直前の内容（The evidence that …）と〈逆接〉の関係。this の内容を The evidence that …ととらえると，「人間性が遺伝子制御の支配下にあるという証拠がこのところ増えているにもかかわらず」となり，**b** が適切であることがわかる。最初の it は形式主語。to discuss it を指す点に注意。to discuss it の it は this の内容を指す。

4．the 'blank slate' model of human behaviour をそのまま和訳すると「『何も書かれていない（白紙状態）とみなす』人間行動モデル」となる。

- a．「人間行動の特徴の一部は，人間が生まれる前に決定されるという考え」
- b．「人間行動の全ての特徴は，人間が生まれた後に決定されるという考え」
- c．「人間行動の特徴の一部は，遺伝学によって人間が生まれる前に変えることができるという考え」
- d．「人間行動の全ての特徴が，遺伝学によって人間が生まれた後に変えることができるという考え」

後続のラジオ番組の例（第3段落第2文 If you turn on …）に着目。社会階級と学業成績の関係を論じる場合に遺伝的要因には言及されない，とある。先天的な素質よりも後天的な学習を重視する風潮を指摘していると考えて，**b を選ぶ**。最初は

白紙で後から書き込めるということ。

5. they're so obvious as to be not worth explaining をそのまま和訳すると「それらは説明するに値しないほど明白である」となる。

a.「潜在的な遺伝的要因はあまりにも明白なのでそれらは説明される必要がない」

b.「潜在的な遺伝的要因はさらに明確に説明される必要がある」

c.「放送局の人々は全てを明確に説明するので他の人々はすぐに理解できる」

d.「放送局の人々は全てをより明確に説明する責任がある」

they は第3段落第2文（If you turn on …）の possible genetic factors「潜在的な遺伝的要因」のこと。a と b に絞る。so 〜 as to *do*「…するほど〜，とても〜なので…」（⇨ CHECK 10-14）や worth *doing*「〜される価値がある」（⇨ CHECK 8-2）などの表現に注意して，**a が適切である**と判断する。

6. An example of <u>injustice</u> is that …「不公平な扱いの例は…ということである」

a.「人間がさまざまな階級や人種に属している状況」

b.「人間は生まれながらにして悪である状況」

c.「成功した人々が，それがある程度は遺伝子の結果であっても称賛を受けるような，公平とは言えない状況」

d.「成功した人々が，それがある程度不正な行動の結果であっても称賛されるような，公平とは言えない状況」

具体的事例は that 以下に書かれている。実際には遺伝的幸運に恵まれて成功した面もあるのに，自ら勝ち取ったと誤解されて大きな称賛を受ける事例が挙げられている。このことから，**c がふさわしい**と考える。この場合の unfairly は，遺伝の影響もあるのにそれを考慮していない点で「公正ではない」という意味で用いられている。

7. while pretending that wealth cannot be inherited and <u>that</u> all fortunes were the results of education, culture, hard work or sheer luck「財産は相続できず，全ての富や成功は教育や教養や勤労，あるいは単なる幸運の賜物であると偽りながら」 pretending の2つ目の目的語を導く接続詞の**b. that** が適切。

8. a.「科学者たちの取り組みにもかかわらず，遺伝子が人間の行動に影響を与えるという証拠を彼らは全く提示できていない」

第2段落第1文（Last week, for example, …）に**合致しない**。教育の成功に多くの遺伝子が関係することを発見した研究の例が示されている。

b.「学業成績の格差の原因は，潜在的な遺伝的要因によるものではない」

階級間の学力格差に関するラジオ番組の例では遺伝的要因については言及されていないとあるが（第3段落第2文 If you turn on …），すでに第2段落第1文で，教育の成功に関係する遺伝子を発見した研究があることが紹介されており，第2段落最終文（It shows that …）では，理解力と学習力は50%以上が遺伝することが書

かれている。したがって，**合致しない**と判断する。

ｃ．「社会のトップにいる者は優れた遺伝子を持っているために称賛されている」

第5段落第2文（An example of …）に**合致しない**。部分的には遺伝子のおかげなのに正当な手段で成功したかのように称賛されている，と指摘している。人々は優れた遺伝子を称賛の理由にしていない，という趣旨を読み取る。

ｄ．「公共政策にとって，遺伝的要因を無視することは，財産の相続を無視することと同じくらい誤っている」

最終段落第1文（All this has …）および第2文（It would be …）に着目。より公正な社会を目指す公共政策において遺伝的要因を無視することの問題点が書かれている。それは，財産は相続できず，全ての富や成功は教育や教養，勤勉などの賜物であると偽りながら経済的不平等をなくそうとする努力のようなものだ，とあることから，**合致する**と判断する。

ｅ．「あらゆる財産は，生まれた後の人間の行いの賜物である」

最終段落第3文（These things really are …）に**合致しない**。成功や富の獲得は実際には遺伝子に組み込まれている，というのが本文の内容。

1—d　2—d　3—b　4—b　5—a　6—c　7—b　8—d　解答

実戦問題❶

目標解答時間 18分　**目標正答数** 7/9問

2021年度　文・経営学部Ａ方式Ⅰ日程・人間環境学部Ａ方式　〔Ⅰ〕

つぎの英文はイギリスの理論物理学者スティーブン・ホーキング(Stephen Hawking)の著書 *Brief Answers to the Big Questions* の一部抜粋である。英文を読み，問いに答えよ。なお，表現の一部は改変してある。

Science is increasingly answering questions that used to be the area of religion. Religion was an early attempt to answer the questions we all ask: why are we here, where did we come from? Long ago, the answer was almost always the same: gods made everything. The world was a scary

5　place, so even people as tough as the Vikings believed in supernatural beings to 　(ア)　 natural phenomena like lightning, storms or eclipses. Nowadays, science provides better and more consistent answers, but people will cling to religion, because it gives comfort, and they do not trust or understand science.
(A)

10　A few years ago, *The Times*[*1] ran a headline on the front page which said "Hawking: God Did Not Create Universe." The article was presented with an illustration. It included God shown in a painting by Michelangelo[*2], looking angry. It also included a photo of me, looking very self-satisfied. They made (i)it look like a fight between (ii)us. But I do not
(B)

15　have hard feelings against God. I do not want to give the impression 　(イ)　 my work is about proving or disproving the existence of God. My work is about finding a rational framework to understand the universe around us.

If you believe in science, as I do, you believe that there are certain laws

20　that are always obeyed. If you like, you can say that laws are the work of God, but that is more a definition of God than a proof of his existence. In about 300 BC, a philosopher called Aristarchus[*3] was fascinated by eclipses, especially eclipses of the Moon. He was brave enough to question whether

they really were ［ （ウ） ］ by gods. Aristarchus was a true scientific
pioneer. He studied the heavens carefully and reached a bold conclusion: 25
he realized the eclipse was really the shadow of the Earth passing over the
Moon, and not a divine event. Liberated by this discovery, he was able to
work out what was really ［ （エ） ］ above his head, and make simple
drawings that showed the true relationship of the Sun, the Earth and the
Moon. From there he reached <u>even more remarkable conclusions</u>. He 30
　　　　　　　　　　　　　　　　　　　(C)
inferred that the Earth was not the center of the universe, as everyone had
thought, but that it instead moves around the Sun. In fact, understanding
this arrangement explains all eclipses. When the Moon casts its shadow on
the Earth, that is a solar eclipse. And when the Earth shades the Moon,
that is a lunar eclipse. But Aristarchus took it even further. He suggested 35
that stars were not long narrow holes in the floor of heaven, as his
contemporaries believed, but that stars were other suns, like ours, only a
very long way away. What a ［ （あ） ］ ［ （い） ］ ［ （う） ］ ［ （え） ］
［ （お） ］ ［ （か） ］ . The universe is a machine governed by principles or
laws — laws that can be understood by the human mind. 40

　I believe that the discovery of these laws has been humankind's greatest
achievements, for it is these laws of nature — as we now call them — that
will tell us whether we need a god to explain the universe at all. The laws
of nature are a description of how things work in the past, present and
future. 45

　From *Brief Answers to the Big Questions* by Stephen Hawking, Bantam Books

　　*¹ *The Times*：『タイムズ』　イギリスの新聞
　　*² Michelangelo：ミケランジェロ　イタリアルネサンス期の彫刻家，画家，
　　　建築家，詩人
　　*³ Aristarchus：アリスタルコス　古代ギリシャの天文学者，数学者

1．空所 （ア） ～ （エ） に入るもっとも適切なものを，つぎのa～dよ
り一つずつ選び，その記号を解答欄にマークせよ。

（ア）
   a．call off   b．make sense of
   c．sign up for   d．take over

（イ）
   a．as   b．what   c．that   d．which

（ウ）
   a．caused   b．accompanied
   c．damaged   d．prohibited

（エ）
   a．coming down   b．getting up
   c．going on   d．showing off

2．下線部(A)<u>people will cling to religion, because it gives comfort, and they do not trust or understand science</u> の意味にもっとも近いものを，つぎの a～dより一つ選び，その記号を解答欄にマークせよ。

  a．people will deny religion, because it seldom provides us with the rational explanations that science does

  b．people will rely on science, because they believe they can obtain comfort and trust through studying it

  c．people are unable to fully believe in science, while they find comfort in religion

  d．people doubt religion, while they depend on science for a comfortable state of mind

3．下線部(B)<u>They made ₍ᵢ₎it look like a fight between ₍ᵢᵢ₎us.</u> のなかの，₍ᵢ₎it と ₍ᵢᵢ₎us が指すものとしてもっとも適切な組み合わせを，つぎのa～dより一つ選び，その記号を解答欄にマークせよ。

  a．(i) ミケランジェロが描いた絵   (ii) 神とホーキング
  b．(i) ミケランジェロが描いた絵   (ii) ミケランジェロとホーキング
  c．(i) 『タイムズ』の記事のイラスト   (ii) 神とホーキング
  d．(i) 『タイムズ』の記事のイラスト   (ii) ミケランジェロとホーキング

4. 下線部 (C) <u>even more remarkable conclusions</u> の示す内容に含まれるものを，
つぎの a 〜 d より一つ選び，その記号を解答欄にマークせよ。

a. the Earth was not the center of the universe

b. the solar eclipse was really the shadow of the Earth passing over the
Moon

c. stars were long narrow holes

d. Aristarchus was a true scientific pioneer

5. 空所　(あ)　〜　(か)　に入るように，つぎの a 〜 f の単語を並べ替え，
(う)　と　(お)　に入るもっとも適切なものを，それぞれ解答欄に
マークせよ。ただし，同じ選択肢を二度以上使用しないこと。

a. must 　　　　　b. surprising 　　　　c. been

d. it 　　　　　　e. have 　　　　　　　f. realization

6. 本文の内容と一致するものを，つぎの a 〜 e より一つ選び，その記号を解答
欄にマークせよ。

a. Nowadays even most religious people take it for granted that science
plays an important role in modern society.

b. Hawking criticizes the article in *The Times*, because it does not seem
to tell his true intention of disproving the existence of God.

c. Aristarchus drew a diagram which showed the exact position of the
Sun, the Earth and the Moon, but still he believed that God created
them.

d. Most old people need a god to explain the laws of nature in the
universe, because they believe that religion is humankind's greatest
achievement.

e. Hawking is not necessarily opposed to calling certain laws in the
universe the work of God.

≪神の存在と自然法則≫

全訳

　以前は宗教の領域であった問いに，科学は次第に答えを出すようになっている。宗教は私たちみんなが問うことに答えようとする早くからの試みであった。私たちはなぜここにいるのか？　私たちはどこから来たか？　はるか昔は，答えはほとんどいつも同じであった。神がすべてを創造したのだ，と。世界は恐ろしい場所だったので，バイキングのような屈強な人々でさえ，雷，嵐，日食・月食のような自然現象を受け入れるために超自然的な存在を信じていた。近ごろでは，科学がより優れていて一貫した答えを与えてくれるのだが，人々はどうしても宗教にすがりつく。というのは，宗教が安らぎを与えてくれるからであり，また人々は科学を信用していないし，理解もしていないからである。

　数年前に，『タイムズ』が「ホーキング：神は宇宙を創造していなかった」と題する見出しを一面トップに掲載した。記事にはイラストが添えられていた。そこに描かれているのはミケランジェロの絵画の神で，怒ったような顔をしていた。私の写真も載っており，自己満足の表情を浮かべているように見えた。『タイムズ』紙はそのイラストを私たちの間の戦いであるかのように見せていた。しかし，私は神に悪感情を抱いているわけではない。私の仕事が神の存在を立証したり反証したりすることに関するものであるという印象を与えたくないのである。私の仕事は私たちの周りの宇宙を理解するために合理的な枠組みを見つけることに関するものなのだ。

　私が信じるように科学を信じるなら，常に成立する何らかの法則があると信じることになる。お望みなら，法則は神の仕業であると言ってもかまわない。しかし法則が神の仕業であると主張することは，神の存在を証明するというよりも，むしろ神を定義することになるのである。紀元前300年頃に，アリスタルコスという哲学者は，食，特に月食に興味を持った。彼は勇敢にも月食が本当に神々によって引き起こされるのかどうかに疑問を持った。アリスタルコスは真の科学的な先駆者であった。彼は注意深く天上を観察して，大胆な結論に達した。月食は実際には月を通り過ぎる地球の影であり，神による出来事ではないことに，彼は気づいたのである。この発見で解放されて，彼は実際に頭上で起こっていることを理解し，太陽，地球，月の本当の関係を示す簡単な図を作ることができた。そこから，彼はさらに驚くべき結論に到達した。だれもが考えていたように，地球は宇宙の中心ではなく，それどころか地球が太陽の周りを回っていると，彼は推測したのである。実際，この配置を理解すれば，すべての食について説明がつく。月がその影を地球に投げかけると，日食になる。そして，地球が月を影で覆えば，月食になる。しかし，アリスタルコスはさらに推測をした。同時代の人々が信じていたように，星は天の床にあいた長い狭い穴ではなく，星は私たちの太陽と同じような他の太陽だが，ただ非常に遠く離れているところにあると，彼は示唆した。それは驚くべき気づきであったにちがいない。宇宙は原理や法則で支配された仕掛けなのである――それらは人間の頭脳で理解できる法則である。

　私は，こうした法則の発見が人類の最大級の業績であると信じている。というのは，そもそも宇宙を説明するのに神を必要とするかどうかを教えてくれるのはこれ

らの自然法則——今日私たちがそう呼んでいるもの——であるからだ。自然法則は事象が過去，現在，未来でどのように作用するかを説明するものである。

● 語句・構文

第1段落

- □ *l.* 2　religion「宗教」
- □ *l.* 4　scary「恐ろしい」
- □ *l.* 5　people as tough as …「…のように屈強な人々」
- □ *l.* 5　supernatural beings「超自然的存在」
- □ *l.* 6　phenomena は phenomenon「現象」の複数形。
- □ *l.* 6　eclipse「日食，月食」
- □ *l.* 7　consistent「矛盾がない，一貫した」

第2段落

- □ *l.* 10　run a headline「大見出しをつける」
- □ *l.* 11　article「記事，論説」
- □ *l.* 17　framework「枠組み，準拠枠」＝frame of reference

第3段落

- □ *l.* 21　more *A* than *B*「*B* というよりもむしろ *A*」
- □ *l.* 21　definition「定義」
- □ *l.* 21　proof「証明，証拠」
- □ *l.* 22　philosopher「哲学者」
- □ *l.* 22　be fascinated by ~「~に魅了される」
- □ *l.* 25　pioneer「先駆者」
- □ *l.* 27　Liberated by …「…によって解放されて」　分詞構文。
- □ *l.* 31　infer that S V「~と推測する」
- □ *l.* 35　lunar「月の」
- □ *l.* 36　*one's* contemporaries「~の同時代人」
- □ *l.* 39　a machine governed by …「…に支配された仕かけ」

最終段落

- □ *l.* 44　description「説明，記述」

解　説

1

㋐ believed in supernatural beings to <u>make sense of</u> natural phenomena like lightning. …「雷…のような自然現象の意味を理解するために超自然的な存在を信じていた」　supernatural beings は gods（第1段落第3文）のこと。恐ろしい自然現象を受け入れるために神を信じたと考えて，b．make sense of「了解する，

納得する」がふさわしいと判断する。なお，第2段落最終文の understand the universe around us もヒントになる。

(イ) the impression that my work is about … the existence of God「私の仕事が神の存在を…することに関するものであるという印象」　the impression の内容を説明する節が続いているので，**c．that が適切**。この that は同格節を導く（⇨ **CHECK 7-10**）。

(ウ) whether they really were caused by gods「それらが本当に神々によって引き起こされたのかどうか」　第3段落第3文（In about 300 …）から they は eclipses を指すことをとらえる。第3段落第6文（He studied …）の a bold conclusion「大胆な結論」や not a divine event「神聖な出来事ではない」という表現から，疑問の内容を推測し，**a．caused を選ぶ**。

(エ) what was really going on above his head「実際に頭上で起こっていること」前文（第3段落第6文 He studied …）にある the eclipse の言い換え表現と考えて，**c．going on を選ぶ**。go on ≒ happen と覚えておく。

2．下線部をそのまま和訳すると「どうしても人々は宗教にすがりつく。なぜなら宗教は安らぎを与えてくれるし，また人々は科学を信用していないし理解もしていないからである」となる。will cling to religion の will は〈固執〉を表し，cling to ～ は「～にすがりつく」の意味。a は deny religion, b は rely on science, d は doubt religion の部分から不適切とわかる。**c．「人々はあまり科学を信じることができない。その一方で宗教に安らぎを見出す」**が最も近い意味であると判断する。その他の選択肢の意味は次の通り。

　a．「人々は宗教を拒否するだろう。というのは，宗教は科学が与えてくれる合理的な説明をめったに与えてくれないからだ」

　b．「人々は科学を信頼するだろう。というのは，それを研究することで安らぎと信頼を得られると信じているからだ」

　d．「人々は宗教を疑っている。その一方で心の安らいだ状態を科学に頼っている」

3．They made it look like a fight between us.「彼らはそれが私たちの間の戦いであるかのように見せた」　第2段落第2～4文（The article … very self-satisfied.）から，it は「イラスト」，us は「神とホーキング」を指すことをとらえる。第2段落第6文（But I do …）の「しかし私は神に悪感情を抱いているわけではない」もヒントになる。なお，They は『タイムズ』の関係者のこと。以上から，**c が正解**である。

4．even more remarkable conclusions「さらに驚くべき結論」　後続の文（第3段落第9文 He inferred that …）に着目。「地球は宇宙の中心ではなく…太陽の周りを回っていると推測した」とあるので，**a．「地球は宇宙の中心ではなかった」**が適切である。その他の選択肢の意味は次の通り。

b．「日食は実際には月を通り過ぎる地球の影だった」

c．「星は長い狭い穴だった」

d．「アリスタルコスは真の科学的な先駆者であった」

5． What a 〔surprising〕〔realization〕〔it〕〔must〕〔have〕been．「それは驚くべき気づきであったにちがいない」　最初の空所の直前の What a から，感嘆文であると考える。must have been ～「～であったにちがいない」〈推測〉を表す表現。確信の度合いについては**CHECK 4-22**を参照。

6． a．「今日では，最も信仰心の厚い人々でさえ，科学が現代社会で重要な役割を果たしていることを当然のことと思っている」

b．「ホーキングは『タイムズ』の記事を批判している。というのはそれが神の存在を認めない彼の真の意図を伝えていないと思われるからである」

c．「アリスタルコスは，太陽と地球と月の正確な位置を示す図を描いたが，それでも彼は神がそれらを創造したと信じていた」

d．「たいていの年配者は宇宙の自然法則を説明するのに神を必要とする。というのは，彼らは，宗教は人類の最も偉大な業績であると信じているからだ」

e．「ホーキングは宇宙の何かしらの法則を神の仕業とみなすことに必ずしも反対していない」

第3段落第2文（If you like, …）に着目。「法則は神の仕業と言ってもかまわない」とあるので，eが一致する。aとdは本文に記述がない。bは第2段落第7文（I do not …）に不一致。「私の仕事は神の存在を立証することでもないし反証することでもない」というのがホーキングの主張。第3段落第7文（Liberated by …）に「太陽，地球，月の真の位置関係を示す簡単な図を作成することができた」とあるが，「神が創造した」とは書かれていないので，cは一致しないと判断する。

1．(ア)－b　(イ)－c　(ウ)－a　(エ)－c

2－c　3－c　4－a

5．(う)－d　(お)－e　6－e

実戦問題❷

目標解答時間 20分　**目標正答数** 9/12問

2022年度　法学部A方式Ⅰ日程・文・経営学部A方式Ⅱ日程〔Ⅳ〕

つぎの英文を読んで，問いに答えよ。

　　The idea of biting into a burger made from crushed crickets or mixing mealworms into your fried rice may take a little getting used to. But even
(A)
if the thought of eating insects turns your stomach now, bugs could — and some researchers say should — form an important part of our diet.

5　　While the West might get disgusted easily with insects, people have been eating them for thousands of years, and in many parts of the world the practice is 　(B)　. Around 2,000 insect species are eaten worldwide in countries across Asia, South America and Africa.

　　Yet in Europe, just 10% of people would be willing to 　(C)　 meat for
10　insects, according to a survey by the European Consumer Organisation. To some, this unwillingness to eat insects is a missed opportunity.

　　"Insects are a really important missing piece of the food system," says Virginia Emery, chief executive of Beta Hatch, a US start-up that creates livestock feed out of mealworms. "They are definitely a superfood. Super
15　nutrient dense, just a whole lot of nutrition in a really small package."

　　Because of this, farmed insects could help 　(D)　 two of the world's biggest problems at once: food insecurity and the climate crisis.

　　Agriculture is the biggest driver of global biodiversity loss and a major contributor to greenhouse gas emissions. Rearing livestock accounts for
20　14.5% of global greenhouse gas emissions, according to the United Nations Food and Agriculture Organization (FAO).

　　"We're in the middle of a biodiversity mass extinction, we're in the middle of a climate crisis, and yet we somehow need to feed a growing population at the same time," says Sarah Beynon, who develops insect-based
25　food at the Bug Farm in Pembrokeshire, Wales. "We have to make a

change and we have to make a big change."

Insect cultivation uses a fraction of the land, energy and water ⟨E⟩ for traditional farming, and has a significantly lower carbon footprint[1]. Crickets produce up to 80% less methane[2] than cows and 8-12 times less ammonia than pigs, according to a study by researchers at the University of Wageningen in the Netherlands. Methane is a highly potent greenhouse gas which, although shorter-lived in the atmosphere, has a global warming impact 84 times higher than CO_2 over a 20-year period. Ammonia is a pungent[3] gas and air pollutant that causes soil acidification[4], groundwater pollution and ecosystem damage.

Farming insects worldwide would free up vast areas of land that are currently used to farm animals as well as ⟨F⟩ for livestock. Replacing half of the meat eaten worldwide with mealworms and crickets has the potential to cut ⟨G⟩ by a third, freeing up 1,680 million hectares of land. This could slash global emissions, according to a study from the University of Edinburgh.

In many ways, insect farming is an example of efficiency turned into a fine art. Firstly there is the speed at which insects grow, reaching maturity in days, rather than the months or years it takes livestock, and they can produce thousands of offspring.

Then there's the fact that insects are 12 to 25 times more efficient at converting their food into protein than animals, says Beynon. Crickets need six times less feed than cattle, four times less than sheep and two times less than pigs, according to the FAO.

Insect farming also produces much less waste. "With animals a lot of the meat is wasted. With insects we would eat the whole thing," says Peter Alexander, a senior researcher in food security at the University of Edinburgh.

And as well as producing less waste, insects can also live off food and biomass[5] that would otherwise be thrown away, says Tilly Collins, a senior teaching fellow at the Centre for Environmental Policy at Imperial College in London, contributing to the circular economy, where resources are recycled and reused. Insects can ☐ (H) ☐ agricultural waste, such as the stems and stalks from plants that people don't eat, or scraps of food waste. To ☐ (I) ☐ the recycling chain, their excrement*[6] can be used as fertiliser for crops.

(Adapted from Isabelle Gerretsen, "A neglected protein-rich 'superfood'," BBC Future Planet, 21 April 2021)

*[1] carbon footprint: ある一連の活動によって排出される温室効果ガスの量

*[2] methane: メタン

*[3] pungent: 刺激性の

*[4] acidification: 酸性化

*[5] biomass: エネルギー資源として利用される生物体

*[6] excrement: 排泄物

1. 下線部(A) take a little getting used to の意味に最も近いものを，つぎのa～dの中から一つ選び，その記号を解答欄にマークせよ。

a. be already out of fashion　　　b. be developed speedily

c. not be easy to accept　　　d. not be helpful enough

2. つぎの各空所に入る最も適切なものを，それぞれa～dの中から一つ選び，その記号を解答欄にマークせよ。

(B)　a. commonplace　　　b. out-of-date

　　c. temporal　　　d. vanishing

(C)　a. contrast　b. equip　　　c. exchange　d. mess

(D)　a. tackle　　　b. tackled

　　c. tackling　　　d. have tackled

(E)　a. require　　　b. required

	c ． requiring	d ． to require
(F)	a ． feed produce	b ． feed producing
	c ． produce feed	d ． produced feed
(G)	a ． carbon emissions	b ． livestock feed
	c ． farmed insects	d ． farmland use

(H)　a ． feed　　　b ． be fed　　　c ． be feeding　　d ． have fed

(I)　a ． break　　　b ． complete　　　c ． introduce　　d ． loosen

3．つぎの(1)～(3)の英文①②について，正しいものを a ～ d の中からそれぞれ一つずつ選び，その記号を解答欄にマークせよ。

(1)　①　Virginia Emery points out that insects are not part of the current food system, in spite of their being highly nutritious.

　　②　Virginia Emery appreciates the compact packaging of the livestock feed that Beta Hatch produces from mealworms.

　　a ．①は本文の内容に合致しているが，②は本文の内容に合致していない。

　　b ．①は本文の内容に合致していないが，②は本文の内容に合致している。

　　c ．①と②の両方が本文の内容に合致している。

　　d ．①と②の両方が本文の内容に合致していない。

(2)　①　Agriculture contributes greatly to global biodiversity and global warming.

　　②　Sarah Beynon suggests that we need to increase the world's population at the same rate as we increase the world's food supply.

　　a ．①は本文の内容に合致しているが，②は本文の内容に合致していない。

　　b ．①は本文の内容に合致していないが，②は本文の内容に合致している。

　　c ．①と②の両方が本文の内容に合致している。

　　d ．①と②の両方が本文の内容に合致していない。

(3) ① According to a study by researchers at the University of Wageningen, methane gas emitted by crickets is less than that emitted by cows.

② Beynon says that insects can digest up to 25 times more food than animals.

a. ①は本文の内容に合致しているが，②は本文の内容に合致していない。

b. ①は本文の内容に合致していないが，②は本文の内容に合致している。

c. ①と②の両方が本文の内容に合致している。

d. ①と②の両方が本文の内容に合致していない。

≪食糧・気候問題を解決する昆虫養殖≫

全訳

　コオロギの粉末で作られたバーガーにかぶりついたり炒飯にゴミムシダマシを混ぜるという発想は，慣れるのに少し時間がかかるかもしれない。しかし，昆虫を食べることを考えて今は不快になるとしても，昆虫は私たちの食事の重要な部分を構成し得る —— いや，構成すべきだと言う研究者もいる。

　西洋人は昆虫にすぐに嫌悪感を抱くかもしれないが，人々は何千年にもわたって昆虫を食べてきており，世界の多くの地域でそうした習慣はごく普通のものである。アジア，南米，アフリカの国々など世界中で約2,000種の昆虫が食べられている。

　しかし，欧州消費者機構の調査によると，ヨーロッパでは，肉を昆虫に置き換えても構わないと思っている人はわずか10％である。人によっては，このように昆虫を食べることを避けようとする姿勢によって好機が失われることもある。

　「昆虫はフードシステムで見逃されている本当に重要な部分である」と，ゴミムシダマシから家畜の飼料を作り出す米国の新興企業ベータ・ハッチの最高経営責任者であるヴァージニア=エメリーは言う。「それらは確かにスーパーフードである。特上の栄養素が濃縮されており，本当に小さいパッケージにまさに多くの栄養が入っている」

　このために，養殖された昆虫は食糧不安と気候危機という世界最大の問題の2つに同時に取り組むのに役立つだろう。

　農業は，世界の生物多様性の損失を促す最大の要因であり，温室効果ガス排出の大きな要因の一つとなっている。国連食糧農業機関（FAO）によると，家畜の飼育は世界の温室効果ガス排出量の14.5％を占めている。

　「私たちは生物多様性の大規模な消滅のさなかにあり，気候危機のまっただ中にいるが，同時に，増加する人口をなんとかして養う必要がある」と，ウェールズのペンブルックシャーのバグファームで昆虫を主成分とする食品を開発するサラ=ベイノンは言う。「私たちは変化を起こさなければならない，しかも大きな変化を起こさなければならない」

　昆虫の養殖は，従来型農業に必要な土地やエネルギーや水のほんの一部を使用し，排出される温室効果ガスの量はかなり少ない。オランダのヴァーヘニンゲン大学の研究者による研究では，コオロギは，発生させるメタンが牛より最大80％少なく，アンモニアは豚の8～12分の1である。メタンは非常に強い温室効果ガスで，大気中では残留期間は短いが，20年間で地球温暖化への影響はCO_2の84倍である。アンモニアは刺激性のガスであり，土壌の酸性化，地下水汚染，生態系への悪影響を引き起こす大気汚染物質である。

　世界中で昆虫を養殖すれば，家畜の飼料を生産するだけではなく動物を育てるために現在使われている広大な土地を開放することになるだろう。世界中で消費されている肉の半分をゴミムシダマシとコオロギに置き換えると，農地使用量を3分の1減らし，16億8000万ヘクタールの土地を開放できる可能性がある。エディンバラ大学の研究によると，これによって世界の排出量が大幅に下がる可能性があるという。

　多くの点で，昆虫の養殖は効率のよさが優れた技術に変身した実例である。まず

第一に，昆虫が成長する速さである。家畜は数カ月や数年を要するのに昆虫は数日で成熟し，それらは何千もの子孫を産むことができる。

　次に，食べた物をタンパク質に変換するのに昆虫は動物の 12〜25 倍効率的であるという事実がある，とベイノンは言う。FAO によると，コオロギが必要とする飼料は，牛の6分の1，羊の4分の1，豚の2分の1である。

　また，昆虫の養殖は生み出される廃棄物がはるかに少ない。「動物の場合，多くの肉が無駄になる。昆虫の場合は，すべてを食べることになるだろう」と，エディンバラ大学で食糧安全保障の首席研究員をしているピーター=アレクサンダーは言う。

　そして，昆虫は生み出す廃棄物が少ないだけではなく，昆虫が主食としなければ捨てられるはずの食物とバイオマスを食べてくれるので，資源がリサイクルされ再利用される循環型経済に貢献していると，ロンドンにあるインペリアル・カレッジ環境政策センターの上級特別研究生ティリー=コリンズは言う。人々が食べない植物の茎や葉柄のような農業廃棄物や残飯を昆虫に餌として与えることができる。リサイクルチェーンを完結させるために，その排泄物は作物の肥料として利用することができる。

● 語句・構文 ……………………………………………………………………………………

第１段落

- □ *l*.1　bite into 〜「〜にかぶりつく，かじりつく」
- □ *l*.1　cricket「コオロギ」
- □ *l*.3　turn *one's* stomach「〜に吐き気を催させる，〜をむかむかさせる」
- □ *l*.4　diet「常食，規定食」

第２段落

- □ *l*.5　get disgusted「嫌悪感を抱く」

第３段落

- □ *l*.9　yet「しかし，けれども」　前述の内容と対照的な内容を導入する場合に用いる（⇨**CHECK 7-6**）。
- □ *l*.10　according to 〜「〜によると」
- □ *l*.11　unwillingness「気が進まないこと，避ける姿勢」

第４段落

- □ *l*.13　start-up「新興企業」
- □ *l*.14　livestock feed「家畜の餌，飼料」
- □ *l*.15　nutrient「(タンパク質，脂質などの) 栄養素」
- □ *l*.15　nutrition「栄養」「栄養をとる」などのように一般的な意味で用いる。

第５段落

- □ *l*.17　food insecurity「食糧不安」
- □ *l*.17　climate crisis「気候危機」

第6段落

□ *l*.18　biodiversity「生物多様性」

□ *l*.19　greenhouse gas emission「温室効果ガスの排出」

□ *l*.19　rear「(動物を) 飼育する」　近い意味としては raise などがある。

□ *l*.19　account for ～「～の割合を占める」

第7段落

□ *l*.22　mass extinction「大規模な消滅」

第8段落

□ *l*.27　insect cultivation「昆虫の養殖」　Farming insects (第9段落第1文) は言い換え表現。

□ *l*.27　a fraction of ～「わずかな～」

□ *l*.34　air pollutant「大気汚染物質」

第9段落

□ *l*.36　free up ～「～を開放する」

□ *l*.36　vast「広大な」

□ *l*.37　replace *A* with *B*「*A* を *B* と交換する，取り換える」

□ *l*.40　slash「～を大幅に削減する」

第10段落

□ *l*.42　efficiency「効率性」

□ *l*.43　fine art「高度な技術」

□ *l*.43　reach maturity「成熟する」

□ *l*.44　the months or years it takes livestock「家畜が (成熟するのに) 必要とする数カ月または数年」　it takes *A B* to *do*「*A* が～するのに *B* を必要とする」の *B* が先行詞となった形。it の前に目的格の関係代名詞 that または which を補って考える。

第11段落

□ *l*.47　convert *A* into *B*「*A* を *B* に変える」

第12段落

□ *l*.50　much less waste「ずっと少ない廃棄物」　much は比較級を強める。

□ *l*.52　food security「食糧安全保障」

最終段落

□ *l*.54　as well as *doing*「～するだけではなく」　文頭で用いる。

□ *l*.54　live off ～「～を食べて生きていく，(動物が) ～を主食とする」

□ *l*.55　otherwise「そうでなければ」　この場合は，if insects couldn't live off food and biomass と表すことができる。

□ *l*.57　circular economy「循環型経済」

□ *l*.60　fertiliser ＝ fertilizer「肥料」

解 説

1．The idea … may <u>take a little getting used to</u>.「そうした発想には少し慣れが必要かもしれない」　後続の But even if … now に「昆虫を食べることを考えて吐き気を催すとしても」とあることから推測して，c．not be easy to accept「受け入れるのは容易ではない」が最も近い意味であると判断する。take a lot of *doing*「〜するのは大変骨が折れる」はやや慣用的な表現。a lot of を a little に置き換えると「少し骨が折れる」となる。類似する用法としては，need *doing* などがある（⇨ CHECK 6-17)。

2

(B)空所を含む文の主語 the practice の内容は「昆虫を食べること」である。and に先行する部分（people have been eating …）に「長年食べてきた」とあるので，a．commonplace「ごく普通の」が適切であると判断する。

(C)空所の後の meat <u>for</u> insects に着目して，c．exchange「〜を交換する，〜を（…に）置き換える」を選ぶ。文頭の Yet in Europe「しかしヨーロッパでは」がヒント。対比の導入表現。アジア，南アメリカ，アフリカでは昆虫が食べられているが，ヨーロッパでは肉を昆虫に進んで置き換える人は10％にすぎない，というつながりである。b．equip「〜を装備する」も *A* for *B* の形になるが，ここでは意味をなさない。

(D)空所の直前の help に着目。原形の a．tackle を補うと，help tackle 〜「〜に取り組むのに役立つ」となる。help (to) *do* と to が省略される点に注意(⇨ CHECK 4-6)。

(E) a fraction から for traditional farming までが uses の目的語である。「従来型の農業に必要とされる土地…」となるように，b．required を補う。過去分詞の形容詞的用法。

(F)空所の前の as well as に着目。*A* as well as *B* で「*B* だけではなく *A* も」の意味（⇨ CHECK 7-7)。to farm 以下は副詞的用法の不定詞句（⇨ CHECK 6-2 ）と考える。c．produce feed を補うと，「家畜の飼料を生産するだけではなく動物を飼育するために」となる。この feed は名詞で，「飼料」の意味。

(G) the potential を説明する不定詞句（形容詞的用法⇨ CHECK 6-1 ）を完成する。空所の直後に，by a third「3分の1だけ」とあり，「16億8000万ヘクタールの土地を開放する」と続く。d．farmland use を補い，「農地としての利用を減らす潜在力」とする。

(H)空所の直後の agricultural waste を昆虫の餌と考える。b．be fed を補うと，can be fed agricultural waste「農業廃棄物を食べさせることができる」となる。feed *A B*「*A* に *B* を食べさせる」の受動態。

(I)空所の直後の the recycling chain に着目。b．complete を補い，「リサイクルの

連鎖を完成するために」とする（副詞的用法の不定詞句⇨ CHECK 6-2 ）。「その排泄物は作物の肥料として利用できる」と続くことがヒント。

3

(1)① 「ヴァージニア゠エメリーの指摘によると，高い栄養価があるにもかかわらず昆虫は現在のフードシステムの一部となっていない」

② 「ヴァージニア゠エメリーはベータ・ハッチがゴミムシダマシから生産する家畜飼料をコンパクトなパッケージに入れたことを評価している」

第4段落第1文（"Insects are a …"）参照。「昆虫はフードシステムで見逃されている本当に重要な部分である」とあるので，①は合致する。同じ段落の最終文（Super nutrient dense, …）に着目。「小さなパッケージで栄養が豊富である」とある。パッケージ自体がコンパクトであることを評価するものではないので，②は合致しない。したがって，**a が正解**である。

(2)① 「農業は地球規模での生物多様性と地球温暖化に大きく寄与している」

② 「サラ゠ベイノンは世界の食糧供給を増やすのと同じ速度で世界人口を増やす必要があると提言する」

①は第6段落第1文（Agriculture is the biggest …）に着目。「農業は地球の生物多様性の損失の最大の原動力である」とある。農業が生物多様性をもたらすのではないので合致しない。②は第7段落第1文（"We're in the …"）に着目。「増加する世界人口を養う必要がある」とあるが，世界人口を増やすべきであるという提言はなされていないので合致しない。以上から，**d が正解**である。

(3)① 「ヴァーヘニンゲン大学の研究者の研究によると，コオロギが排出するメタンガスは牛が排出するものよりも少ない」

② 「ベイノンによると，昆虫は動物よりも25倍多くの食べ物を消化できる」

①は第8段落第2文（Crickets produce …）に着目。「コオロギは牛よりもメタンガスの排出量が最大で80％少ない」とあるので合致する。②は第11段落第2文（Crickets need six …）に着目。「コオロギが必要とする飼料は家畜のそれよりも少ない」という内容である。消化に関する言及はないので合致しない。以上から，**a が正解**である。

---

1 － c

2. (B)－ a　(C)－ c　(D)－ a　(E)－ b　(F)－ c　(G)－ d　(H)－ b　(I)－ b

3. (1)－ a　(2)－ d　(3)－ a

実戦問題❸

目標解答時間 20分　**目標正答数** 11/14問

2014年度　法学部A方式Ⅱ日程・国際文化・キャリアデザイン学部A方式　〔Ⅳ〕

Read the passage below and answer the questions that follow.

　　One of my favorite things to do is to take a set of facts and use them to imagine how the world might work. In writing about some of these ideas, my aim is not to be correct — how can I be, when the answer isn't known? — but to be thought-provoking, to ask questions, to 〔　(A)　〕. I mention this
5　because science is usually presented as a body of knowledge — facts to be memorized, equations to be solved, concepts to be understood, discoveries to be applauded. But this approach can give students two misleading impressions.

　　One is that science is about what we know. One colleague told me that
10　when he was studying science at school, the constant focus on the known gave him the impression that almost everything 〔　(B)　〕 discovered. But in fact, science — as the physicist Richard Feynman once wrote — creates an "expanding frontier of ignorance," where most discoveries lead to more questions. Moreover, insofar as science is a body of knowledge, that body is
15　always changing: much of what we thought we knew in the past has turned out to be incomplete, or plain wrong.

　　The second misconception that comes from this "facts, facts, facts" method of teaching science is the impression that scientific discovery progresses as an orderly, logical process — that each new discovery points
20　more or less unmistakably to the next. But in reality, while some scientific work does involve the plodding, brick-by-brick accumulation of evidence,
(1)
much of it requires leaps of imagination and daring speculation. This raises the interesting question of when speculation is more likely to generate productive lines of inquiry 〔　(C)　〕 a process of logical thinking.
25　I don't know the answer — I'd have to speculate.

There are plenty of (probably) untrue tales about what inspired a great discovery, from Archimedes in his bathtub, to Newton and his apple. But there are also many well-documented accounts of inspiration — or lack of it — in the history of science. For example, ☐ (D) ☐ the most famous is the story of Rosalind Franklin and her non-discovery of the structure of DNA.

Franklin was an expert at getting X-ray images from crystals of molecules. The idea is that the array of spots in the images will reveal how the atoms in the crystal are arranged. When Franklin started working on DNA, she obtained superb X-rays; her contemporaries described them as among the most beautiful of any substance ever taken. Indeed, it was from one of her images that James Watson and Francis Crick figured ☐ (E) ☐ what the correct structure of DNA must be. (The picture was shown to Watson without Franklin's knowledge.)

She had the data. Why didn't she reach the solution? There are several answers to this; but one is that she had a fixed idea about how the problem should be solved. Namely, she wanted to work out the structure using the methods she had been taught. These methods are complex, abstract, and mathematical, and difficult to use on a molecule as complex as DNA. Watson and Crick, meanwhile, were building physical models of what the image suggested the structure should be like — an approach that Franklin scorned. What's more, their first model was ridiculously wrong,
(2)
something that Franklin spotted immediately. But they were willing to play; she wasn't. In other words, she wouldn't, or couldn't, adopt a more speculative approach.

Our ability to make scientific discoveries is limited ☐ (F) ☐ a number of fundamental ways. One is time: it's hard to do good experiments that last for more than a few weeks. Experiments that run for years are rare; as a result, we know relatively little about long, slow processes. Another constraint is money (no surprise there). A third is ethics (some

experiments that would be interesting to do are ethically impossible).
(3)
Some questions remain uninvestigated because no one stands to profit from
the answers.　Still others are ▢ (G) ▢ or welfare, the areas of research are
unfashionable, or the appropriate tools haven't been invented yet.　Some
60　problems are just overwhelmingly complex.

　　But there's one way in which we should not be limited: imagination.
As Einstein put it, "Imagination is more important than knowledge.
Knowledge is limited.　Imagination encircles the world."

　　　　From License to Wonder by Olivia Judson, *The New York Times* (*2009/11/03*)

　　　　　　　　　　　　　　　　　　　　　　ⓒThe New York Times

1. Choose the best phrase to fill ▢ (A) ▢ , and mark the letter on your
   answer sheet.
   (a)　make people hope
   (b)　make people knowledgeable
   (c)　make people wonder
   (d)　make people anxious

2. Choose the best phrase to fill ▢ (B) ▢ , and mark the letter on your
   answer sheet.
   (a)　is already being
   (b)　was already
   (c)　has already been
   (d)　had already been

3. Choose the best word to fill in each of the blanks ▢ (C) ▢ , ▢ (D) ▢ ,
   ▢ (E) ▢ and ▢ (F) ▢ .　Use each choice only once.
   (a)　on　　　　(b)　among　　(c)　how　　　(d)　out
   (e)　if　　　　(f)　than　　　(g)　in　　　　(h)　at

4. Choose the word which is most similar in meaning to the underlined

word as it is used in the passage, and mark the letter on your answer sheet.

(1) plodding

(a) careless　　(b) slow　　(c) normal　　(d) grateful

(2) scorned

(a) despised　　　　　　　(b) supported

(c) misunderstood　　　　(d) challenged

(3) ethically

(a) virtually　　(b) simply　　(c) relatively　　(d) morally

5. Put the following words in the correct order to complete the sentence in
   (G) and mark the 4th and 7th words on your answer sheet.

(a) on　　　　(b) have　　　(c) health　　(d) obvious

(e) because　　(f) no　　　　(g) bearing　　(h) neglected

(i) they

6. Which **two** of the following statements are **not** true according to the passage?

(a) Rosalind Franklin did not follow traditional scientific methods in her research on DNA.

(b) Watson and Crick used Rosalind Franklin's research to discover the structure of DNA.

(c) The images of molecules produced by Rosalind Franklin were highly praised by her fellow researchers.

(d) Rosalind Franklin did not agree with the approach used by Watson and Crick.

(e) Rosalind Franklin collaborated with Watson and Crick to discover the structure of DNA.

(f) The research approach Rosalind Franklin used lacked imagination.

(g) The complexity of the DNA molecule made it difficult for scientists to reach a solution regarding its structure.

7. Which **two** of the following statements best summarize the main points of the text?

(a) Scientists will fail to make any discoveries if they use brick-by-brick accumulation of evidence.

(b) The way of teaching science has focused too much on memorizing facts and not enough on using one's imagination.

(c) The main reason why our ability to make scientific discoveries is limited is because scientists lack imagination.

(d) Many accounts of inspiration still remain undocumented due to a lack of research funding.

(e) It is likely that Rosalind Franklin would have discovered the structure of DNA if she had used a more speculative approach.

(f) One limitation on our ability to make discoveries is because science research is not stylish enough.

全訳

≪科学的発見における想像力の必要性≫

　私が最も好んでしていることの一つは，一連の事実をとりあげ，その事実を使って世界がいかに作用するかを想像することである。こうした着想のいくつかについて書く場合に私が目指すのは，正しいことを述べるのではなく——答えがわからないのにどうして正しいことを言えるのか——思考を刺激し，問いを投げかけ，人々にあれこれ考えさせることである。私がこのように述べるのは，科学はたいてい知識の集積——記憶すべき事実，解くべき方程式，理解すべき概念，称賛すべき発見——として提示されるからである。しかし，このようなアプローチは学生に誤解を招くような2つの印象を与えかねない。

　一つは，科学が扱うのは私たちが知っていることであるという印象である。一人の同僚によると，彼は大学で科学を勉強していたとき，既知のことに絶えず焦点をしぼっていたせいで，ほとんどすべてのことがすでに発見されてしまっているという印象を持った，とのことである。しかし，実際には，科学は——物理学者リチャード＝ファインマンがかつて書いたように——「新たな無知の分野の拡大」をもたらすものであり，そこではほとんどの発見がさらに多くの問いを生じさせる。その上，科学が知識の集積である限り，その集積は常に変化している。過去において私たちが知っていると考えたことの多くが，不完全あるいは全くの間違いであると判明しているのだ。

　「事実，事実，事実」で科学を教えるこのような方法から生じる二つ目の誤解は，科学上の発見は整然とした論理的な過程として進んでいくという印象——つまりそれぞれの新発見が多かれ少なかれ間違いなく次の発見を示唆するという印象である。科学的な研究活動の中には確かにこつこつと一つ一つ証拠を蓄積していくことを伴うものもあるが，しかし現実には，その多くは想像力の飛躍と大胆な推測を必要とする。このことは，あれこれ推測することのほうが論理的思考法よりも実りのある研究方針を生み出す可能性が高いのはいかなるときかという興味深い問いを喚起する。私にはその答えはわからない——推測しなければならないだろう。

　浴槽に浸かったアルキメデスからニュートンとリンゴまで，偉大な発見を引き起こした出来事に関する話には，（おそらく）事実に反するものがたくさんある。しかし，科学の歴史にはひらめき——あるいはひらめきの欠如——に関する十分に裏付けのある話もたくさんある。例えば，最も有名なものの一つに，ロザリンド＝フランクリンと彼女がDNA構造を発見できなかったことにまつわる話がある。

　フランクリンは分子結晶からエックス線画像を得る専門家であった。そのアイディアは，画像の中の点の配列から結晶中の原子の配列法が明らかになるだろうというものであった。フランクリンがDNAに取り組み始めたとき，彼女はすばらしいエックス線画像を入手した。彼女と同時代の研究者たちはそれらを今までに撮影された物質の中で最も美しいものの一つだと言った。実際，ジェイムズ＝ワトソンとフランシス＝クリックがDNAの正確な構造に違いないとされるものを見つけ出したのは彼女の画像の一つからであった。（写真はフランクリンが知らないうちにワ

トソンに見せられていた。）

　彼女にはデータがあった。なぜ彼女は結論に至らなかったか。これにはいくつかの答えがあるが，一つには彼女が問題をどのように解決すべきかについて固定観念を持っていたからである。すなわち，彼女は自分が教えられてきた方法を使って，構造を理解したいと思っていた。こうした方法は複雑で，抽象的で，数学的で，DNAのように複雑な分子に対しては使いにくかったのだ。一方，ワトソンとクリックは構造がどのようであるはずかについて，その画像が暗示するものの物理的なモデルを作っていた——それはフランクリンが軽蔑する手法であった。その上，彼らの最初のモデルは途方もなく間違っており，それにはフランクリンも即座に気がついたのであった。しかし，彼らは進んで遊んでみようとし，彼女はそうしなかった。言い換えると，彼女は推測を中心とする手法を採用するつもりはなかったし，採用することもできなかったのだ。

　科学的な発見をする私たちの能力は，多くの基本的な点において制約を受けている。一つは時間であり，数週間以上続く優れた実験をすることは難しい。数年間にわたって続く実験はまれで，その結果，私たちは長期のゆっくりした過程については比較的わずかなことしかわかっていないのだ。もう一つの制約は資金である（この点に何ら驚きはない）。三つ目は倫理観である（行えばおもしろいであろう実験の中には倫理的に不可能なものもある）。答えから誰も利益を得られそうもないという理由で研究されないままの問題もある。さらに，人間の健康や幸福に明白な関連がなかったり，研究の分野が時流に合わなかったり，適切な用具がまだ発明されていないために，無視されている問題もある。ただただ圧倒的に複雑な問題もある。

　しかし，私たちがその点においては制限されるべきでないようなものが一つある。それは想像力である。アインシュタインが言ったように，「想像力は知識より大切である。知識には限界がある。想像力は世界をめぐるのだ」。

● 語句・構文 ……………………………………………………………………………………………

第1段落

☐ *l.* 1　to imagine how the world might work「世界がいかに作用するかを想像すること」

☐ *l.* 6　equations to be solved「解くべき方程式」

第2段落

☐ *l.* 13　expanding frontier of ignorance「新しい無知の分野の拡大」　新発見が新たな疑問を生むこと。

☐ *l.* 14　insofar as science is a body of knowledge「科学が知識の集積である限り」

☐ *l.* 15　much of what we thought we knew in the past「過去に私たちが知っていると考えたことの多く」　この部分が文の主部。

☐ *l.* 15　has turned out to be ～「～であると判明した」

第3段落

☐ *l*. 18　the impression that ～「～という印象」　that 以下は，impression の内容を説明する同格節。

☐ *l*. 22　much of it requires leaps of imagination and daring speculation「その多くは想像力の飛躍と大胆な推測を必要としている」　it は「科学的研究」を指す。

☐ *l*. 23　the interesting question of when ～「いつ～なのかという興味深い問題」　when 以下は名詞節。

第4段落

☐ *l*. 26　plenty of ～「たくさんの～」

☐ *l*. 28　lack of ～「～の欠如」

第5段落

☐ *l*. 33　will reveal how the atoms in the crystal are arranged「結晶中の原子がどのように配列されているかを明らかにするだろう」

☐ *l*. 35　her contemporaries described them as among the most beautiful of ～「彼女と同時代の科学者たちはそれらを最も美しいものの一つであると述べた」　among ～で「～のうちの一つ」の意味。

第6段落

☐ *l*. 43　using the methods (that) she had been taught「彼女が教わった方法を使って」

☐ *l*. 44　a molecule as complex as DNA「DNA のように複雑な分子」

☐ *l*. 45　physical models of what the image suggested the structure should be like「画像が示唆する，その構造のあるべき姿についての物理学的モデル」　what は名詞節を構成し前置詞 like の目的語でもある。

第7段落

☐ *l*. 51　a number of ～「たくさんの～，いくつかの～」

☐ *l*. 52　good experiments that last for more than a few weeks「数週間を超えて続く優れた実験」　last は「続く」の意味の動詞。

☐ *l*. 54　know relatively little about「比較的わずかなことしか知らない」

☐ *l*. 57　because no one stands to profit from the answers「答えから利益を得る人が誰もいないという理由で」　stand to *do*「～する立場にある」

最終段落

☐ *l*. 62　As Einstein put it「アインシュタインが述べたように」

解 説

1.「空欄　(A)　に入る最も適切な語句を選び，その記号を解答欄にマークせよ」

my aim is not to be correct …, but to be thought-provoking, to ask questions「私が目指すのは，正しいことを述べることではなく，…思考を刺激すること，問いを投げかけること」が空欄の直前の内容であるから，(C)「人々にあれこれ考えさせること」がふさわしい。not *A* but *B*「*A* ではなく *B* である」の形に注意。その

他の選択肢の意味は次の通り。

(a)「人々に希望を抱かせる」　　　　(b)「人々を博識にする」

(d)「人々を心配させる」

2．「空欄　(B)　に入る最も適切な語句を選び，その記号を解答欄にマークせよ」

gave him the impression that almost everything had already been discovered
「ほとんどすべてのものがすでに発見されてしまったという印象を彼に与えた」
that 以下は impression の内容を具体的に述べている（同格節）。gave に着目。そ
れ以前のことを表す(d)の過去完了形が適切。

3．「空欄　(C)，(D)，(E)，(F)　に入る最も適切な語を選べ。各選択肢
は1回ずつしか使用できない」

(C) the interesting question of when speculation is more likely to generate
productive lines of inquiry than a process of logical thinking「あれこれ推測す
ることのほうが論理的思考の方法よりも実りある研究方針を生み出す可能性が高い
のはどのようなときかという興味深い問題」　more に着目して(f)than を補う。
when 以下は名詞節で，前置詞 of の目的語。

(D) among the most famous is the story of ~「最も有名なのは~の話である」　倒
置文。the story が文の主語。〈among the+最上級の形容詞〉で「最も~なものの
一つ」の意味。第5段落第3文の among the most beautiful (l. 36) という表現が
ヒントになる。(b)が正解。

(E) it was from one of her images that James Watson and Francis Crick figured
out what the correct structure of DNA must be「ジェイムズ＝ワトソンとフラ
ンシス＝クリックが DNA の正確な構造に違いないとされるものを解明したのは彼
女の画像の一つからであった」　from one of her images を強調する強調構文。
figure out で「理解する，解明する」の意味。(d)が正解。

(F) in a number of fundamental ways「多くの基本的な点で」　この in は〈分野〉を
表す。(g)が正解。

4．「本文中で使われている下線を引いた語の意味に最も近いものを選び，その記号
を解答欄にマークせよ」

(1) while some scientific work does involve the plodding, brick-by-brick
accumulation of evidence「科学的研究の中には確かにこつこつと一つ一つ証拠を
蓄積していくことを伴うものもあるが」　brick-by-brick「レンガを積み上げて行く
ような」→「少しずつ」がヒント。(b)slow「ゆっくり」が近い意味。その他の選択
肢の意味は次の通り。

(a)「不注意な」　(c)「標準の」　(d)「感謝して」

(2) an approach that Franklin scorned「フランクリンが軽蔑した手法」　(a) despised
「軽蔑した」が近い意味。第6段落第5文 (ll. 43-45) の，フランクリンの方法は

complex, abstract, and mathematical「複雑で，抽象的で，数学的」であったという記述がヒントになる。その他の選択肢の意味は次の通り。

(b)「支持した」　(c)「誤解した」　(d)「挑んだ」

(3) are ethically impossible「倫理的に不可能である」　(d) morally「道徳的に」が近い意味。その他の選択肢の意味は次の通り。

(a)「実質的には」　(b)「簡単に」　(c)「比較的」

5.「下の語を正しく並べ替えて空欄　[(G)]　に入る文を完成させ，4番目と7番目に入るものを解答欄にマークせよ」

Still others are (neglected because they have no obvious bearing on health) or welfare,「さらに，健康や幸福に明白な関係がないという理由で無視されているものもある」　述語動詞を are neglected と受動態にする。have no bearing on ～で「～に関係がない」の意味。形容詞の obvious の位置に注意。

6.「次の英文のうち，本文の内容と合致しないものはどれとどれか？」

(a)「ロザリンド＝フランクリンは DNA の研究において従来の科学的な方法に従わなかった」第6段落第4文（*ll.* 42-43）に**不一致**。フランクリンは教わった方法を使った，というのが本文の内容。

(b)「ワトソンとクリックは DNA の構造を発見するためにロザリンド＝フランクリンの研究を活用した」第5段落第4文（*ll.* 36-38）に一致。

(c)「ロザリンド＝フランクリンによって撮影された分子の画像は同僚の研究者から絶賛された」第5段落第3文（*ll.* 34-36）に一致。

(d)「ロザリンド＝フランクリンはワトソンとクリックが使った手法に賛同しなかった」第6段落第6文（*ll.* 45-47）および最終文（*ll.* 49-50）に一致。

(e)「ロザリンド＝フランクリンは DNA の構造を発見するためにワトソンとクリックとともに共同研究をした」第6段落第6～8文（*ll.* 45-49）に**不一致**。フランクリンはワトソンとクリックの手法を採用しなかった，というのが本文の内容。

(f)「ロザリンド＝フランクリンが使った研究方法は想像力に欠けていた」第6段落最終文（*ll.* 49-50）に一致。

(g)「DNA 分子の複雑さのせいで，科学者たちがその構造を解明するのは困難であった」第6段落第4～7文（*ll.* 42-48）に一致。

以上より，本文に一致しないものを選ぶので，**正解は(a)・(e)**。

7.「次の英文のうち，本文の重要な点を最もよく要約しているのはどれとどれか？」

(a)「少しずつ蓄積した証拠を使っても，科学者は何も発見できないだろう」第3段落第2文（*ll.* 20-22）に着目。蓄積した証拠を用いるだけでは不十分であるという記述はあるが，それによって何も発見できないとは書かれていないので，一致しない。

(b)「科学教育の方法は事実を覚えることに重点を置きすぎていて，想像力の行使に

対して十分な力点を置いていない」第3段落（*ll.* 17-25）の内容に**一致**。

(c)「科学的発見をする私たちの能力が制限されている主な理由は，科学者の想像力の欠如である」第7段落（*ll.* 51-60）で示された制約（時間，資金，倫理的制約）に含まれていない。最終段落（*ll.* 61-63）にあるように，想像力は制約を受けるべきではない，というのが本文の主張である。

(d)「研究資金が不足しているために，ひらめきについての多くの話はまだ裏付けがないままである」第4段落第2文（*ll.* 28-29）に不一致。科学史にはひらめきについての記録はたくさんある，というのが本文の内容。

(e)「ロザリンド＝フランクリンが推測中心の手法を使っていたら，彼女がDNAの構造を発見していた可能性がある」第6段落（*ll.* 40-50）の内容に**一致**。フランクリンはデータを持っていたのだから，従来の方法にこだわらなかったら新発見をしたかもしれない，と考えられる。

(f)「科学的な発見をする能力が制約を受けるのは，一つには科学的研究そのものが十分に時流に合っていないからである」第7段落第7文（*ll.* 58-59）に着目。「時流に合っていない」ということで無視されている分野もあると書かれているが，科学研究そのものが時流に合っていないとは書かれていない。

以上より，本文の内容に一致しているものを選ぶので，**正解は**(b)・(e)。

1―(c)　2―(d)
3．(C)―(f)　(D)―(b)　(E)―(d)　(F)―(g)
4．(1)―(b)　(2)―(a)　(3)―(d)
5．4番目―(b)　7番目―(g)
6―(a)・(e)
7―(b)・(e)

解答

実戦問題❹

目標解答時間 25分　**目標正答数** 8/10問

2015年度　法学部A方式Ⅱ日程・国際文化・キャリアデザイン学部A方式　〔Ⅳ〕

つぎの英文を読み，問いに答えよ。

Biology was introduced with the nineteenth century. First came the word; a century of continuous activity was needed to create a thriving science. Biology is the study of living creatures, including the description and explanation of their structure, vital processes, and manner of production. Among natural phenomena <u>few can be more striking than</u> the harmonious　5
(A)
interaction of parts and processes that make up the <u>career</u> of every plant
(B)
and animal. Since the ancient Greek period the <u>integral</u> organism had
(C)
been the principal phenomenon and fundamental problem for all who chose to study living things. This concern continued undiminished well into modern times. The plant or animal organism may be approached, however,　10
in a variety of ways, and the definition of these special interests <u>gave rise to</u>
(D)
distinctive doctrines, introduced new techniques for research and explanation and, indeed, produced a specialized body of students.

Such was the fate of biology during the nineteenth century. The term "biology" first appeared in a footnote in an obscure German medical　15
publication of 1800. Two years later it again appeared, apparently independently, and <u>was given ample publicity</u> in papers by a German
(E)
naturalist (Gottfried Treviranus) and a French botanist and zoologist
(Jean Baptiste de Lamarck). The new word <u>had gained some currency</u> in
(F)
the English language by 1820. However, biology soon became the name of　20
one of the important and higher sciences of the Positive Philosophy* of the great French social philosopher Auguste Comte, and largely through his writings of the 1830s and later propaganda by his pupils, the term won followers and came to include under its wide shelter a host of previously separate subjects and unrelated students.　　　.　　25

　　But no term alone constitutes a science and the early definitions of biology suggest limits as well as extensions to the then current studies of plants and animals.　For Treviranus the "objects of our research will be the different forms and phenomena of life, the conditions and laws under which

30　they occur and the causes whereby they are brought into being.　The
　　　　　　　　　　　　　　　　　　　　(G)
science which concerns itself with these objects we shall call Biology or the Science of Life."　Lamarck's definition read as follows: "Biology: this is one of the three divisions of terrestrial** physics; it includes all which is related to living bodies and particularly to their organization, their developmental

35　processes, the structural complexity resulting from prolonged action of vital movements, the tendency to create special organs and to isolate them by focusing activity in a center, and so on."

　　These definitions present agreement on a significant exclusion from the
　　　　　　　　　　　　　　　　　　　　　　　(H)
proper field of biology.　Neither Treviranus nor Lamarck give traditional

40　natural history an integral place in the new science.　Since the seventeenth century the description and classification of minerals, plants, and animals had prospered and progressed.　A sweeping view of natural products — minerals, plants, and animals, these being contrasted with man's artificial productions — found a suitable home in the countless books on natural

45　history in the eighteenth century.　General descriptive activity constituted the essence of natural history and its practitioners may fairly be called Naturalists.　But specialists already were active.　Common usage referred to students of plants as Botanists and those of animals as Zoologists.　The attention of naturalist, botanist, and zoologist focused on external

50　appearances, the geographical distribution of species, and the presumed relationships between different plants and animals.　The principal objective of the endeavor was an ever more complete, precise listing and useful classification of the species of living creatures and minerals.

　　Those who coined the term biology were hoping to redirect the interests

55　and investigations of all who studied life.　Their foremost concern was the functional processes of the organism, those processes whose collective effect might well be life itself. Their concern extended physiology*** from medical investigations, its traditional preoccupation, to examination of the vital processes of plants and animals. William Lawrence, an English physiologist, declared that the time [(I)] to exploit the naturalists' 60 wealth of description, not perpetually to expand it. We must now "explore the active state of the animal and plant structure" and do so with the clear understanding that "observation and experiment are the only sources of our knowledge of life." With the term biology [(J)] a definite reason to confine that science to vital functions such as respiration****, generation, 65 and sensibility. Until well into the century biology and physiology had virtually the same meaning.

From *Biology in the Nineteenth Century: Problems of Form, Function and Transformation* by William Coleman, Cambridge University Press.

　*Positive Philosophy: 実証哲学，実証主義　　**terrestrial: 地球の
　***physiology: 生理学　　　　　　　　　　　****respiration: 呼吸

1．下線部(A) few can be more striking than の文中の意味に最も近いものを，つぎのa～dより一つ選び，その記号を解答欄にマークせよ。

　a．many phenomena can be as impressive as

　b．occasional phenomena do not interest us as much as

　c．other phenomena seldom attract as much attention as

　d．no other phenomena are as interesting as

2．下線部(B) career の文中の意味に最も近いものを，つぎのa～dより一つ選び，その記号を解答欄にマークせよ。

　a．living vehicle　　　　　　　　　b．progress through life

　c．support for life　　　　　　　　d．way of making a living

3. 下線部(C) integral の文中の意味に最も近いものを，つぎのa〜dより一つ
   選び，その記号を解答欄にマークせよ。

   a．containing all parts that are necessary for completeness

   b．having intelligent living organs

   c．containing logical structures for perception

   d．having intelligence and understanding life

4. 下線部(D) gave rise to の文中の意味に最も近いものを，つぎのa〜dより一
   つ選び，その記号を解答欄にマークせよ。

   a．was said aloud   b．was guided by

   c．was replaced by   d．was the cause of

5. 下線部(E) was given ample publicity の文中の意味に最も近いものを，つぎ
   のa〜dより一つ選び，その記号を解答欄にマークせよ。

   a．was well analyzed   b．was widely dismissed

   c．was often mentioned   d．was seldom discussed

6. 下線部(F) had gained some currency の文中の意味に最も近いものを，つぎ
   のa〜dより一つ選び，その記号を解答欄にマークせよ。

   a．had been purchased with money

   b．had started to be used

   c．had got paid well

   d．had made a flowing movement

7. 下線部(G) they の内容として最も適切なものを，つぎのa〜dより一つ選び，
   その記号を解答欄にマークせよ。

   a．the causes

   b．the conditions and laws

   c．the different forms and phenomena of life

   d．the objects of our research

8．下線部(H) <u>a significant exclusion</u> とは具体的に何か，最も適切なものを，つ
　　ぎの a ～ d より一つ選び，その記号を解答欄にマークせよ。

　　a．artificial productions　　　　　b．natural history

　　c．specialists　　　　　　　　　　d．the new science

9．空所 　(I)　 に入る最も適切なものはどれか，つぎの a ～ d より一つ選び，
　　その記号を解答欄にマークせよ。

　　a．came　　　　b．come　　　　c．had come　　　d．would come

10．空所 　(J)　 に入る最も適切なものはどれか，つぎの a ～ d より一つ選び，
　　その記号を解答欄にマークせよ。

　　a．came　　　　b．come　　　　c．has come　　　d．will come

全訳

≪19世紀の生物学≫

　生物学は19世紀に産声を上げた。最初は、「生物学」という用語から始まり、盛んな科学となるには、1世紀ほど持続的に活動する必要があった。生物学とは、生物の構造や生命過程、繁殖の様態に関する記述や説明を含め、生命体を研究する分野のことである。自然現象の中で、すべての動植物の一生を構築する諸部分と諸過程の調和のとれた相互作用ほど多くの関心を集めるものはほとんどない。古代ギリシア時代以来、生物を研究することを選んだ者すべてにとって、総体としての有機体は重要な現象であり、根本的な問題でもあった。このような関心は、現代になっても褪せることなく続いてきた。しかし、動植物生命体は、様々な観点から研究されるかもしれない。そして、これらの特別な関心を明確化することで、独自の学説が編み出され、研究や説明のための新たな手法が導入され、実際、その分野を専門とする研究者が多数輩出された。

　このようなことが、19世紀の生物学の宿命だった。「生物学」という用語は、最初、1800年に世に知られていないドイツの医学系出版物の脚注に登場した。その2年後に、どうやら関連はないようだが、その用語が再び姿を現し、ドイツの博物学者（ゴットフリート＝トレフィラヌス）とフランスの植物学者・動物学者（ジャン＝バティスト＝ド＝ラマルク）による論文を通して広く知れ渡るようになった。1820年までに、「生物学」という新語が英語である程度使用されるようになった。しかし生物学は、偉大なフランスの社会哲学者であるオーギュスト＝コントによって提唱された実証哲学の中で、まもなく重要かつより高度な科学の一分野の名前となった。そして、主に1830年代に彼が執筆した著書や、後には、彼の弟子によるプロパガンダ活動を通して、この用語は同調者たちを獲得し、その広い庇護のもと、以前は別個のものとして存在していたテーマや関連性のない分野の研究者を多数取り込んでいくこととなった。

　しかし、いかなる用語もそれだけでは科学を構成することはなく、生物学の初期の定義は、当時の動植物に関する研究の拡大と同時に、限界をも示唆していた。トレフィラヌスにとって「研究対象は、様々な生命形態や生命現象、それらが生じる条件や法則、そして、それらが生じる原因である。こういった対象と関連がある科学は、生物学もしくは生命の科学と呼ばれる」。ラマルクの定義は、以下のとおりである。「生物学：これは、地球物理学の3つの分類の一つであり、生物、とりわけその組成や発達過程や長期的な生命活動の結果から生じる構造的複雑性、さらに、特別な器官を創生したり、中枢の活動に集中することでそれらを分離したりする性質などといったことに関係があるすべての対象を含む」

　これらの定義は、生物学の本来の分野からあるものをきっぱりと除外して考えようということで一致していることを表している。トレフィラヌスもラマルクも、伝統的な博物学はこの新しい科学においては不可欠な存在ではないとしている。17世紀以降、鉱物や植物や動物に関する記述や分類が注目を集め、大きく前進した。天然産物──鉱物や植物や動物、つまり、人工産物とは対照的なもの──の概説は、18世紀の博物学に関する多数の本に相応に登場している。一般的に記述するということが博物学の本質であり、どうやら、それを実践していた人々は博物学者と呼ば

れていたようだ。しかし，専門家たちはすでに活躍していた。一般的に，植物の研究者は植物学者，動物の研究者は動物学者と呼ばれた。博物学者や植物学者や動物学者は，生物の外観や種の地理的分布，そして，予測しうる様々な植物と動物との関係に注目した。その努力の主な目的は，生物の種や鉱物に関してより完璧で正確な目録や役立つ分類表を作成することだった。

　生物学という用語を造り出した人々は，生命について研究していたあらゆる人の関心と研究の方向を変えようとしていた。彼らは有機体の機能的な過程に主に関心があり，その過程の集合効果というものが生命そのものと言ってよい。彼らの関心は，生理学を従来の関心事である医学的研究から動植物の生命過程の考察へと発展させた。英国の生理学者であるウィリアム＝ローレンスは，博物学者の財産である記述を果てしなく広げていくのではなく，有効に利用する時がやって来たと宣言した。我々は今や，「動植物の構造の活性態を調べ」なければならない。それも，「観察と実験が我々の唯一の生命の情報源である」ということをはっきりと理解した上でそうしなければならない。生物学という用語とともに生物学という科学を呼吸や生殖，感覚のような生命の機能に限定する明確な理由が生まれた。その世紀までずっと，生物学と生理学は，ほぼ同じ意味を持っていたのである。

● 語句・構文 ……………………………………………………………………………………

第1段落

□ *l.* 3　creature「生物」

□ *l.* 3　including the description and explanation of …「…の記述と説明を含めて」　このincludingは前置詞。

□ *l.* 4　vital「生命の，生命維持に必要な」

□ *l.* 5　phenomena「現象」　phenomenonの複数形。

□ *l.* 9　continued undiminished「褪せることなく続いた」　このundiminishedは文の補語。

□ *l.* 9　well into modern times「現代になっても」　このwellは「かなり」の意味の副詞。

□ *l.* 11　definition「明確化，定義」

□ *l.* 12　distinctive doctrine「独自の学説」

第2段落

□ *l.* 14　fate「宿命，運命」

□ *l.* 15　footnote「脚注，補足説明」

□ *l.* 15　medical publication「医学系の出版物」

□ *l.* 18　naturalist「博物学者」　natural history「博物学（動物学・植物学・鉱物学・地質学などの総称）」に携わる人のこと。

□ *l.* 18　botanist「植物学者」

□ *l.* 18　zoologist「動物学者」

☐ *l*. 23　propaganda「(思想の) 宣伝, プロパガンダ」

☐ *l*. 24　a host of ～「多数の～」

第3段落

☐ *l*. 27　limits as well as extensions「拡大と同様に限界も」

☐ *l*. 27　the then current studies「当時の最新研究」

☐ *l*. 30　The science which concerns itself with these objects we shall call …「これらの対象に関係がある科学を…と呼ぶ」　OSVC の倒置文。

☐ *l*. 32　read as follows「以下のように読める」

☐ *l*. 35　the structural complexity resulting from …「…から結果的に生じる構造的複雑さ」現在分詞の形容詞的用法。

☐ *l*. 36　tendency「傾向」

☐ *l*. 36　isolate「分離する」

第4段落

☐ *l*. 38　present agreement on …「…に関する合意を示している」

☐ *l*. 39　neither *A* nor *B*「*A* も *B* も～ない」

☐ *l*. 41　classification「分類」

☐ *l*. 42　prosper「盛んになる」

☐ *l*. 42　a sweeping view「概観, 一望」

☐ *l*. 43　these being contrasted with man's artificial productions「これらは人間による人工物と対照的であるが」　独立分詞構文。

☐ *l*. 46　practitioner「実践している人, 実務者」

☐ *l*. 50　geographical distribution「地理的分布」

☐ *l*. 50　presumed relationship「推定された関係」

☐ *l*. 52　endeavor「努力」

最終段落

☐ *l*. 54　coin「(新語などを) 造り出す」

☐ *l*. 55　investigation「調査, 研究」

☐ *l*. 55　foremost「第一の, 主要な」

☐ *l*. 57　may well be ～「～であるのももっともだ, おそらく～だろう」

☐ *l*. 58　preoccupation「没頭」

☐ *l*. 60　exploit「活用する」

☐ *l*. 65　confine *A* to *B*「*A* を *B* に限定する」

☐ *l*. 65　*A* such as *B*「*B* のような *A*」

☐ *l*. 67　virtually「ほとんど」≒ almost

解 説

1．Among natural phenomena <u>few can be more striking than</u> … をそのまま和訳すると, 「自然現象の中で…ほど目立つものはほとんどありえない」となる。

　　a．「多くの現象は…と同じぐらい印象的なことがある」

　　b．「たまに起こる現象は…ほど我々の関心を集めない」

　　c．「他の現象は…ほど多くの注目を集めることはめったにない」

　　d．「他のどの現象も…ほど興味深くない」

　主語が few であることに注意。否定を表す代名詞＋動詞＋比較級＋than …「…ほど〜なものはない」は，否定を表す代名詞＋動詞＋as＋原級＋as …でほぼ同じ意味になる。c．other phenomena seldom attract as much attention as が近い意味（⇨CHECK 9-1）。

2．the career of every plant and animal「あらゆる動植物の一生」

　　a．「生きている乗り物」

　　b．「一生を通じた発達」

　　c．「生きるための支え」

　　d．「生計を立てる方法」

　この career は「一生，生涯」の意味。b．progress through life が近い意味。

3．the integral organism had been the principal phenomenon and fundamental problem「総体としての有機体（現象）は重要な現象であり根本的な問題であった」

　　a．「完全であることに必要なすべての部分を含んでいる」

　　b．「知的で生きている臓器を持っている」

　　c．「知覚に対する論理構造を含んでいる」

　　d．「知性を持ち，生命を理解する」

　この integral は「構成要素をすべて含んだ，完全な」の意味。a．containing all parts that are necessary for completeness が近い意味。the integral organism は the harmonious interaction of parts and processes（第1段落第4文，*ll.* 5-6）を言い換えたもの。

4．gave rise to distinctive doctrines「独自の学説を生んだ」

　　a．「声高に言われた」

　　b．「〜によって導かれた」

　　c．「〜に取って代わられた」

　　d．「〜の原因であった」

　give rise to 〜で「〜を生む」の意味。d．was the cause of が近い意味。

5．was given ample publicity「広く知られるようになった（十分な知名度が与えられた）」

　　a．「十分に分析された」

　　b．「全般的に退けられた」

　　c．「しばしば言及された」

d．「めったに論じられなかった」

give publicity to ～「～を公表する」の受動態。ample は「十分な」の意味。c．was often mentioned が近い意味。

6．had gained some currency「ある程度，普及した」

a．「金銭で購入された」

b．「使われ始めた」

c．「十分な支払いを受けた」

d．「流れるような動きをする」

この currency は「普及，通用」の意味。b．had started to be used が近い意味。

7．the conditions and laws under which they（＝the different forms and phenomena of life）occur and the causes whereby they are brought into being「様々な生命形態と生命現象が生じる条件と法則，およびそれらが生じる諸原因」下線部の they は前出の they と同じものを指すと考えられるので，c．the different forms and phenomena of life「様々な生命形態と生命現象」がふさわしい。whereby は関係副詞で by which で置き換えることができる。bring O into being「O を生じさせる」の受動態に注意。

8．a significant exclusion from the proper field of biology「生物学の本来の分野からの重大な除外」　直後の文（第4段落第2文，ll. 39-40）に着目。トレフィラヌスもラマルクも伝統的な博物学はこの新しい科学（＝生物学）においては不可欠な存在ではないとしている，とある。トレフィラヌスとラマルクは博物学者であることからも，b．natural history「博物学」がふさわしい。

9．declared that the time had come to exploit the naturalists' wealth of description「博物学者の財産である記述を有効に利用する時が来たと宣言した」time has come to ～で「～すべき時が来た」。主節の動詞は declared（過去形）であるから，時制の一致を受けて c．had come（過去完了形）がふさわしい。

10．With the term biology came a definite reason to confine that science to vital functions such as …「生物学という用語とともに生物学という科学を…のような生命機能に限定する明確な理由が生まれた」　倒置文。a definite reason が主語。20世紀になるまで生物学と生理学はほとんど同じ意味であった，という直後の文（最終段落最終文，ll. 66-67）がヒント。過去に言及しているので a．came（過去形）がふさわしいと判断する。

1―c　2―b　3―a　4―d　5―c　6―b　7―c　8―b
9―c　10―a

実戦問題❺

目標解答時間 20分　**目標正答数** 12/15問

2023年度　経営学部A方式Ⅰ日程・人間環境学部A方式　〔Ⅳ〕

Read the passage and answer the questions that follow.

　　Small island communities have often been pioneers for sustainability and climate action. Are they a snapshot of a greener future, or a distraction from bigger problems elsewhere?

　　Just off the north coast of Northern Ireland, in the chilly waters of the Atlantic, lies a tiny, L-shaped island called Rathlin. It is home to around 160 people. Commercial electricity supply only arrived on Rathlin in the early 1990s, with the construction of three wind turbines. One islander enthused to local media about the benefits it would bring — she would no longer have to light a candle when getting up to feed her baby in the middle of the night.

　　This clean energy came from the almost ⬚(A)⬚ wind that blows steadily over Rathlin and on towards Ireland and Great Britain. But as Michael Cecil, chair of the Rathlin Development and Community Association explains, the turbines did not last. After about 10 years, they fell into ⬚(B)⬚. "We couldn't get parts, we couldn't get maintenance done on them," he recalls.

　　It meant having to use high-emission diesel generators. And although Rathlin was finally connected to the main Northern Irish electricity system in 2007, the islanders' dream of resurrecting wind power and cleaning up its energy ⬚(C)⬚ is stronger than ever today.

　　By 2030, Rathlin wants to be a carbon-neutral island, following in the ⬚(D)⬚ of dozens of small islands around the world taking the fight against climate change into their own hands by embracing renewable energy, electric vehicles and sustainability.

　　To name ⬚(E)⬚, there's the Danish island of Samsø, which relies on wind energy and other renewables for power and heat. Or Tilos in Greece, which was the first island in the country to become energy ☐ (F) ☐ . Or Jeju, the South Korean holiday island which, like Rathlin, aims to be carbon neutral by the end of the decade.

30   Some say these green islands or "eco-islands" are shining examples. They demonstrate the power of small communities and act as lights showing the way towards a world less dependent ☐ (G) ☐ fossil fuels.

But others argue that islands of a couple of hundred or a few thousand inhabitants are ☐ (H) ☐ in the ocean when rapid, global change is required.

35   Worse, these so-called good examples might end up distracting mainlanders from their own responsibilities regarding climate change. Are eco-islands just a waste of time?

☐ (I) ☐ , the people of Rathlin are increasingly aware of the threats posed by climate change and biodiversity collapse. "We see the storms

40   increasing, we see the reduction in fish stocks, the reduction in bird life around the island," says Cecil. But Rathlin's community, despite its size, is ☐ (J) ☐ . It's in the people's DNA, Cecil adds: "There's a pride in the island, a pride in the local population's strength and in how we cope with what nature throws at us."

45   Currently, Cecil and his companions are fine-tuning their plan to install a single wind turbine, probably one with a capacity of around 300 kilowatts — enough to power about 100 of the island's homes — and they have encouraged the adoption of low-emission vehicles as well. The islanders have acquired an electric car for community use and there'll soon be 20 e-

50   bikes as well. David Quinney Mee, a community worker at the Rathlin Development and Community Association, notes that there is a solar panel system already on the island to help charge these vehicles.

But the thought of a wind turbine that also helps produce hydrogen from freshwater on Rathlin seems to particularly motivate Cecil, who

55   previously worked for Northern Ireland's electricity network. That

hydrogen, which could be produced when there is more wind energy than the islanders require, could be sold to nearby organisations seeking carbon-free fuel. Cecil, who also pilots a ferry that services the island, suggests hydrogen could be used to power such ships as well. "We are going to reinvest that money into decarbonising* homes and decarbonising transport," says Cecil. 60

　　(K)　　a bit of green tech. It's about developing an ecosystem, if you will, of technologies to move Rathlin towards carbon neutrality in different ways — and, crucially, islanders will have a financial stake in it all.

　We might not be able to transplant specific, island-based solutions to other places with ease — but 　　(L)　　. Whatever the odds, the fighting spirit of Rathlin is what we really need. As Cecil says, "It's up to every member of society to make an effort of some kind." 65

(Adapted from Chris Baraniuk, "The tiny islands leading the green transition," *BBC Future*, 1 February 2022)

* decarbonise : to stop or reduce carbon gases, especially carbon dioxide, being released into the atmosphere as the result of a process, for example the burning of fossil fuels

1. Choose the phrase that is closest in meaning to <u>enthused</u> and mark the (i) letter on your answer sheet.

　　a. accused furiously　　　　　　b. expressed excitement

　　c. spoke calmly　　　　　　　　d. voiced concern

2. Choose the word or phrase that best fills each of 　　(A)　　 to 　　(H)　　 and mark the letter on your answer sheet. Use each choice only once.

　　a. a few　　　　　　b. disrepair　　　　　　c. ever-present

　　d. footsteps　　　　e. mere drops　　　　　f. on

g．self-sufficient　　　h．supply

3．Choose the word that is closest in meaning to resurrecting and mark
(ii)
the letter on your answer sheet.

a．discontinuing　　　　　　b．inventing

c．maintaining　　　　　　　d．reviving

4．Choose the option that best fills each of ⬚ (I) ⬚ to ⬚ (L) ⬚ and mark
the letter on your answer sheet. Use each choice only once. The first
letters of all options are written in small letters even for those occurring
at the beginning of sentences.

a．as in most corners of the world

b．perhaps that doesn't matter

c．ready to take matters into its own hands

d．this isn't just about plugging in

5．Choose one statement that can be inferred from the passage and mark
the letter on your answer sheet.

a．A combined use of different measures and the economic involvement
of local people are key to decarbonisation.

b．Hydrogen produced by solar panels can not only be used to power low-
emission cars and e-bikes but can also be sold to eco-friendly
companies to support the local economy.

c．Rathlin is a good example of how using only one wind turbine can
lead to carbon neutrality if supported by a big energy provider.

d．Rathlin's community has drawn attention because it succeeded in
being eco-friendly despite its large size.

e．Thanks to eco-islands, the world has realised the importance of
decarbonisation in preventing climate change.

≪カーボンニュートラルに取り組む小さな島々≫

全 訳

　小さな島のコミュニティは持続可能性と気候変動対策のパイオニアであることがよくある。それらは環境に優しい未来のスナップショットであろうか，それとも他のどこかのより大きな問題から注意をそらすものなのだろうか。

　ちょうど北アイルランド北岸の沖合いに，そこは大西洋の冷水域なのだが，ラスリンというL字形の小さな島がある。この島には約160人の人々が住んでいる。1990年代前半に，3つの風力タービンが建設されてようやく，商業電力がラスリンに供給されるようになった。ある島民はそれがもたらす利点について地元メディアに興奮して語った —— 真夜中に赤ん坊の授乳のために起きるときに，もうロウソクに火をつける必要はないだろう。

　このクリーンエネルギーは，ラスリン上空とアイルランドと英国に向かう恒常風から生まれていた。しかし，ラスリン開発コミュニティ協会の議長であるマイケル=セシルが説明するように，タービンは長持ちしなかった。およそ10年後には，それらは破損してしまったのだ。「部品を入手することも，メンテナンスをしてもらうこともできませんでした」と，彼は回想しながら話す。

　そのために，排気ガスが大量に発生するディーゼル発電機を使用しなければならなくなった。そして，ラスリンは2007年にようやく北アイルランドの主要な電力網と接続されたが，風力発電を復活させてエネルギー供給をクリーンなものにするという島民の夢は，今日これまで以上に強まっている。

　2030年までには，ラスリンは，再生可能エネルギー，電気自動車，持続可能性の考えを取り入れることで気候変動との戦いを自ら行っている世界中の何十もの小さな島々と同じ道を歩み，カーボンニュートラルな島になることを望んでいる。

　少し例を挙げると，デンマークのサムス島である。この島の電力と熱は風力エネルギーと他の再生可能エネルギーを拠りどころとしている。あるいは，ギリシアのティロス島は，ギリシア国内で最初にエネルギーを自給自足にした島であった。また，韓国の観光の島である済州島は，ラスリンのように，今後10年間の終わりまでにカーボンニュートラルになることを目指している。

　こうした環境に優しい島々，つまり「エコアイランド」は模範例であると言う者もいる。それらは小さなコミュニティの力を実証し，化石燃料への依存度が低い世界への道を照らす光の役割をしている。

　しかし，急速でグローバルな変化が必要とされるときに，住民が数百人または数千人の島々は大海原の単なる数滴にすぎないと主張する者もいる。さらに悪いことに，これらのいわゆる好例は，大陸の人々の目を，気候変動に関する自らの責任からそらす結果になるかもしれない。エコアイランドはただ時間の無駄遣いにすぎないのだろうか？

　世界のほとんどの地域と同様に，ラスリンの人々は気候変動と生物多様性の崩壊によってもたらされる脅威をますます認識するようになっている。「私たちは嵐が多くなっているのを目の当たりにし，また，漁業資源の減少，島周辺の鳥類の減少を目の当たりにしています」と，セシルは言う。しかし，ラスリンのコミュニティは，その規模にもかかわらず，問題に自ら取り組む準備ができている。それは人々

のDNAに刻まれている，とセシルはつけ加える。「島には誇りがあり，地元住民の強さと，自然が私たちに投げかけてくるものに立ち向かう方法に誇りがあります」

　現在，セシルとその仲間たちは，1台の風力タービンを設置する計画の細部の詰めを行っている。このタービンは約300キロワットの発電性能を持つ可能性が高く，島の約100軒の家庭に電力を供給するのに十分なものとなる。そしてさらに彼らは低公害の乗り物の推奨も行っている。島民はコミュニティ内で使用するために電気自動車を入手し，もうすぐ20台の電動自転車も届くことになっている。ラスリン開発コミュニティ協会の協会職員であるデヴィッド=クインニー=ミーは，これらの乗り物の充電を支援するために島にはすでにソーラーパネルのシステムが設置されていると述べている。

　しかし，風力タービンを用いてラスリンの淡水から水素を生成させることにも役立てようという考えが，以前北アイルランドの配電施設で働いていたセシルの意欲を特にかき立てているようである。水素は，風力エネルギーが島民の必要量を上回るときに生産が可能なのだが，カーボンフリーの燃料を探している近くの団体に販売することができるだろう。島に必要品を運搬するフェリーの操縦の仕事もしているセシルは，水素がそのような船を動かすのにも利用できることを示唆している。「私たちはそうした資金を家庭の脱炭素化と輸送の脱炭素化とに再投資するつもりなのです」と，セシルは言う。

　これは環境技術に少しばかり取り組むことだけを目的にしているのではない。それはエコシステム，つまりラスリンを様々な方法でカーボンニュートラルに向けて移行させる技術の数々を開発することを目的としている —— そして，重要なことに，島民はそのすべてに財政的な関わりを持つことになるだろう。

　なるほど特定の，島しょ部を拠点とした解決策は，簡単に他の地域に移植することができないかもしれない —— しかし，たぶんそれは問題ではない。可能性がどうであれ，ラスリンの闘志は私たちが本当に必要としているものである。セシルが言うように，「なんらかの努力をすることは社会のすべての人の責任なのです」。

● 語句・構文……………………………………………………………………………………

第1段落

☐ *l.*1　pioneer「先駆者，草分け」

☐ *l.*1　sustainability「持続可能性」

☐ *l.*3　distraction「注意をそらすこと」

第2段落

☐ *l.*4　Just off the north coast of Northern Ireland, … lies a tiny, L-shaped island called Rathlin.〈場所を示す副詞句＋lie＋主語〉の形の倒置文。island が文の主語。

☐ *l.*6　commercial electricity supply「商業電力供給」

☐ *l.*7　construction「建設」

☐ *l.*8　benefit「恩恵」

第3段落

☐ *l.*14　last「持ちこたえる，存続する」

☐ *l.*15　get O *done*「Oを〜された状態にする」⇨ **CHECK 5-5**

第4段落

☐ *l.*17　mean *doing*「〜することを意味する，〜することになる」

☐ *l.*17　high-emission diesel generator「排気ガスを大量発生させるディーゼル発電機」

第5段落

☐ *l.*22　take A into *one's* own hands「A を自分でなんとかする」

☐ *l.*23　embrace「（進んで）〜を利用する」

第6段落

☐ *l.*25　rely on 〜「〜に頼る，〜を拠りどころとする」

☐ *l.*28　aim to be 〜「〜であることを目指す」

☐ *l.*29　decade「10 年」⇨ **CHECK 1-4**

第7段落

☐ *l.*30　green「環境に優しい」

☐ *l.*31　demonstrate「〜の証拠となる，〜を実証する」

☐ *l.*32　fossil fuels「（石油，天然ガスなどの）化石燃料」

第8段落

☐ *l.*34　inhabitant「住民」≒dweller，resident

☐ *l.*35　end up *doing*「〜する結果に終わる」

☐ *l.*36　regarding「〜に関して」

第9段落

☐ *l.*38　be aware of 〜「〜に気づいている」

☐ *l.*39　pose「（危険などを）引き起こす」

☐ *l.*39　biodiversity collapse「生物多様性の崩壊」

☐ *l.*40　reduction「減少」

☐ *l.*41　despite「〜にもかかわらず」≒in spite of 〜

☐ *l.*43　cope with 〜「〜に対処する」

第10段落

☐ *l.*45　fine-tuning「微調整」

☐ *l.*48　adoption「採用」

☐ *l.*48　as well「同様に」

第11段落

☐ *l.*60　reinvest A into B「A に B を再投資する」

第12段落

☐ *l.*64　financial stake「財政的な関心，財政的な利害関係」

最終段落

☐ *l.*66　with ease「容易に」＝easily

☐ *l.*66　Whatever the odds (may be)「可能性がどうあれ」と補って考える。

解　説

1．<u>enthused</u> to local media「地元メディアに興奮して語った」　enthuse はやや難し
い語。電力供給が始まり，ロウソクの明かりが不要になったという前後のつながり
から推測する。選択肢の意味は以下の通りである。
　a．「猛烈に非難する」　b．「興奮を伝える」　c．「落ち着いて話す」　d．「心配
を口にする」
　b が近い意味と判断する。

2

Ⓐ came from the almost <u>ever-present</u> wind「ほとんど常に存在する風に由来した」
空欄を含む文の主語は This clean energy である。第2段落第3文（Commercial
electricity supply …）に「3つの風力タービンが建設された」とあるので風力エ
ネルギーであることがわかる。that blows steadily と続くことから，**c．ever-
present** が適切であると判断する。

Ⓑ fell into <u>disrepair</u>「破損した」　空欄直後の文（"We couldn't get parts, …）に「部
品を手に入れることも，メンテナンスしてもらうこともできなかった」とあること
から，**b．disrepair を**補う。やや難しい語だが，dis＋repair と分解すると意味を
推測できる。fall into ～ で「～の状態になる」の意味。

Ⓒ cleaning up its energy <u>supply</u>「エネルギー供給をクリーンなものにする」　the
islanders' dream の説明の後半部分である。and より前に「風力発電を復活させ
る」（3 の解説参照）とあるので，**h．supply が**適切であると判断する。第2段落
第3文（*l*. 6）の electricity supply が類似表現。

Ⓓ following in the <u>footsteps</u> of dozens of small islands …「数十の小さな島々を見習
う」　空欄を含む文の前方に「ラスリンはカーボンニュートラルの島になりたい」
とあり，後方に「気候変動と戦う世界中の小さな島々」とあることから，**d．
footsteps が**適切であると判断する。follow in the footsteps of ～「～の先例に倣う，
～と同じ道を歩む」　footsteps「足跡」を「たどって続く」→「後に続く」と考える。

Ⓔ デンマークやギリシアや韓国の島の紹介が続くことに着目。**a．a few を**補い，To
name <u>a few</u>「少し例を挙げると」とする。慣用的表現。この to name は，〈仮定・
条件〉を表す副詞的用法の不定詞である（⇨ CHECK 6-2 ）。

Ⓕ the first 以下は第5段落（By 2030, Rathlin …）で述べられたラスリンが手本にす
る世界の小島の例の1つとして言及されている。空欄の直前の energy に着目。**g．
self-sufficient を**補うと，the first island … to become energy <u>self-sufficient</u>「エネ
ルギーの自給自足ができるようなった最初の島」となる。to become は形容詞的用
法の不定詞（⇨ CHECK 6-1 ）。

Ⓖ 空欄の直前の dependent に着目。**f．on を**補うと，a world less dependent <u>on</u>

fossil fuels「化石燃料への依存度が低い世界」となる。less 以下は world を後ろから修飾している。

(H)空欄の直後の in the ocean に着目。 e ． mere drops を補うと，islands … are mere drops in the ocean「大海の数滴」となる。a mere drop in the ocean「大海の一滴」（ほとんど影響を及ぼさない）という言い回しからきているが，ocean を「地球全体」と考え小さな島々との対比の関係から mere drops を導き出すこともできる。

3．the islanders' dream of resurrecting wind power「風力を復活させる島民の夢」 wind power と対極にある high-emission diesel generator「排気ガスを大量に発生させるディーゼル発電機」を使用しなくてはいけなくなったこと（第4段落第1文）から判断して， d ． reviving「復活させる」が最も近い意味であると判断する。

4

(I)空欄には完全な文の形が続くので副詞句または副詞節が入る。選択肢の中でこの条件を満たすのは a ． as in most corners of the world「世界のほとんどの地域と同じように」だけである。

(J)主語は Rathlin's community で is が動詞の文構造である。補語などに当たる語句が続くはずである。この条件を満たすのは， c ． ready to take matters into its own hands「問題に自ら取り組む準備ができている」だけである。be ready to *do*「～する準備ができている」 take *A* into *one's* own hands「*A* に自分で対処する」

(K)空欄の直後は a bit of green tech という名詞句である。したがって，直前の1語は前置詞または他動詞のはずである。この条件を満たすのは d ． this isn't just about plugging in「これは単に～に取り組むことを目的としているのではない」である。直後に It's about ～ という同一表現が続くこともヒント。about「～を目的とする，～と関係する」 plug in ～「～に取り組む」

(L)空欄の直前は接続詞の but である。それよりも前方は完全な文の形で might が含まれている。 b ． perhaps that doesn't matter「たぶんそれは問題ではない」を補うと，「なるほど～ではないかもしれないが，しかし…」（譲歩の表現）が完成する。

5

a ．「様々な手段を組み合わせて利用することと，地元の人々が経済的に関与することが脱炭素化の鍵である」 第12段落第2文（It's about developing …）に一致する。different ways ≒ different measures，financial stake ≒ economic involvement など表現が言い換えられている点に注意。

b ．「ソーラーパネルで生成される水素は，低公害車や電動自転車に電力を供給するためだけではなく，地元の経済を支える環境に優しい会社に販売できる」 風力タービンと水素の生成については第11段落第1文（But the thought …）で述べられているが，水素の生成とソーラーパネルの関係については本文中に記述なし。

ｃ．「ラスリンは，大規模なエネルギー供給会社が支援すれば，たった1台の風力タービンの利用だけでどのようにしてカーボンニュートラルの達成が可能であるかを示すよい例である」　第10段落に着目。第1文（Currently, …）で，1台の風力タービンと低公害の乗り物との組み合わせについて述べられ，第3文（David Quinney Mee, …）ではソーラーパネルの設置についても言及されている。1台の風力タービンで達成できるとは述べられていないので一致しないと判断する。

ｄ．「ラスリンのコミュニティは，その規模が大きいにもかかわらず環境に優しくなることに成功したという理由で注目を集めている」　第2段落第1文（Just off …）からラスリンは小さな島であることがわかる。また第7段落第2文（They demonstrate the power …）からラスリンのコミュニティが小規模であることがわかる。以上から一致しないと判断する。

ｅ．「エコアイランドのおかげで，世界は気候変動を防ぐために脱炭素化が重要であると認識している」　第8段落第2文（Worse, these so-called …）に着目。小規模な島々で行われている取り組みが，気候変動に対する世界の責任から注意をそらすことになりかねないという懸念が述べられている。一致しないと判断する。

以上より，ａが正解。

1－ｂ
2．(A)－ｃ　(B)－ｂ　(C)－ｈ　(D)－ｄ　(E)－ａ　(F)－ｇ　(G)－ｆ　(H)－ｅ
3－ｄ
4．(I)－ａ　(J)－ｃ　(K)－ｄ　(L)－ｂ
5－ａ

解答

実戦問題❻

目標解答時間 25分　**目標正答数** 13/16問

2021年度　法学部A方式Ⅱ日程・国際文化・キャリアデザイン学部A方式　〔Ⅳ〕

つぎの英文を読んで，問いに答えよ。

　　As we learn more about the possibilities of AI（artificial intelligence）, broad classifications have been given to the different stages: artificial narrow intelligence（ANI）, artificial general intelligence（AGI）and artificial super intelligence（ASI）. What does each stage represent, and how close are we to the final stage of evolution? 　5

　　Professor Michael O'Neill, director of the Natural Computing Research & Applications Group, University College Dublin, explains that it can be beneficial to define ▢(A)▢ we are ▢(B)▢ it comes to progress in artificial intelligence.

　　"These are useful terms and where AI technology is now is very much in 　10 that narrow space and by narrow, that for me means that the technology is focused on a specific problem," he says.

　　"While a technology might exhibit behaviour which is seemingly intelligent or might have a good performance on a specific task or a specific problem, outside of that problem ▢(ア)▢." The narrow domain includes 　15 machines or software that are focused on just one task — such as driving a car or playing chess.

　　Yet O'Neill believes that the term AI is often misused. Although machines may appear to have mastered certain tasks, it's only because we have taught them ▢(C)▢ to do so, he says. "Getting technical, we 　20 (1) haven't created an artificial intelligence yet. What we have created doesn't understand what it is doing — it is just blindly following an algorithm*[1] that humans have designed."

　　While there has been major progress in developing and applying AI in recent years, the reality is that AI, according to the definition of intelligence, 　25 is still in its infancy, agrees Professor Damien Coyle, director of the Intelligent Systems Research Centre at Ulster University.

Examples of AI include IBM's Watson supercomputer, which won the famous American TV quiz show *Jeopardy!*, or the world champion chess
30 computers such as Deep Blue or Alpha Zero.

"Very impressive, yes, but not exactly game-changers yet as they have learned from fairly narrow domains of knowledge or require millions of trial-and-error actions in order to act optimally," says Coyle. It means current
(2)
technology remains very much within the realm of ANI, with AGI some way
35 off.

Steve Wozniak, the co-founder of Apple, devised "The Coffee Test", which outlined what ⬜ (D) ⬜ constitutes true AGI: "A machine is required to enter an average American home and figure out how to make coffee: find the coffee machine, find the coffee, add water, find a mug, and brew the
40 coffee by pushing the proper buttons."

Robots won't be making you coffee any time soon. According to Coyle, AGI is defined as AI that can carry out any cognitive[*2] function that a human is capable of and not just a set of specific narrow tasks — "so ⬜ (イ) ⬜ . While some AI can do things that humans can do, this is
45 typically programmed and learned. The difference is that AGI will reflect on its goal and decide whether to adjust something, so it has a level of volition[*3], as well as perhaps self-awareness and consciousness, and we are not at that point."

This means humans are still very much in ⬜ (E) ⬜ : "Everything that
50 AI does, we as humans programme it or feed it lots of data and it learns through repetition and so on — it can't just evolve and learn other areas it hasn't been trained on. You still need humans there to use their superior forms of intelligence."

And while there are some applications of AI with a certain degree of
55 autonomy, the ability to act independently, this is still programmed in — by

humans — and exercised within a very controlled scenario.　Coyle adds that a good example is the driverless car.

"Things like driving a car are quite complex and while significant work has been done on autonomous and driverless vehicles, they still aren't out there in everyday life.　It is because there's a lot of unanticipated scenarios, scenarios that humans can deal with quite easily but an AI in a car would fail dramatically, for example, a sticker placed on a stop sign being interpreted incorrectly as a speed limit sign," he says.

AGI requires higher-level thinking, as well as awareness and adaptability from the machine.　This could open a can of worms.　"If there was AGI — and there isn't — it could be set any problem and it could attempt to solve that problem.　How well it might solve any problem is open to debate and there are theoretical and philosophical conversations all around that," Coyle admits.

"Artificial super intelligence is a potential form of AI in which AGI builds more AGI, if you want to put it in simple terms," Coyle explains. "Assuming you have AGI that can perform at the levels of humans and has a level of self-awareness and consciousness and has volition, then it may be able to create new artificial intelligence that builds on that level." If 　(ウ)　 , then the outcome is that super intelligence may emerge, which could, in theory, go beyond human intelligence but this is only possible in the realms of science fiction, he says.

Indeed, it is O'Neill's belief that ASI is not simply an inevitable outcome. He says, "I am not aware of any serious researchers who are trying to achieve a super intelligence.　We are so far removed from achieving an actual artificial intelligence that 　(エ)　 ." Yet he believes the philosophical and ethical debates surrounding artificial intelligence must consider these potential scenarios, however hypothetical or imaginary they may be.

"We have to ask the question, what if we actually create an artificial intelligence — what does it mean, and can we trust it to 　(4)　 ?"

（Adapted from Danielle Barron, "Will artificial intelligence take over the world?" *The Irish Times*, 5 December 2019）

*[1] algorithm：アルゴリズム（ある特定の問題を解いたり，課題を解決したりするための計算手順や処理手順）

*[2] cognitive：認知的な

*[3] volition：意志，決断力

1．空所 (A) (B) (C) (D) (E) に入る最も適切なものを，つぎのa～dの中からそれぞれ一つずつ選び，その記号を解答欄にマークせよ。

(A)	a．where	b．whether	c．which	d．why
(B)	a．because	b．how	c．if	d．when
(C)	a．how	b．what	c．which	d．why

(D)	a．he believed		b．he believed it
	c．he believed that		d．he believed to be

(E)	a．control	b．danger	c．person	d．progress

2．空所 (ア) (イ) (ウ) (エ) に入る最も適切なものを，つぎのa～dの中からそれぞれ一つずつ選び，その記号を解答欄にマークせよ。ただし，同じ選択肢を二度以上使用しないこと。

a．this is continually happening

b．it won't function and can't work

c．we are talking about nearly human-level intelligence

d．super intelligence is not something that is on our radar

3．下線部(1)Getting technical の意味として最も適切なものを，つぎのa～dの中から一つ選び，その記号を解答欄にマークせよ。

a．To speak precisely

b．To have good technique

c．To know technology well

　　d．To direct communication perfectly

4．下線部⑵ <u>optimally</u> の意味として最も適切なものを，つぎの a ～ d の中から
　　一つ選び，その記号を解答欄にマークせよ。
　　a．in the most dramatic way　　　　b．in the most effective way
　　c．in the most majestic way　　　　d．in the most suggestive way

5．下線部⑶ <u>open a can of worms</u> の意味として最も適切なものを，つぎの a
　　～ d の中から一つ選び，その記号を解答欄にマークせよ。
　　a．give us more choices than before
　　b．lead us to an unpredictable situation
　　c．leave us in a human-centred world
　　d．show us an inevitable future

6．空所 ⏟⑷ に入るようにつぎの a ～ f を並べ替え，2 番目と 6 番目にく
　　る語（句）の記号を解答欄にマークせよ。ただし，同じ選択肢を二度以上使用
　　しないこと。
　　a．behave　　　　　　b．it　　　　　　　　c．the way
　　d．to　　　　　　　　e．want　　　　　　　f．we

7．つぎの⑴～⑶の英文(ア)(イ)について，正しいものを a ～ d の中からそれぞれ
　　一つずつ選び，その記号を解答欄にマークせよ。
　⑴　(ア)　O'Neill remarks we are steadily approaching the second stage of
　　　　　AI.
　　　(イ)　Coyle remarks we are in the stage of ANI, but close to the stage
　　　　　of AGI.
　　a．(ア)は本文の内容に合致しているが，(イ)は本文の内容に合致していない。
　　b．(ア)は本文の内容に合致していないが，(イ)は本文の内容に合致している。
　　c．(ア)と(イ)の両方が本文の内容に合致している。
　　d．(ア)と(イ)の両方が本文の内容に合致していない。

(2)　(ア)　Coyle disagrees with O'Neill who argues that AGI can drive a car on the streets without supervision.

　(イ)　AGI must have self-awareness and consciousness instead of having the ability to make its own decisions.

　a．(ア)は本文の内容に合致しているが，(イ)は本文の内容に合致していない。

　b．(ア)は本文の内容に合致していないが，(イ)は本文の内容に合致している。

　c．(ア)と(イ)の両方が本文の内容に合致している。

　d．(ア)と(イ)の両方が本文の内容に合致していない。

(3)　(ア)　Coyle thinks that in the distant future we are sure to have ASI, which could surpass human intelligence.

　(イ)　O'Neill thinks that it is now necessary to discuss philosophical and ethical problems ASI might cause.

　a．(ア)は本文の内容に合致しているが，(イ)は本文の内容に合致していない。

　b．(ア)は本文の内容に合致していないが，(イ)は本文の内容に合致している。

　c．(ア)と(イ)の両方が本文の内容に合致している。

　d．(ア)と(イ)の両方が本文の内容に合致していない。

≪AI ― 3段階の進化≫

全訳

　AI（人工知能）の可能性についてより多くのことを知るにつれて，異なる段階について大まかな分類をするようになった。特化型人工知能（ANI）と汎用型人工知能（AGI）および人工超知能（ASI）である。それぞれの段階は何を意味するのであろうか？　我々は進化の最終段階にどれくらい近づいているのだろうか？

　アイルランド国立大学ダブリン校の「自然計算の研究応用グループ」の責任者であるマイケル＝オニール教授は，人工知能の進歩に関して我々がどの地点にいるのかを明確にするのは有益であると説明する。

　「これらは便利な用語であり，AI技術の現在の地点はとても限られた（narrow）領域に位置します。私が言うnarrowという言葉の意味は，この技術は特化された問題に焦点を当てている，ということです」と彼は言う。

　「ある技術は，一見すると知的な機能を発揮し，特化された課題や問題で素晴らしい成果をあげるかもしれませんが，その問題以外では機能しないし作業をすることができません」　このように特化された分野には，自動車の運転やチェスなど，1つの作業だけに焦点を当てた機械やソフトウエアが含まれている。

　それでもオニールは，AIという用語はしばしば誤って用いられていると確信している。機械がある課題をマスターしたように見えるかもしれないが，それは我々が機械にそのようにするやり方を教えたからに過ぎない，と彼は言う。「厳密に言うと，我々はまだ人工知能を生み出していないのです。私たちが生み出したものは，自分がしていることを理解していません――単に何も考えずに人間が設計したアルゴリズムに従っているに過ぎないのです」

　近年，AIの開発と応用に大きな進歩があったけれども，知能の定義によると，AIはまだ初期段階にあるというのが現実である，とアルスター大学の「知能システム研究センター」の責任者ダミアン＝コイル教授は賛同する。

　AIの実例としては，アメリカの有名なテレビのクイズ番組「ジェパディ！」で優勝したIBM製スーパーコンピュータのワトソンや，ディープ・ブルーやアルファゼロのようなチェスの世界チャンピオンのコンピュータなどがある。

　「そうです。とてもすごいことです。しかし，まだ正確には大変革をもたらすものではありません。それらはかなり限られた知識分野から学習したのであり，最適の機能を発揮するには無数の試行錯誤を必要とするからです」とコイルは言う。これが意味するのは，現在の技術はANIの分野にほぼとどまっており，AGIはまだ先のことである，ということである。

　アップルの共同設立者であるスティーブ＝ウォズニアックは「コーヒーテスト」なるものを考案した。それは真のAGIを構成すると彼が信じていたものの概略を示していた。「ある機械がアメリカの平均的な家庭に入り，コーヒーをどのように淹れるかという問題の答えを出すように求められます。すなわち，コーヒーマシーンとコーヒーを見つけ，水を入れ，マグカップを見つけて，適切なボタンを押し，コーヒーを淹れるように求められるのです」

　ロボットは決してすぐにコーヒーを淹れることはないだろう。コイルによると，AGIは，単に特化され限定された一連の課題ではなく，人間に可能な認知作用を

働かせることができる AI と定義される。――「ですから我々はほぼ人間レベルの知能について語っているのです。ある AI は人間と同じことができますが，これは一般的にはプログラムされ学習されたものです。違いは，AGI はその目標についてよく考え，何らかの調整をするべきかどうかを決定するという点です。そのようなわけで AGI はあるレベルの決断力をもち，それに加えて自覚や自意識をももっているかもしれないのですが，現在，その段階にはありません」

　このことは，人間がまだ大いに実権を握っていることを意味する。「AI がすることは何もかも，人間がプログラムし，あるいは大量のデータを入力し，AI が繰り返し学習するなどしているのです―― AI は勝手に進化できないし，訓練されていない他の分野を学習できないのです。その分野で人間よりも優れた知能形態を利用するためには，まだ人間が必要なのです」

　また，ある程度の自立性，すなわち独立して機能を発揮する能力をもった AI のアプリケーションもいくつか存在するが，これもまだ人間によってプログラムされ，きわめて管理されたシナリオで用いられる。1 つの良い例が無人運転車である，とコイルは付け加える。

　「車の運転のような行為はかなり複雑です。そして無人自動運転車に関してはかなり重要な研究が行われてきましたが，それらはまだ日常生活では見かけることはありません。予期しないシナリオがたくさんあるからです。そのようなシナリオは人間であればかなり容易に対処できますが，自動車に搭載された AI は大きな失敗をするかもしれないシナリオです。例えば，停止の標識にステッカーが貼られていると，スピード制限の標識と誤って解釈されてしまうかもしれません」と彼は言う。

　AGI には，その機械本体の意識と順応性に加えて，より高度な思考が欠かせない。これは厄介な問題を引き起こすかもしれない。「仮に AGI が存在するとすれば――実際には存在しないのですが――何らかの問題が設定され，AGI はそれを解こうと試みるでしょう。その場合，問題をどれほどうまく解決するかについては議論の余地があります。そしてそれをめぐって現在あらゆる面で理論的・哲学的な対話がなされているのです」とコイルは認めている。

　「簡単な言葉で表現することを望むなら，人工超知能とは，AGI がさらに AGI のプログラムを作成するような潜在的な形態の AI のことです」とコイルは説明する。「人間のレベルで機能し，あるレベルの自覚と自意識，そして意志力をもつ AGI があれば，その AGI はそのレベルを基礎とする新しい人工知能を創造できるかもしれないのです」　このようなことが絶えず起これば，その結果，超知能が出現するかもしれない。超知能は，理論上は人間の知能を超えることも考えられる。しかしこれは SF の分野における可能性に過ぎない，と彼は言う。

　確かに，ASI は必然的な帰結では決してない，というのがオニールが固く信じることである。彼は言う。「超知能を実現しようと真剣に試みている研究者を私は知りません。我々は真の人工知能の実現からとても離れたところにいるので，超知能は視野に入っていないのです」　それでも人工知能をめぐる哲学的・倫理的議論は，たとえどんなに仮説的あるいは想像上のものであってもこうした潜在的なシナリオを慎重に検討しなければならない，と彼は信じている。

「我々は以下のように問わなければなりません。本当に人工知能を創り出したら
どうなるのだろうか，すなわち，そのような人工知能は何を意味し，我々が望むよ
うに人工知能が機能すると確信できるのだろうか，という問題です」

● 語句・構文 ………………………………………………………………………………

第1段落

□ *l.* 1　As we learn more about ～「～について多くのことを学ぶにつれて」　この as は
〈比例〉を表す（⇨**CHECK 7-1**）。

□ *l.* 2　artificial narrow intelligence「特化型人工知能」　将棋・チェス，画像認識など特定
の作業をする人工知能のこと。

□ *l.* 3　artificial general intelligence「汎用型人工知能」　プログラムされていない状況に対
しても自律的に学習し問題を解決する能力を備えた人工知能のこと。

□ *l.* 4　represent「～を表す，意味する」

□ *l.* 5　evolution「進化」

第2段落

□ *l.* 8　beneficial「有益な」

第3段落

□ *l.* 10　term「用語」

第4段落

□ *l.* 13　exhibit「～を示す，発揮する」

□ *l.* 14　specific「特定の」

□ *l.* 15　domain「領域，分野」

第5段落

□ *l.* 18　is often misused「しばしば誤った使い方をされている」

第6段落

□ *l.* 25　the reality is that …「実際は…である」

□ *l.* 25　according to the definition of ～「～の定義によると」

□ *l.* 26　is still in its infancy「まだその（AI の）揺籃期にある」

第7段落

□ *l.* 28　include「～を含む」

□ *l.* 30　*A* such as *B*「*B* のような *A*」

第8段落

□ *l.* 31　not exactly「正確には～でない」　部分否定。

□ *l.* 34　realm「領域，範囲，分野」

第9段落

□ *l.* 36　devise「～を考案する」

□ *l.* 38　figure out ～「～を理解する，解決する」

□ *l.* 39　brew the coffee「コーヒーを淹れる」

第10段落

- [ ] *l.* 42　is defined as …「…と定義されている」
- [ ] *l.* 42　carry out ～「～を実行する」
- [ ] *l.* 43　be capable of ～「～ができる」
- [ ] *l.* 45　reflect on ～「～をよく考える，省察する」
- [ ] *l.* 46　adjust「～を調整する」
- [ ] *l.* 47　*A* as well as *B*「*B* だけでなく *A* も」
- [ ] *l.* 47　self-awareness and consciousness「自覚と自意識」

第11段落

- [ ] *l.* 50　feed it lots of data「それ（AI）に大量のデータを入力する」
- [ ] *l.* 51　through repetition「繰り返しによって」
- [ ] *l.* 51　evolve「進化する」
- [ ] *l.* 52　their superior forms of intelligence「人間より優れた知能形態」　their は humans のこと。

第12段落

- [ ] *l.* 54　a certain degree of autonomy「ある程度の自立性」

第13段落

- [ ] *l.* 59　vehicle「乗り物」
- [ ] *l.* 60　unanticipated「予期しない」
- [ ] *l.* 61　deal with ～「～を扱う，処理する」
- [ ] *l.* 62　a sticker … being interpreted incorrectly as a speed limit sign「ステッカーがスピード制限の標識と誤って解釈されること」　being は動名詞で a sticker が意味上の主語。

第14段落

- [ ] *l.* 65　adaptability「順応性」
- [ ] *l.* 68　theoretical and philosophical conversations「理論的・哲学的対話」

第15段落

- [ ] *l.* 72　assuming（that）S V「～と仮定すると」　分詞構文から転用された接続詞。
- [ ] *l.* 75　the outcome is that …「結果は…である」
- [ ] *l.* 75　emerge「出現する」
- [ ] *l.* 76　in theory「理論上は」

第16段落

- [ ] *l.* 78　Indeed「確かに」　後続の Yet …（第4文）と譲歩的なつながり（「確かに～だが，しかし…」）になっている。
- [ ] *l.* 82　ethical「倫理的な」
- [ ] *l.* 83　potential「潜在的な」
- [ ] *l.* 83　however hypothetical or imaginary they may be「たとえどんなにそれら（の議論）が仮説的あるいは想像上のものであっても」

最終段落

- [ ] *l.* 85　what if …?「…ならどうなるのか？」

解　説

1

Ⓐ to define <u>where</u> we are「我々がどの地点にいるかを明確にすること」　第1段落最終文（What does each …）の how close are we to the final stage of evolution に着目。AI の進化のどの段階にいるのかを論じていると考えて，a．where を補う。

Ⓑ 空所の直後の it comes to に着目。d．when を補うと，<u>when</u> it comes to progress in artificial intelligence「人工知能の進歩に関しては」となる。when it comes to *A* で「*A* に関しては，*A* について言えば」の意味（≒regarding）。この to は前置詞（⇨ CHECK 6-5 ）。

Ⓒ it's only because we have taught them <u>how</u> to do so「それは，我々がそのようにするやり方をそれらに教えたからに過ぎない」　先行する副詞節（Although …）に着目。it は「機械がある課題をマスターしたこと」，them は「機械」，do so は「課題をマスターすること」であることを踏まえて，a．how を補う。

Ⓓ what <u>he believed</u> constitutes true AGI「真の AGI を構成すると彼が信じていたもの」　空所の直前の what は関係代名詞であると考えて，a．he believed を補う。what を the thing which で置き換えて，the thing which he believed constitutes true AGI とするとわかりやすい。この which は主格の関係代名詞で，これを受ける動詞は constitutes である。

Ⓔ This means humans are still very much in <u>control</u>「このことは，まだ人間が大いに実権を握っていることを意味する」　AGI は意志力や自覚のようなものをもつが，現在の AI はそのような段階にはない，というのが This の内容。第10段落最終文（The difference …）参照。人間に主導権があると考えて，a．control を選ぶ。in control（of AI）と補って考えるとわかりやすい。空所の直後の文（"Everything …）もヒントになる。

2

㋐ outside of that problem <u>it won't function and can't work</u>「その問題以外では機能せず作業をすることができない」　空所に先行する副詞節 While … problem は，ある技術が特化された課題で素晴らしい成果をあげても，という内容であることから，b が適切であると判断する。この While は〈譲歩〉を表す接続詞。

㋑ so <u>we are talking about nearly human-level intelligence</u>「ですから我々はほぼ人間レベルの知能について語っているのです」　空所を含む文の前半で述べられた AGI の定義に着目。人間と同じ認知作用を働かせる AI とある。これが so の内容と考えて，c を補う。

㋒ If <u>this is continually happening</u>「もしこのようなことが絶えず起こっているな

ら」　空所の直後の帰結節に着目。「その結果，超知能が出現するかもしれない」と続くので，**a**がふさわしいと判断する。この this は人工知能が自らを土台に新たな人工知能を創造することを指すと考える（第15段落第2文 "Assuming you …参照）。

(エ) We are so far removed from … that super intelligence is not something that is on our radar.「我々は…からかなり離れたところにいるので超知能は視野に入るものではない」　so ～ that …「とても～なので…」の形（⇨CHECK 10-14）に着目。直前の文（第16段落第2文 He says, …）に，人工超知能を達成しようと真剣に試みる研究者を知らない，とあることから，**d**が適切であると判断する。

3． Getting technical「正確にいえば」　分詞構文。technically「厳密には」に近い意味。get technical「専門的になる」→「正確に話す」と考えて，**a．To speak precisely** を選ぶ。その他の選択肢の意味は次の通り。

b．「優れた技術をもっている」

c．「技術のことをよく知っている」

d．「通信を完全に向ける」

4． in order to act optimally「最適の機能を発揮するには」　第7段落第1文（Examples of …）に着目。クイズやチェスでの優勝といった限られた分野での成果との対比から，**b．「最も効果的な形で」** が最も近い意味であると推測できる。他の選択肢に出てくる単語の意味は次の通り。

a．dramatic「劇的な，目覚ましい」

c．majestic「威厳のある，堂々とした」

d．suggestive「暗示的な」

5． This could open a can of worms. をそのまま和訳すると「このことは芋虫の缶詰を開けるかもしれない」となる。第14段落第1文（AGI requires …）から，AGI にはより高度な思考が求められる，というのが This の内容であることがわかる。AGI の問題解決能力については様々な議論があるという後続の内容（第14段落最終文 How well …）に着目し，**b．「我々を予測できない状況に導く」** が適切であると判断する。なお，a can of worms は「ゴチャゴチャした状態」を表す口語表現である。その他の選択肢の意味は次の通り。

a．「以前よりも多くの選択肢を我々に与える」

c．「我々を人間中心の世界に放置する」

d．「我々に不可避の未来を見せる」

6． can we trust it to (behave **the way** we want it **to**)?「我々が望むように人工知能が機能すると確信できるだろうか？」　it は「人工知能」を指す。trust *A* to *do* で「*A* が～すると確信する」となる。the way は様態を表す接続詞の働きをする（≒as）。(in) the way (in which) と考えるとわかりやすい。最後の to は代不

定詞。省略されている語を復元すると to（behave）となる。

7

(1)(ア)「オニールは，我々は AI の第2段階に着実に近づいていると述べている」

(イ)「コイルは，我々は ANI の段階にいるが，AGI の段階に近いと述べている」

(ア)は，第5段落第3文（"Getting technical, …）の we haven't created an artificial intelligence yet から，合致しないと判断する。(イ)は，第6段落（While there …）の AI … is still in its infancy から，合致しないと判断する。以上，両方とも合致しないので，**d が適切**。

(2)(ア)「コイルは，AGI は指示なしで路上運転ができると主張するオニールに同意しない」

(イ)「AGI は，決定する能力ではなくて，自覚と自意識を備えていなければならない」

(ア)は，コイルがオニールの意見に反対しているという記述はないので合致しない。(イ)は，第10段落最終文（The difference is …）に合致しない。決断力に加えて自覚・自意識をもつ，というのが本文の内容。以上，両方とも合致しないので，**d が適切**。

(3)(ア)「コイルは，遠い未来にきっと我々は ASI を手に入れることになるが，これは人間の知能をしのぐかもしれない，と考えている」

(イ)「オニールは，ASI が引き起こすかもしれない哲学的・倫理的問題を今のうちに議論することが必要である，と考えている」

(ア)は第15段落最終文（If …）に合致しない。超知能の出現は SF の世界での可能性に過ぎない，というのが本文の内容。(イ)は，第16段落最終文（Yet he believes …）に合致する。以上から，**b が適切**。

1. (A)−a　(B)−d　(C)−a　(D)−a　(E)−a
2. (ア)−b　(イ)−c　(ウ)−a　(エ)−d
3−a　4−b　5−b
6. 2番目−c　6番目−d
7. (1)−d　(2)−d　(3)−b

解答

〈2〉 人間行動・心理・文化・社会一般

研究問題

2018年度　文・経営学部Ａ方式Ｉ日程・人間環境学部Ａ方式　〔Ⅱ〕

> **ポイント**
>
> 現代の社会変動について歴史的視点を加えて考察する英文。２と３の(B)・(D)そして４と５は
> 文法・熟語の知識で対応できる。６は本文に全く記述がない選択肢が含まれているので絞り
> 込みが比較的容易である。

つぎの英文を読み，問いに答えよ。

　　The revolutions of the last two centuries have been so swift and radical that they have changed the most fundamental characteristic of the social order.　Traditionally, the social order was hard and rigid.　"Order" implied 　(イ)　 and 　(ロ)　 .　Swift social revolutions were exceptional, and

5　most social transformations resulted from the accumulation of numerous small steps.　Humans tended to assume that the social structure was inflexible and eternal.　Families and communities might struggle to change their place within the order, but the idea that you could change the fundamental structure of the order was alien.　People tended to reconcile

10　　(A)　 to existing conditions, declaring, "This is how it always was, and this is how it always will be."

　　Over the last two centuries, the pace of change became so quick that the social order acquired a dynamic and flexible nature.　It now exists in a state of permanent flow.　When we speak of modern revolutions we tend to

15　think of 1789 (the French Revolution) or 1917 (the Russian Revolution).　But the fact is that, these days, every year is revolutionary.　Today, even a thirty-year-old can honestly tell disbelieving teenagers, "When I was young, the world was completely different."　For example, the Internet came into wide usage only in the early 1990s, hardly twenty years ago. Today we cannot imagine the world without it.　20

　　Hence any attempt to define the characteristics of modern society is similar 　(B)　 defining the color of a chameleon*. The only characteristic of which we can be certain is the 　(C)　 . People have become used to this, and most of us think about the social order as something flexible, which we can engineer and improve at 　(D)　 . The main promise of　25 earlier rulers was to safeguard the traditional order or even go back to some lost golden age. In the last two centuries, the basis of politics has been that it promises to destroy the old world and build a better one in its place. Not even the most conservative of political parties vows merely to keep things as they are. Everybody promises social reform, educational reform, economic　30 reform — and they often fulfil those promises.

　　Just as scientists expect that the earth's movements will result in earthquakes and volcanic eruptions, so might we expect that drastic social movements will result in bloody outbursts of violence. The political history of the nineteenth and twentieth centuries is often told as a series of deadly　35 wars and revolutions. There is much truth here, but this all too familiar list of disasters is somewhat misleading. The modern age has seen uncommon levels not only of violence and horror, but also of peace and quietness.

From Sapiens by Yuval Noah Harari, HarperCollins Publishers

　*chameleon：カメレオン科のトカゲの総称

　1．空所 　(イ)　 と 　(ロ)　 に入る最も適切な語の組み合わせを，つぎのa 　　〜dの中から一つ選び，その記号を解答欄にマークせよ。

　　a．(イ) anxiety　　　(ロ) change

　　b．(イ) stability　　 (ロ) continuity

　　c．(イ) patience　　 (ロ) conviction

　　d．(イ) success　　　(ロ) failure

2．下線部(1) most social transformations resulted from the accumulation of numerous small steps とほぼ同じ意味になるように，つぎの空所に入れるべき語(句)を，a～dの中から一つ選び，その記号を解答欄にマークせよ。

the accumulation of numerous small steps 　　　　 most social transformations

　a．came after　　　　　　　　b．led to

　c．stopped　　　　　　　　　　d．was an obstacle to

3．空所 (A)　(B)　(C)　(D) に入る最も適切な語(句)を，それぞれa～dの中から一つ選び，その記号を解答欄にマークせよ。

(A)　　a．it　　　　　　　　　　b．one

　　　　c．themselves　　　　　　d．them

(B)　　a．at　　b．for　　c．of　　d．to

(C)　　a．constant change　　　　b．endless war

　　　　c．permanent peace　　　　d．rigid order

(D)　　a．all　　b．best　　c．home　　d．will

4．つぎのa～hの語(句)を並べ替えて，下線部(2) the Internet came into wide usage only in the early 1990s, hardly twenty years ago とほぼ同じ内容を表すとき，4番目と7番目に来るものの記号をそれぞれ解答欄にマークせよ。ただし，冒頭に来る語も小文字で記してある。

　a．came to　　　　　b．twenty years　　　　c．it has been

　d．since　　　　　　e．be　　　　　　　　　f．no more than

　g．the Internet　　　h．widely used in the early 1990s

5．下線部(3) Not even the most conservative of political parties vows merely to keep things as they are. の趣旨として最も適切なものを，つぎの a 〜 d の中から一つ選び，その記号を解答欄にマークせよ。

　　a．現状の変更を公約に入れない政党が，最も保守的な政党とは限らない。

　　b．最も保守的な政党でも，現状の維持だけを公約に掲げることはない。

　　c．最も保守的な政党でなければ，現状の変更を公約には入れない。

　　d．現状の維持を公約に入れる政党は，最も保守的な政党だけである。

6．本文の内容に合致するものをつぎの a 〜 f の中から一つ選び，その記号を解答欄にマークせよ。

　　a．People in the twenty-first century feel uneasy and uncomfortable because they know that they haven't kept up with the quick and drastic changes in society.

　　b．The French Revolution is usually regarded as a typical example of modern revolutions, but we should pay more attention to the Russian Revolution in terms of influence.

　　c．It is quite difficult to identify major aspects of modern society, because it is moving too fast, and we tend to think that we can change the social order easily.

　　d．We don't understand how peaceful a life we are living, since economic, social and political changes have brought us the most peaceful era in human history.

　　e．Many political parties declare themselves to be reformists, but they are actually reluctant to make radical changes.

　　f．Emphasis on violence and horror in human history can give rise to a correct understanding of the world peace we are trying to achieve.

全訳

≪現代における社会変動の特徴≫

　過去２世紀にわたる革命はとても急激で急進的であったので，社会秩序の最も根本的な特徴を変えてしまった。伝統的に，社会秩序は堅固で不動のものであった。「秩序」は安定性と継続性を暗に意味した。急速な社会変革は例外的であり，ほとんどの社会変化は多数の小さな１歩の積み重ねから生じた。人間は社会構造が不変で永遠のものであると思い込む傾向があった。なるほど家族や共同体はその秩序の中で自分の居場所を変えようとするかもしれないが，秩序の根本的な構造を変えることができるという考えは異質であった。人々は「これがこれまでのやり方だし，これがこれからのやり方である」と表明して，現状に甘んじる傾向があった。

　過去２世紀にわたって変化の速度はとても速くなり，社会秩序は力動的で柔軟な性質を獲得した。それは今や絶え間なく変化する状態にある。近代革命といえば，我々は1789年（フランス革命）か1917年（ロシア革命）を考えがちである。しかし実は，近年は毎年が革命的なのである。今日，30歳の人でさえ，疑い深い10代に「私が若かったころ，世界は全く違った」と正直に語る場合がある。例えば，インターネットは，今から20年前に満たない，ほんの1990年代初頭に広く使われるようになった。今日，インターネットなしの世界は想像できない。

　それゆえ，現代社会の特徴を定義しようとするどんな試みも，カメレオンの色を定義することに似ている。我々がはっきりとわかる唯一の特徴は，絶え間なく変化することぐらいである。人々はこのことに慣れてしまい，我々の多くは社会秩序を変化しやすく，それを我々は思い通りに設計，改良できるものと考えている。昔の統治者の主な公約は伝統的秩序を守ることか，もしくは失われた黄金期を復活させることですらあった。過去２世紀における政治の基礎は，旧世界を打破してその代わりによりよい世界を築くことを公約することであった。最も保守的な政党でさえ，単に現状を維持することを公約にすることはない。みな社会変革や，教育改革，経済改革を公約に掲げ──しばしばその公約を実現する。

　科学者が地球変動が地震や火山の噴火を引き起こすと予想するように，我々は劇的な社会変動が流血を伴う暴力の暴発につながると予想している。19世紀と20世紀の政治史は，しばしば一連の破壊的な戦争や革命の連続として語られる。ここに多くの真実があるが，このあまりにもお馴染みの災禍のリストはいくぶん誤解を招く。現代には尋常ならざる暴力と恐怖のみならず，類のないレベルの平和と静けさも訪れているのである。

● 語句・構文 ……………………………………………………………………………

第１段落

☐ *l.* 1　revolution「革命」
☐ *l.* 1　so swift and radical that …「とても急激で急進的だったので…」　so ～ that …で〈結果〉・〈程度〉を表す（⇨**CHECK 10-14**）。
☐ *l.* 2　social order「社会秩序」
☐ *l.* 4　exceptional「例外的な」

☐ *l*. 6　tended to assume that …「…と思い込む傾向があった」

☐ *l*. 7　inflexible and eternal「不変で永遠の（もの）」

☐ *l*. 7　might struggle to ～, but …「なるほど～しようとしてもがくかもしれないが，…」
might ～, but …で〈譲歩〉の意味合い。

☐ *l*. 8　the idea that …「…という考え」　この that は同格節を導く（⇨ CHECK 7-10 ）。

☐ *l*. 9　fundamental structure of the order「秩序の根本的な構造」

☐ *l*. 9　alien「異質の」

☐ *l*. 10　, declaring, …「…と宣言しながら」　分詞構文。

第2段落

☐ *l*. 13　acquired a dynamic and flexible nature「力動的で柔軟な性質を獲得した」

☐ *l*. 17　disbelieving teenagers「疑い深い十代の若者たち」

第3段落

☐ *l*. 21　any attempt to define ～「～を定義するどの試みも」

☐ *l*. 23　have become used to ～「～に慣れてしまっている」

☐ *l*. 26　earlier ruler「昔の統治者」

☐ *l*. 26　to safeguard ～「～を守ること」

☐ *l*. 27　lost golden age「失われた黄金期」

☐ *l*. 30　reform「改革」

☐ *l*. 31　fulfil「～を実行する，実現させる」

最終段落

☐ *l*. 32　Just as ～, so might …「ちょうど～であるように，…」　この as は〈様態〉を表す（⇨ CHECK 7-1 ）。so 以下が倒置文になっている。

☐ *l*. 34　will result in ～「～を結果としてもたらすだろう」

☐ *l*. 36　all too ～「あまりにも～すぎる，残念ながら～すぎる」

☐ *l*. 37　disaster「災禍，大惨事」

☐ *l*. 38　not only *A* but also *B*「*A* だけではなく *B* も」

解 説

1． "Order" implied <u>stability</u> and <u>continuity</u>.「『秩序』は安定と連続性を暗に意味していた」　直前の第1段落第2文（Traditionally, the social …）に「社会秩序は堅固で不動のものであった」とあるので，㈠は stability「安定性」，㈡は continuity「連続性」がふさわしい。**b が適切**。

2． most social transformations resulted from the accumulation of numerous small steps「ほとんどの社会変化は多数の小さな1歩の積み重ねから結果として生じた」　主語が入れ替わっていることに着目し，**b . led to** を補うと，「多数の小さな1歩の積み重ねがほとんどの社会変化を引き起こす」となりほぼ同じ意味になる。*A* result from *B*「*A* は *B* から結果として生じる」≒ *B* lead to *A*「*B* は *A* を引

き起こす（B は A に至る）」

3．(A) reconcile <u>themselves</u> to existing conditions「現在の状況に甘んじる」 reconcile *oneself* to ～で「～に甘んじる」の意味。この to は前置詞。**c が適切**。

(B) is similar <u>to</u> defining the color of a chameleon「カメレオンの色を定義することに似ている」 be similar to ～で「～に似ている」の意味。この to は前置詞。**d が適切**。

(C) The only characteristic of which we can be certain is the <u>constant change</u>.「我々が確信できる唯一の特徴は絶えざる変化である」 直前の第3段落第1文（Hence any attempt …）の the color of a chameleon「カメレオンの色」がヒント。第2段落第1文（Over the last two centuries, …）および第2文（It now exists …）にも着目。社会が変化していることが強調されている。**a が適切**。

(D) which we can engineer and improve at <u>will</u>「それ（社会秩序）を我々は思い通りに設計し，改良できる」 at will「思いのままに」この will は「意思」という意味の名詞。at all「そもそも」 at best「せいぜい」 at home「自宅で，くつろいで」 それぞれ重要表現である。**d が適切**。

4．the Internet came into wide usage only in the early 1990s, hardly twenty years ago「インターネットは今から20年前にも満たない，ほんの1990年代初頭に広く使われるようになった」 it has been ～ since …「…以来～」の形にする。only＋数詞＋名詞は no more than＋数詞＋名詞で表すことができる。少なさを強調するときに用いる。come to be *done*「～されるようになる」にも注意。以上から，it has been no more than twenty years **since** the Internet came to **be** widely used in the early 1990s「1990年代の初頭にインターネットが広く使われるようになってから20年にすぎない」とする。

5．not even S V「S でさえ V しない」 vow merely to *do*「～することだけを誓う」 keep things as they are「現状を維持する」〈様態〉を表す接続詞の as（⇨ **CHECK 7-1**）。以上に注意して，Not even the most conservative of political parties vows merely to keep things as they are. を和訳すると「最も保守的な政党でさえ，単に現状を維持することを公約にすることはない」となる。趣旨として最も近いのは **b である**。

6．a．「21世紀の人々は急速で劇的な社会変化についていけないことを知っているので，不安と居心地の悪さを感じている」 本文に記述なし。

　b．「フランス革命は通常，近代革命の例と見なされているが，影響力の点でロシア革命にもっと注意を払うべきだ」 フランス革命とロシア革命は近代革命の代表として言及されているので，合致しない。第2段落第3文（When we speak of …）参照。

　c．「現代社会の大きな特徴をとらえるのはかなり困難である。あまりにも急速に

変化するからである。そして我々は社会秩序を容易に変えられると考えがちである」　第3段落第3文（People have become …）に**合致する**。

d．「経済的，社会的，政治的変化が人類史上最も平和な時代をもたらしたので，我々はいかに平和な生活を送っているかを理解できない」　本文に記述なし。現代は尋常でない暴力と恐怖の時代であるが，これまでにないような平和で静かな時代でもある，というのが本文の内容。最終段落最終文（The modern age …）参照。

e．「多くの政党が自らを改革者であると宣言するが，彼らは実際には急進的な変化を起こしたくないのである」　あらゆる政党が改革を公約し実現する，というのが本文の内容。第3段落最終文（Everybody promises …）参照。合致しないと判断する。

f．「人類史において暴力や恐怖を強調することで，我々が達成しようとする世界平和についての正確な理解を生み出すことができる」　本文に記述なし。

以上より c が正解。

1—b　2—b　3．(A)—c　(B)—d　(C)—a　(D)—d
4．4番目—d　7番目—e　5—b　6—c

解　答

実戦問題❶

目標解答時間 18分　**目標正答数** 6/8問

2022年度　経済・社会学部Ａ方式Ⅱ日程・スポーツ健康学部Ａ方式　〔Ⅲ〕

つぎの英文を読んで，以下の問いに答えなさい。

Imagine walking into your office one morning to find a robot right at your desk doing your job. For many, this is a nightmare that must constantly be confronted. We live in a fast-paced world where new innovations in advanced technologies mean that organizations and
5　individuals must either quickly adapt or risk being left behind.

Not too long ago, during a time that we can all remember, having a cordless phone was a remarkable change to our lives. Fast forward to now: every year new smart phones are released, requiring us to adapt to new functions and features. It is ⬚ (1) ⬚ that technology is bound to have a
10　profound impact on the way we live and work.

The question " ⬚ (2) ⬚ " usually comes up when the topic of the jobs of the future is mentioned. Certainly, the future is unpredictable, but it is inevitable that machines will be capable of far more complex applications. Banks and certain other industries have already started to implement the
15　use of Artificial Intelligence to establish a variety of processes that directly impact organizational output.

The digital wave is also promising to change the nature of industries such as manufacturing, supply chain management, distribution and retail. The ⬚ (A) ⬚ might become obsolete in the near future. This presents a
20　great opportunity for organizations to upskill and reskill and, in so doing, also become a complex place for new tasks and jobs.

A recent study revealed that although there is a move to incorporate new technologies into the workplace, the future is not all grim. Many industries are yet to adopt them. For example, enterprise uptake and
25　expectations for emerging technologies found that only 13 percent of

corporate South Africa is currently using Artificial Intelligence and, of the rest, 21 percent plan to adopt it in the next 12 to 24 months.

⎿ (3) ⏌ this coming wave of automation is bound to impact the workplace, human beings remain essential in almost all industries and will continue to play an important role well into the future.　Organizations need 30 to not only manage the adoption of technology, but upskill and transition their workforces as well.

Organizations, therefore, need to create and adopt programs that will help prepare their workers for a world where technology is a daily reality and knowledge economies are the norm. 35

One approach is to develop a new vocational training program (VTP) based on the same pillar of empowering and encouraging employees.　After (ア) all, they are important to any well-functioning business.　The VTP should serve as a one-stop shop, with educational materials that are suitable for all learning styles and preferences.　Offering a variety of different educational 40 materials, the VTP should provide online access to a library of documents and videos, as well as e-learning courses.　Such a system would provide employees with a wealth of resources ⎿ (4) ⏌ .

By all means adapt your business through technology, but don't leave the most important people behind: your employees.　Upskilling workers has 45 the potential to save a company a lot of money and can be a much better investment than using robots.

Workers of the future will need to be equipped with new skills as companies focus more on innovation in order to drive productivity and competitiveness.　The best approach is for companies to improve not only 50 their (ERP), but also the training and education of their employees who use (イ) the new technologies daily.

(Adapted from Syspro (2019) "Why Robots Will Not Replace You and How You Can Keep Up," *Airlink Skyway Magazine, 2019.*)

問1　空欄　(1)　に入る最も適切なものを，つぎのa～dから一つ選び，その記号を解答欄にマークしなさい。

 a．undesirable   b．undeniable

 c．unexpected   d．unpractical

問2　空欄　(2)　に入る最も適切なものを，つぎのa～dから一つ選び，その記号を解答欄にマークしなさい。

 a．Are you interested in robots?

 b．Is it possible to change our future?

 c．Will machines replace our jobs?

 d．Can you use a new technology?

問3　空欄　(A)　に入るようにつぎのa～fを並べ替え，3番目と5番目にくる語の記号を解答欄にマークしなさい。ただし，各選択肢は一度だけ使用できる。

 a．existing   b．that   c．skills

 d．is   e．fact   f．many

問4　空欄　(3)　に入る最も適切なものを，つぎのa～dから一つ選び，その記号を解答欄にマークしなさい。

 a．Whenever   b．Where   c．While   d．Whatever

問5　文中の下線部(ア)based on the same pillar の内容を最もよくあらわしているものを，つぎのa～dから一つ選び，その記号を解答欄にマークしなさい。

 a．同じ最新技術に基づいて

 b．教育研究の成果を同じく活用して

 c．同じく企業利益を最優先して

 d．同じような構成で

問6　空欄　　(4)　　に入る最も適切なものを，つぎのa～dから一つ選び，そ
の記号を解答欄にマークしなさい。

　　a．available for use　　　　　　　b．with tuitions
　　c．by using robots　　　　　　　　d．against all odds

問7　下線(イ) (ERP) の内容として本文の内容に合う最も適切なものを，つぎの
a～dから一つ選び，その記号を解答欄にマークしなさい。

　　a．emergency response plan
　　b．event-related potential
　　c．enterprise resource planning
　　d．employer's receiving profit

問8　本文の内容に合う最も適切なものを，つぎのa～eから一つ選び，その記
号を解答欄にマークしなさい。

　　a．As every year a new smart phone is being released, we had better
　　　　consult a one-stop-shop.
　　b．Unexpectedly only 21 percent of corporate South Africa is currently
　　　　using Artificial Intelligence.
　　c．Due to modern technology, using robots is the smartest investment
　　　　to save you millions.
　　d．It is certain that robots will replace all office jobs with new
　　　　innovations in advanced technologies.
　　e．Organizations should upskill and transition their workforce by
　　　　introducing a VTP.

全　訳

≪企業の投資は，従業員のスキルアップに≫

　ある朝，オフィスに入り，まさにあなたのデスクであなたの仕事をしているロボットを目にしたと想像してみなさい。多くの人にとって，これは絶えず直面しなければならない悪夢である。我々は展開の速い世界に生きており，ここでは組織や個人は先端テクノロジー分野の新たなイノベーションに迅速に適応するか取り残される危険を冒すかの選択を迫られている。

　そう遠くない昔，我々のすべてが思い出すことができる期間においては，コードレス電話機を持つことは，我々の生活に対して起こった注目すべき変化だった。現在まで話を進めると，毎年新しいスマホが発売されて，新しい機能と特徴に適応することが求められる。テクノロジーが，我々の生活や仕事の仕方に，必ず重大な影響を与えることは否定できない。

　未来の仕事の話題に触れるとき，「機械が我々の仕事に取って代わるのだろうか？」という疑問がたいてい持ち上がる。確かに未来は予測できないが，機械が，より複雑な作業に利用できるようになることは避けられないのである。銀行と他のいくつかの産業は，組織の成果に直接影響を与える様々なプロセスを確立するために，すでに人工知能を活用し始めている。

　デジタル化の波も，製造，サプライチェーンの管理，流通，小売りなどの産業の本質を変えることになりそうである。実は多くの現存するスキルは，近い将来，時代遅れになるかもしれない。これにより，組織がスキルを向上させたり新しいスキルを修得するための絶好の機会が提供され，またその際に，組織が新しい業務のための複合的な場となる絶好の機会も提供されるのである。

　最近の研究は，新しいテクノロジーを職場に導入する動きはあるが，未来は全く厳しいわけではないことを，明らかにしている。多くの産業は，それらをまだ採用していない。例えば，新興テクノロジーに対する企業側の現在の利用状況と見込みの結果により判明したのは，南アフリカの法人のわずか13％しか現在のところ人工知能を利用しておらず，残りの21％が次の12カ月から24カ月後に，それを採用する計画であるということである。

　このオートメーションの来るべき波は必ず職場に影響を与える一方で，人間はほとんどすべての産業において，依然として必要不可欠の存在であり，ずっと未来にわたって重要な役割を演じ続けるであろう。組織は，テクノロジー採用の管理だけでなく，従業員のスキルアップとトランジション（役割転換）も同様にする必要がある。

　組織は，それゆえ，テクノロジーが日々の現実であり，知識経済が標準である世界に向けて，労働者を準備させることを支援するプログラムを作成し，採用する必要がある。

　一つの取り組み方法は，従業員の能力を向上させ，勇気づけるという同じ根幹に基づいた，新しい職業訓練プログラム（VTP）を開発することである。そもそも，従業員は，うまく機能しているどんなビジネスにも重要である。VTPは，すべての学習スタイルと優先傾向に適した教材を揃えるワンストップ・ショップとしての役目を果たすべきである。様々な異なった教材を提供する場合，VTPはeラーニ

ングのコースと同様に，文書やビデオ映像のライブラリへのオンライン・アクセスを可能にするべきである。そうしたシステムは，従業員に，利用しやすい豊富な資源を提供するだろう。

　是非とも，テクノロジーによってあなたのビジネスを再構築するべきだ。しかし，最も重要な人々を置き去りにしてはいけない —— それは従業員たちである。労働者のスキルアップは，会社の多くの資金を節約する潜在力となり，ロボットを使うよりも，さらによい投資となる可能性がある。

　生産性と競争力を高めるために，会社がイノベーションに集中するにつれて，未来の労働者は，新しいスキルを身につけることが必要となるであろう。会社にとって最高の取り組み方は，その（ERP）だけでなく，日々新しいテクノロジーを用いる従業員の訓練と教育を改善することである。

● 語句・構文

第1段落

- [ ] *l.*5　either *A* or *B*「*A* か *B* かどちらか」
- [ ] *l.*5　risk being left behind「取り残される危険を冒す」

第2段落

- [ ] *l.*8　require *A* to *do*「*A* に〜することを要求する」
- [ ] *l.*10　the way we live and work「私たちの生活様式と働き方」

第3段落

- [ ] *l.*12　unpredictable「予測できない」
- [ ] *l.*13　inevitable「避けられない」
- [ ] *l.*13　be capable of 〜「〜の余地がある，〜ができる」
- [ ] *l.*14　implement「〜を実行する」

第4段落

- [ ] *l.*17　be promising to *do*「〜する見込みである，〜することを期待できる」
- [ ] *l.*18　such as 〜「例えば〜などの」
- [ ] *l.*18　supply chain「サプライチェーン」　一般に，原材料の調達・生産・物流・販売等の全供給網。
- [ ] *l.*19　obsolete「時代遅れの」
- [ ] *l.*20　upskill「スキルを向上させる」
- [ ] *l.*20　reskill「新しいスキルを身につける」

第5段落

- [ ] *l.*22　incorporate *A* into *B*「*A* を *B* に編入する」
- [ ] *l.*23　not all grim「全く深刻なわけではない」　部分否定。この all は副詞。
- [ ] *l.*24　be yet to *do*「（当然すべきことを）まだ〜していない」＝have yet to *do*「まだ〜する必要がある→まだしていない」と考える。
- [ ] *l.*24　adopt「〜を採用する」
- [ ] *l.*24　uptake and expectations（for 〜）「（〜の）利用と見込み」

□ *l*.25　emerging「新興の」

□ *l*.26　of the rest「残りの」

第6段落

□ *l*.28　be bound to *do*「きっと～する，～する運命にある」

□ *l*.30　well into the future「未来のずっと先まで」　この well は「かなり」の意味の副詞。

□ *l*.31　not only ～, but … as well「～だけではなく…も」（⇨ CHECK 7-7 ）

第7段落

□ *l*.34　help (to) *do*「～するのに役立つ」　to の省略に注意（⇨ CHECK 4-6 ）。

第8段落

□ *l*.37　empower「～に力を与える，権限を与える」

□ *l*.37　After all「（文頭で）そもそも～なのだから」　既知情報を確認する場合に用いる。

□ *l*.39　serve as ～「～としての役目を果たす」

□ *l*.42　as well as ～「～と同様に」（⇨ CHECK 7-7 ）

第9段落

□ *l*.44　 by all means「是非とも」

最終段落

□ *l*.48　be equipped with ～「～が備わっている」

□ *l*.49　in order to *do*「～するために」（⇨ CHECK 10-7 ）

解 説

問1． 空欄を含む文は It is ～ that S V の形。that 以下は「テクノロジーは我々の生活様式や働き方に重大な影響を必ず及ぼすだろう」という内容である。第1段落最終文（We live in …）などから，b. undeniable「否定できない」が適切である。

問2． この英文の冒頭の文（Imagine walking into …）に着目。ロボットが自分に代わって仕事をしている光景を想像せよと述べているが，これを疑問文の形で言い換えたと考える。c.「機械が我々の仕事に取って代わるのだろうか？」が適切。その他の選択肢の意味は次の通り。

　a.「ロボットに興味があるだろうか？」

　b.「未来を変えることは可能であろうか？」

　d.「新しい技術を使えるだろうか？」

問3． The (fact is that many existing skills) might become obsolete「実は多くの既存のスキルは時代遅れになるかもしれない」　The fact is that S V「実は～である」の形。直前の文（The digital wave …）の「産業の性質が変わりそうである」という予想に続いて，実情を述べていると考える。

問4． 空欄の直後の節（this coming wave … the workplace）の内容は「オートメーションの波は職場に影響を与える」であり，主節にあたる部分（human beings remain …）は「人間が重要であることに変わりがない」という内容である。対照・対比の関係にあると考えて，**c．While**「～である一方で…」を補う。

問5． 下線部(ア)を含む文は，第7段落（Organizations, therefore, …）で示された programs that will <u>help prepare their workers</u> for a world … のうちの一つを紹介している。下線部は第6段落最終文（Organizations need to …）の upskill and transition their workforces の言い換えである。設問箇所 based on the same pillar には of <u>empowering and encouraging employees</u> が続くので，the same pillar「同じ支柱」は従業員の再教育から成ることがわかる。この内容を含まない a・b・c は不適切である。**d．「同じような構成で」**が最も内容が近いと判断する。

問6． 空欄を含む文の直前の文（Offering a variety of …）に着目。e-learning や online access に言及していることなどから，**a．available for use**「利用可能な」を補うと，「そのようなシステムは従業員に利用可能な豊富な資源を提供するだろう」となる。その他の選択肢の意味は次の通り。

b．「授業料を伴って」

c．「ロボットを使うことで」

d．「困難を物ともせず」

問7． 下線部(イ)を含む文は，生産性と競争力の向上のために（直前の文の in order to drive … 参照）企業にとって最もよいアプローチを提言していることをふまえる。not only A but also B の形だが，B にあたる（to improve）the training and education of their employees はこれまで述べられてきたようにこの英文の主題にあたる。したがって to improve not only their（ERP）は従業員教育以外の「業務全般」の改善を指していると推測できる。以上から，**c．「企業資源計画」**が適切であると判断する。なお，ERP（企業資源計画）は経営学の用語で，人材，設備，資金，情報を適切に分配し活用する計画を指す。その他の選択肢の意味は次の通り。

a．「緊急対応計画」

b．「事象関連電位」

d．「雇い主が利益を受け取ること」

問8

a．「毎年新しいスマホがリリースされているのでワンストップ・ショップに相談したほうがよい」　スマホの購入については本文に記述なし。

b．「意外なことに現在は南アフリカの法人の21％しか人工知能を使っていない」第5段落最終文（For example, …）に不一致。人工知能を利用している法人は13％に過ぎないというのが本文の内容である。

c．「現代テクノロジーのおかげで，ロボットの活用は数百万ドルを節約できる最も賢い投資である」　ロボットへの投資効果については本文に記述なし。人材への投資効果を論じる英文である。

d ．「ロボットがすべての事務仕事を先進テクノロジー分野の新たなイノベーション
で置き換えることは確かである」　本文に記述なし。ロボットよりも従業員のスキ
ルアップへの投資の方が効果があるというのが本文の内容である（第9段落最終文
Upskilling workers has … 参照）。

e ．「組織はVTPを導入することで全従業員をスキルアップしトランジションさせ
るべきである」　第8段落（One approach …）に一致（問5の解説参照）。
transition「トランジション」は名詞ではビジネスキャリアのステージごとに適応
し成長してゆく過程を意味する。具体的には，配置転換，役割転換などを指すこと
が多い。動詞として用いる場合は自動詞が一般的だが，ここでは他動詞として用い
られている。

以上より，**正解はe**。

問1．b　問2．c
問3．3番目—b　5番目—a
問4．c　問5．d　問6．a　問7．c　問8．e

実戦問題❷

[目標解答時間] 20分　[目標正答数] 13/16問

2022年度　情報科・デザイン工・理工・生命科学部A方式Ⅱ日程　〔Ⅲ〕

経済と労働に関するつぎの英文と図表を読み，設問に答えよ。

Economic growth in different places across our world today is vastly unequal. People in Switzerland, one of the richest countries in the world, have an average income that is more than 20 times higher than that of people in Cambodia. Life in these two countries can look very different. When considering such differences in prosperity, a natural question arises: 5 Who work more, people in richer countries like Switzerland or in poorer ones like Cambodia?

Looking at the available data, the answer is clear: workers in poorer countries tend to work more, and sometimes much more. We see this in Figure 1, which shows GDP per capita[*1] (GDP pc) in US dollars on the 10 horizontal axis and annual working hours per worker (AWH) on the vertical axis, both in 2017. Countries like Cambodia (in the top-left corner) have some of the lowest GDP pc but highest AWH. In Cambodia, the average worker puts in 2456 hours each year, nearly 900 more hours than in Switzerland at the bottom-right of the chart. The extra hours for 15 Cambodian workers mean more workdays and less time off.

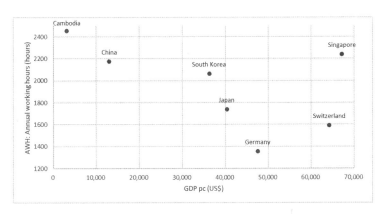

Figure 1: GDP per capita (GDP pc) vs. annual working hours (AWH), 2017

There is a link between national income and average working hours, not only across countries at a given point in time, as shown in Figure 1, but also for individual countries over time. Since the Industrial Revolution, people

20 in many countries have become richer, and working hours have decreased dramatically over the last 150 years. In Figure 2, we show this association between incomes and working hours over time, country by country. Like Figure 1, it shows GDP pc compared to AWH, but now four countries' data points have become lines, connecting observations over time from 1960 until

25 2015. The four lines demonstrate how working hours have changed at the same time as average incomes have increased. Tables 1 and 2 show the actual data values at some sample points.

The key reason for rising national incomes and decreasing working hours is productivity growth. Productivity refers to the rate at which work

30 inputs are turned into work outputs, that is, the economic return for one hour of work. Higher labor productivity is associated with fewer working hours. If workers can produce more with each hour of work, it becomes possible for them to work less.

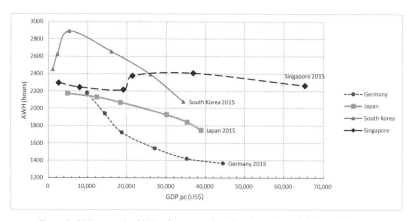

Figure 2: GDP per capita (GDP pc) vs. annual working hours (AWH): historical change

Table 1: GDP per capita

Country/Year	1960	1971	1982	1993	2004	2015
Germany	9937	14,435	18,754	27,119	35,302	44,483
Japan	4954	12,406	18,416	30,068	35,413	38,875
Singapore	2645	8074	19,187	21,439	36,842	65,361
South Korea	1113	2267	5367	16,049	25,981	34,411

Table 2: Working hours

Country/Year	1960	1971	1982	1993	2004	2015
Germany	2181	1941	1723	1542	1422	1368
Japan	2173	2129	2069	1927	1842	1751
Singapore	2297	2246	2215	2375	2407	2263
South Korea	2453	2625	2893	2656	2392	2076

*1 GDP per capita: 国民一人あたりの国内総生産額

出典：Charlie Giattino et al. "Working Hours." OurWorldInData.org, 2020,

https://ourworldindata.org/. （一部改変）

問 1　Within the scope of the text, mark each of the following statements **T** if it is true, and **F** otherwise.

(1) If a country's annual working hours per worker (AWH) decrease, its people are expected to have less time off.

(2) People in countries with higher GDP per capita (GDP pc) generally work fewer hours, but Singapore is the most evident exception to this observation.

(3) South Korea's hourly work output is lower than that of Switzerland.

(4) If workers become more productive, they tend to have longer working hours.

問 2　Which country in Figure 1 does each of the statements refer to?　You may use the same item in the list below more than once.

(1) This country's GDP pc is over 60 thousand dollars and its AWH is less than that of Japan.

(2) This country's GDP pc is around one tenth of Japan's.

(3) This country's AWH is about 300 hours more than Japan's, though the GDP pc levels are close.

(4) Compared to Japan, people in this country work shorter hours, but their GDP pc is over 50% higher.

イ　Cambodia　　ロ　China　　　ハ　Germany　　ニ　Japan

ホ　Singapore　　ヘ　South Korea　　ト　Switzerland

問3　Use Figure 1 to fill in each of the blanks [A] through [C] in the following passage with the most appropriate item. You may use the same item only once.

In Germany, the average worker works a little less than [A] hours each year. This is about [B] hours less than in China, while the German GDP pc is approximately [C] dollars more.

イ　500　　　　　　ロ　800　　　　　　ハ　1000

ニ　1400　　　　　ホ　2000　　　　　ヘ　3000

ト　12,000　　　　チ　24,000　　　　リ　36,000

問4　The following statements are based on an analysis of the changes from 1960 through 2015. Fill in each of the blanks [A] through [E] with the most appropriate item.

(1)　Germany achieved the most remarkable success with respect to reduction of AWH. This decreased by almost [A] %, while the country's GDP pc grew to over [B] times larger.

(2)　South Korea showed an interesting move: in the course of a 30 times growth in GDP pc, AWH first rose to around [C] and then went down to around [D] .

(3)　Although a certain country was the first to attain $30,000 in GDP pc, its growth during the 2004–2015 period was only [E] %.

イ　3　　　　　　ロ　4　　　　　　ハ　10　　　　　　ニ　20

ホ　40　　　　　ヘ　80　　　　　ト　100　　　　　チ　1000

リ　2000　　　　ヌ　3000

≪労働時間と生産性≫

全 訳

　今日，世界中のさまざまな地域における経済成長には大きな差がある。世界で最も豊かな国の一つであるスイスの人々の平均所得はカンボジア人の 20 倍を超えている。これら 2 カ国の生活はかなり異なっているように見える。そのような貧富の差を考慮に入れると，当然以下の疑問が生じる。それは，スイスのような豊かな国と，カンボジアのような貧しい国とでは，どちらが働く時間が長いのかという疑問である。

　利用可能なデータを見ると，答えは明白であり，貧しい国の労働者の方が長く，そして時には，はるかに長く働く傾向があるということだ。このことは図 1 でわかるのだが，この図は，横軸でアメリカドルの国民一人あたりの国内総生産額（GDP pc），縦軸で労働者一人あたりの年間労働時間（AWH）を示しており，両者とも 2017 年のものである。（左上の角の）カンボジアのような国は，GDP pc は最も低く AWH は最も長い。カンボジアでは，平均的な労働者は毎年 2456 時間を労働に費やしているが，グラフ右下のスイスよりも 900 時間近く長いのである。その余分に長い労働時間が意味するのは，カンボジアの労働者は，労働日数が多く休みが少ないということである。

　図 1 で示されているような，特定の時期での複数の国家間だけではなく，それぞれの国を経時的に見ても，国民所得と平均労働時間との間には関連がある。産業革命以来，多くの国々で人々は豊かになり，労働時間は過去 150 年間で劇的に減少した。図 2 では，国ごとに，経年での所得と労働時間との間のこの関連を示している。図 1 と同様に，AWH と比較した GDP pc を示しているが，この図の場合は 4 カ国のデータはラインとなっている。そのラインは 1960 年から 2015 年までの期間での経時的観察結果をつなげるものだ。その 4 つのラインが示すのは，平均所得が増加したのと同時期の労働時間の変化である。表 1 と表 2 が示しているのは，いくつかの標本点での実際のデータの数値である。

　国民所得が増加し，労働時間が減少している主な理由は，生産性の向上である。生産性とは，仕事の投入時間を仕事の成果に変換する割合，つまり 1 時間の労働に対する経済的収益のことである。労働生産性の向上は労働時間の短縮につながる。労働者が 1 時間の労働でより多くのものを生産することができれば，労働時間を減らすことが可能になるのだ。

● 語句・構文 ……………………………………………………………………………………

第 1 段落

☐ *l*.1　economic growth「経済成長」

☐ *l*.5　prosperity「繁栄」

☐ *l*.5　arise「生ずる，発生する」

第 2 段落

☐ *l*.8　available data「利用可能なデータ」

☐ *l*.11　horizontal axis「横軸」

解　説

問1

(1)「一国の労働者一人あたりの年間労働時間（AWH）が減少すれば，国民は休みが少なくなると予想されている」　休みの日数については，第2段落最終文（The extra hours …）のカンボジアの例に着目。労働時間が長いということは労働日数が多く休みが少ないということである，とある。ということは労働時間が短くなると休みは増えるはずである。したがって，**F**である。

(2)「国民一人あたりの国内総生産額（GDP pc）が高い国は一般に労働時間が短いが，シンガポールはこの所見に対する最も明白な例外である」　図1に着目。シンガポールは GDP pc（一人あたりの国内総生産額）が最大だが，労働時間も最長の部類に入る。また図2の2015年のシンガポールの数値からも同じことがわかる。したがって，例外となるので，**T**である。

(3)「韓国の1時間あたりの労働の成果はスイスのそれよりも少ない」　比較されている work output は，最終段落第2文（Productivity refers to …）から「1時間あたりの労働に対する経済的収益」であることがわかる。図1の South Korea と Switzerland を確認すると，一人あたりの GDP は韓国よりもスイスの方が高く，年間労働時間は韓国よりもスイスの方が短い。スイスと比べて韓国は長い労働時間で一人あたりの GDP が低いのだから一時間あたりの労働の成果はスイスよりも少ないことになる。したがって，**T**である。

(4)「労働者の生産性が上がると，労働時間が長くなる傾向がある」　最終段落最終文
（If workers can …）に着目。1 時間の労働でより多くのものを生産できれば労働
時間を減らすことができるとある。したがって，**F である**。

問 2 . 図 1 を確認して，それぞれの文がどの国を指すのかを答える問題である。

(1)「この国の GDP pc（一人あたりの国内総生産額）は 60,000 ドルを超え，AWH
（一人あたりの年間労働時間）は日本よりも短い」　GDP pc が 60,000 ドルを超え
ている国はスイスとシンガポールで，AWH が日本よりも短いのはスイスであるか
ら，**トが正解**。

(2)「この国の GDP pc は日本の約 10 分の 1 である」　日本は GDP pc が 40,000 ドル
強であり，その 10 分の 1 は 4,000 ドルである。これに該当するのはカンボジアの
みであるから，**イが正解**。

(3)「GDP pc の数値は近いが，この国の AWH は日本よりも約 300 時間長い」　GDP
pc が近いのはドイツと韓国である。日本よりも労働時間が長いのは韓国であるか
ら，**へが正解**。

(4)「日本と比べて，この国の国民の労働時間は短いが，GDP pc は 50％超高い」　日
本よりも労働時間が短いのはドイツとスイスである。50％超高い，つまり 150％を
超える高さ（1.5 倍）を示すのはスイスであるから，**トが正解**。

問 3

A . 図 1 の縦軸（年間労働時間）を見ると，ドイツは 1,400 時間を示している。**二を**
補い「ドイツでは，平均的な労働者の年間労働時間は 1,400 時間弱である」とする。

B . 中国の縦軸は 2,200 時間弱を示しているのでドイツとの差は約 800 時間である。
ロを補い「これは中国よりも約 800 時間短い」とする。

C . 横軸（一人あたりの GDP）を見ると，ドイツは 48,000 ドルで中国は 12,000 ド
ルであるから，その差は 36,000 ドルである。**リを補い**，「それに対してドイツの
GDP pc は中国よりも約 36,000 ドル多い」とする。

問 4

(1)表 2（Table 2）で年間労働時間の推移を確認する。ドイツは 2,181 時間から
1,368 時間に減少している。その差は 813 時間であるから約 40％の減少である。
空欄 A に**ホを補う**。空欄 B は表 1（Table 1）で一人あたりの GDP の推移を確認
する。9,937 ドルから 44,483 ドルへ上昇している。約 4.5 倍なので，**ロを補う**。
以上から，「ドイツは AWH（年間労働時間）の減少という点で最も顕著な成功を
収めた。労働時間は 40％近く減少したが，その一方で GDP pc は 4 倍を超えて上
昇した」となる。

(2)表 2 を確認する。韓国の AWH（年間労働時間）は 1982 年に 2,893 時間で最長と
なり，2015 年になると 2,076 時間で最も短かった。おおよその数値である**ヌ**を空
欄 C に，**リ**を空欄 D に補うと，「韓国は興味深い動きを見せた。GDP pc が 30 倍増

加する間に，当初 AWH は約 <u>3,000</u> 時間に上昇し，その後に約 <u>2,000</u> 時間にまで下がった」となる。

(3)表1から日本が1993年に最初に GDP pc で 30,000 ドルを達成したのがわかる。2004年は 35,413 ドルで 2015 年は 38,875 ドルなので，その差は 3,462 ドル，つまり約 10 ％の差である。空欄 E に**ハを補う**と，「ある国は最初に GDP pc が 30,000 ドルに達したが，2004 年から 2015 年までの間の成長はたったの <u>10 ％</u>にすぎない」となる。

問1. (1)—F　(2)—T　(3)—T　(4)—F
問2. (1)—ト　(2)—イ　(3)—ヘ　(4)—ト
問3. A—ニ　B—ロ　C—リ
問4. (1)A—ホ　B—ロ　(2)C—ヌ　D—リ　(3)E—ハ

解　答

実戦問題❸

目標解答時間 25分　**目標正答数** 5/8問

2021年度　T日程〔Ⅲ〕

つぎの英文を読み，問いに答えよ。

Playing by Design: A New Way of Thinking Can Make Your Company More Accessible

CNN, which is an American news-based television channel, recently called Amazon the most valuable company on the planet. A big part of the giant's success comes down to design thinking. Amazon founder Bezos' legendary empty chair is present in every meeting. It represents the customer. Whatever Amazon says or does must always be to its customers' benefit. From an aesthetic point of view, Amazon's website is neither simple nor beautiful — two things we expect of good design. Instead, it focuses on simplicity of experience, guided by customer（　①　）. It is remarkable to see a company prioritize design, systems, processes and technologies around the customer experience. They look at their business from the customer's perspective.

　　Anyone aspiring to build the next Amazon needs to adopt a similar approach. Amazon's customer obsession is beautifully captured within its strategic framework. It embodies mature design thinking. Design thinking comprises three parts: empathy for the end user, creativity when finding solutions, and rationality when making choices and business deals.

　　The Hasso Plattner Institute of Design at Stanford University breaks down design thinking into five stages: Empathize, define the problem, ideate, prototype and test. It is a process that brings hard and soft skills together. It combines the concrete and the abstract. The big picture and the small details. It brings paradoxical contexts together — like（　②　）and science.

　　Here are some of the principles of design thinking and its value for businesses. Empathy is businesses' most unused secret weapon. You cannot solve a problem effectively if you are not experiencing the pain.

25 Empathy goes beyond the physical design of something to emotional experience of it. Companies must go through what their customers experience to understand this. For example, if you work at a bank, you should not jump the queue. Then you never experience something you
(ウ)
expect your clients to tolerate. If you are not using your own products and

30 processes the same way your customers do, then there is not an opportunity for innovation. Amazon puts the customer at the center of everything they do — it is their common purpose and the way they measure success.

In the past, corporates used to roll out products and pray. Design thinking advocates for idea generation and emphasis instead. The

35 introduction of rapid prototyping means that organizations learn how to fail fast and move to the next, practical solution. You do not go too far in designing the final product, service or experience without engaging the customers, especially through end-user testing. This improves the success rate, as most of the typical failure points are removed in prototyping.

40 Innovation is probably the most used word in the history of corporates. We all know it is important. Design thinking invites the *how* of innovation. It is about learning idea generation techniques (1)(2)(3)
(A)
(4)(5)(6) to solving complex problems. It means representing the customers' experience in a way that is diverse and

45 cooperative. The most creative idea generation comes from having different people around the table. The trick is learning tools to break down warehouse and encourage everyone to apply their unique lens to a common issue.

Sometimes our short-term reaction to the environment can take us

50 away from our bigger purpose and we become ineffective at using our resources to solve the right problem in the right way. Design thinking connects your short-, medium- and long-term activities in a visual way. This ensures that, as the environment and customer trends shift, Amazon stays connected to their ideal future, which is to be Earth's most customer-

centered company.   55

A final message for those with Amazonian dreams? Cooperate and
partner with your customers to become user centered. We usually design
our organizations in warehouse with a functional or product-based view, so
our focus becomes all about our struggle to cooperate internally, without
that common guiding light, which says all eyes should be on the customers.   60
The people who really deal with customers should be empowered to make
decisions to create an amazing customer experience, rather than centralizing
power where there is no customer in sight. (1)(2)(3) not
(B)
(4)(5) a chair in every meeting for the customer, but have chairs
for every participant who can contribute.   65

(Adapted from Anne-marie le Roux, Planning by Design. *Skyways*, 19 December, 2019)

問1　空欄（　①　）に入る最も適切なものを，つぎのa〜dの中から一つ選び，
　　　その記号を解答欄にマークせよ。
　　a．empathy　　　b．creativity　　　c．rationality　　　d．dream

問2　下線部⑺ Anyone aspiring to build the next Amazon needs to adopt a
　　　similar approach. Amazon's customer obsession is beautifully captured
　　　within its strategic framework. の文意を最もよくあらわしているものを，
　　　つぎのa〜dの中から一つ選び，その記号を解答欄にマークせよ。
　　a．アマゾンは次の企業戦略として同様の手法を採用する必要がある。アマ
　　　ゾンは顧客を戦略の中に取り込むことに見事に成功している。
　　b．アマゾンに続く企業を作りたいものは同じような手法をとる必要がある。
　　　アマゾンの顧客へのこだわりは戦略的な枠組みに見事に取り入れられて
　　　いる。
　　c．アマゾンのような企業を作るためには新しい手法を考えるべきである。
　　　アマゾンは自社の戦略の枠組みに顧客の考えを上手に取り込むことにた
　　　けている。

　　d．アマゾンの隣に同様の手法を実行する企業を作る必要がある。アマゾン
　　は顧客にこだわった見た目の良い戦略的な枠組みを取り入れている。

問3　下線部(イ) ideate の意味に最も近いものを，つぎのa〜dの中から一つ選
　　び，その記号を解答欄にマークせよ。

　　a．always support new ideas

　　b．listen to customers' ideas

　　c．collect previous ideas from others

　　d．creatively generate ideas

問4　空欄（　②　）に入る最も適切なものを，つぎのa〜dの中から一つ選び，
　　その記号を解答欄にマークせよ。

　　a．history　　　　　　　　　　b．sociology

　　c．art　　　　　　　　　　　　d．mathematics

問5　下線部(ウ) jump the queue の意味に最も近いものを，つぎのa〜dの中か
　　ら一つ選び，その記号を解答欄にマークせよ。

　　a．intentionally jump over crowds

　　b．move unfairly in front of people waiting

　　c．disturb customers to get in

　　d．suddenly take a shortcut over the edge

問6　下線部(A)の（　1　）〜（　6　）に入る最も適切な語を下からそれぞれ選び，
　　記号を解答欄にマークせよ。ただし，各単語は一度のみ使えるものとする。

　　a．alternatives　　　　b．come　　　　　　c．with

　　d．to　　　　　　　　　e．up　　　　　　　f．creative

問7　下線部(B)の（　1　）〜（　5　）に入る最も適切な語を下からそれぞれ選び，
　　記号を解答欄にマークせよ。ただし，各単語は一度のみ使えるものとする。
　　なお，文頭の単語も小文字で示してある。

a．sure　　　　　　b．have　　　　　　c．only

d．make　　　　　　e．you

問8　本文の内容に合う最も適切なものを，つぎの a 〜 e の中から一つ選び，その記号を解答欄にマークせよ。

a．Amazon always creates a new chair for customers who want to attend their meetings.

b．You should not solve your problems unless you feel customers' pains.

c．Customers should be empowered to make decisions to create amazing products.

d．Design thinking enhances trial and error efforts to confirm customers' needs are met.

e．Corporates can develop their ideal future by following shifts in customer trends instead of the environment.

全　訳

≪デザインで遊ぶ：新しい考え方があなたの会社をもっと身近に≫

　CNN，それはアメリカのニュースを主体としたテレビのチャンネルであるが，最近アマゾンを地球上で最も価値のある企業と称した。この巨人の成功の大部分は，デザイン思考に帰着する。アマゾンの創業者ベゾスが置いた伝説の空の椅子は，すべての会議に存在する。それは顧客を代表しているのである。アマゾンの発言や行動はどれも，常に顧客の利益にならなければならない。美的な観点からすると，アマゾンのウェブサイトはシンプルでもなく美しくもない──それは，優れたデザインに期待する2つのことであるのだが。代わりに，それは顧客への共感に導かれた，体験のわかりやすさに焦点を当てている。企業が顧客の体験に基づいてデザイン，システム，工程や科学技術に優先順位を付けるのが見えることがすばらしい。彼らはビジネスを顧客目線で見つめるのである。

　₍ₐ₎次のアマゾンを築くことを熱望する人は誰でも同じような手法を採用する必要がある。アマゾンの顧客へのこだわりは，その戦略的枠組みの中に見事に捉えられている。それは成熟したデザイン思考を明確に示している。デザイン思考は，3つの部分から成る。すなわち，エンドユーザーへの共感，解決策を見出すときの創造性，選択や商取引をするときの合理性である。

　スタンフォード大学のハッソ・プラットナー・デザイン研究所は，デザイン思考を5つの段階に分類している。共感する，問題を定義する，概念化する（アイデアを出す），試作品を製作する，検査を行う，である。それはハードスキルとソフトスキルを結びつける工程である。それは具体的なものと抽象的なもの，全体像と細部を組み合わせる。逆説的な背景も結びつける──たとえば芸術と科学のような。

　ビジネスにとってのデザイン思考とその価値に関するいくつかの原則がある。共感は，企業で最も活用されていない秘密兵器である。痛みを経験していなければ，問題を効果的に解決することはできない。共感は，何かの物理的なデザインを超えて，その感情的な体験に向かっている。企業はこれを理解するために，顧客が体験することを経験する必要がある。例えば，銀行で働く人なら，列に割り込まないのは当然だ。そんなことをすると，顧客は我慢してくれるだろうと自分たちが期待しているのと同じ状態を経験することがないということになる。もし顧客と同じやり方で自社の製品を使っていなかったり手順に従ったりしていないのなら，イノベーションの機会はない。アマゾンは，彼らが行うすべての中心に顧客を置く──それは彼らの共通の目的であり，成功を測るやり方なのである。

　かつては，企業は製品を世に出して祈ったものであった。デザイン思考は，それよりむしろ，アイデアの創出と重視を提唱している。短期間での試作品製作が導入されれば，企業が早めに失敗して，実際に役立つ次の解決策に移行する方法を学ぶことになる。特にエンドユーザーのテストを通じて顧客を参加させることなく，最終的な製品，サービスまたは体験の設計を行うといった行き過ぎたことをするべきではない。これによって，試作品製作の段階で典型的な失敗点の大半が取り除かれ，成功率が高まるのである。

　イノベーションは，企業の歴史においておそらく最もよく使用される言葉である。誰もがそれが重要だとわかっている。デザイン思考は改革の方法をもたらすのであ

る。デザイン思考は，複雑な問題を解決する作業に代わる創造的な代替案を見つけるためにアイデアを創出する技術を学ぶことにかかわっている。またデザイン思考は，多様で，なおかつ協力し合う形で顧客の体験を代表することになる。最も創造的なアイデアは，テーブルの周りに様々な人がいることから生まれる。その秘訣は，部門間の壁を壊し，全員が共通の問題に独自のレンズをあてがうように奨励する手段を学ぶことである。

　事業環境に対する短期的な反応は，我々をより大きな目的から遠ざけ，適切な問題を適切な方法で解決するために資源を使うことに，我々は無力になる場合もある。デザイン思考は，短期，中期，長期の活動を視覚的に結びつける。これによって，環境や顧客のトレンドが変化してゆく際も，アマゾンが理想的な未来とのつながりを維持するのは確実となる。その理想的な未来とは，アマゾンが地球で最も顧客中心の企業になるということである。

　アマゾンの夢を持つ人々への最後のメッセージとは？　利用者中心となるために，顧客と協力しパートナーとなろう。ふつう我々は各部門に分かれて職務や製品主体の観点で自分たちの組織づくりをする。だから我々の焦点は，内部で協力し合う努力だけに集中するのだが，この状況では，すべての視線は顧客に注がれるべきだと言ってくれる例の共通の誘導灯は存在しない。顧客が視野に入らない部署に権限を集中するよりは，実際に顧客を扱う人々に，すばらしい顧客体験を作り出すための自由な裁量権が与えられるべきだ。すべての会議に顧客用の椅子を配置するだけではなく，貢献できるすべての関係者のための椅子が用意できているかを確かめるべきなのである。

● 語句・構文

第1段落
☐ *l.* 3　Bezos' legendary empty chair「ベゾスが置いた伝説の空の椅子」
☐ *l.* 5　customers' benefit「顧客の利益」
☐ *l.* 6　From an aesthetic point of view「美的な観点からすると」
☐ *l.* 6　neither *A* nor *B*「*A* でも *B* でもない」
☐ *l.* 9　prioritize「優先順位をつける」
☐ *l.* 11　from the customer's perspective「顧客目線で」

第2段落
☐ *l.* 12　aspire to *do*「～することを熱望する」
☐ *l.* 14　embody「～を具体的に表現する，具現する」
☐ *l.* 14　mature「成熟した」
☐ *l.* 15　comprise「～から成る」
☐ *l.* 16　rationality「合理性」
☐ *l.* 16　business deals「商取引」

第3段落
☐ *l.* 17　break down *A* into *B*「*A* を *B* に細分化する，分類する」

☐ *l.* 20 the concrete and the abstract「具体的なものと抽象的なもの」

☐ *l.* 20 The big picture and the small details.「全体像と細部」

第4段落

☐ *l.* 22 principle「原理，原則」

☐ *l.* 23 unused secret weapon「活用されていない秘密兵器」

☐ *l.* 26 go through ～「～を経験する」≒ experience

☐ *l.* 28 Then「そうすれば」 ここでは，「もしそんなこと（＝割り込みという行為）をすれ
ば」という意味で使われていると解釈する。

☐ *l.* 28 something（that）you expect your clients to tolerate「あなたが顧客は我慢して
くれるだろうと期待すること」 目的格の関係代名詞の省略に注意。

☐ *l.* 30 an opportunity for innovation「イノベーション（刷新）の機会」

☐ *l.* 32 common purpose「共通の目的」

第5段落

☐ *l.* 33 corporates「企業」 corporate は「企業の」という意味の形容詞。

☐ *l.* 33 roll out products and pray「製品を世に出して祈る」

☐ *l.* 34 advocate for ～「～を提唱する，支持する」

☐ *l.* 35 rapid prototyping「短期間での試作品製作」

☐ *l.* 35 fail fast「誰よりも早く失敗しろ」 ビジネス用語。

☐ *l.* 36 You do not go too far「度を越すことはするべきではない」 ここでは主語のある
否定命令文だと考えるとよい。

第6段落

☐ *l.* 43 means「～という結果を生じる」

☐ *l.* 44 a way that is diverse and cooperative「多様で，なおかつ協力し合う形で」

☐ *l.* 46 trick「秘訣」

☐ *l.* 46 break down warehouse「倉庫を解体する」 ここでは break down silos「部門の壁
を壊す」の意味で用いられている。silo は飼料や農産物を貯蔵する円柱型の倉庫で，
ビジネス用語としては，組織の中の部署などがそれぞれ孤立し，他と連携していな
いことの比喩として使われる。

☐ *l.* 47 encourage *A* to *do*「*A* に～するように奨励する」

第7段落

☐ *l.* 50 ineffective「無力な」

☐ *l.* 53 ensure that S V「～を確実にする」

最終段落

☐ *l.* 58 in warehouse は in silos「部門に分かれて」の意味で用いられている。

☐ *l.* 58 functional「職務上の」

☐ *l.* 59 struggle「努力，苦闘」

☐ *l.* 61 be empowered to *do*「～する権限が与えられる，自由裁量権が与えられる」

☐ *l.* 63 in sight「見える，視野に入って」

解　説

問1. guided by customer empathy「顧客への共感に導かれて」　空欄の直後の文（It is…）に「顧客の体験に基づいて優先順位を付ける」とある。顧客の立場になることと考えて，a．empathy「共感」を選ぶ。第1段落最終文（They look…）の from the customer's perspective「顧客目線で」もヒントになる。

問2. 下線部をそのまま和訳すると「次のアマゾンを築くことを熱望する人は誰でも同じような手法を採用する必要がある。アマゾンの顧客へのこだわりは，その戦略的枠組みの中に見事に捉えられている」となる。next Amazon「次のアマゾン」→「アマゾンに続く企業」と考える。これに言及しているのは b と c だが，c は「新しい手法を考えるべきである」の部分が不適切。b は「同じような手法をとる必要がある」とあるので文意を**最もよく表している**と判断する。なお，主語の Anyone aspiring to build the next Amazon は最終段落第1文（A final message…）で those with Amazonian dreams と言い換えられている。このことからも next Amazon の内容を推測できる。

問3. Empathize, define the problem, ideate, prototype and test「共感する，問題を定義する，アイデアを出す，試作品を製作する，検査を行う」　これらは design thinking の5つの段階である。ideate については第5段落第2文（Design thinking…）で言及されている。特に idea generation という表現に着目して，d．**creatively generate ideas「創造的にアイデアを生み出す」**を選ぶ。その他の選択肢の意味は次の通り。

a．「常に新しいアイデアを支持する」
b．「顧客のアイデアを聞く」
c．「以前のアイデアを他人から集める」

問4. like art and science「芸術と科学のように」　空欄に先行する paradoxical contexts「逆説的な背景」の例示として述べられているので，c．art がふさわしいと判断する。第3段落第3文（It combines…）の the concrete and the abstract「具体的なものと抽象的なもの」などもヒントになる。

問5. if you work at a bank, you should not jump the queue「銀行で働く人なら，列に割り込まないのは当然だ」　顧客と体験を共有することの必要性を説明するたとえ話として述べられている。後続の文（Then you never experience…）から，列に割り込まずにきちんと順番を守ってみないと客の我慢を体験できない，という趣旨を読み取り，b．**「待っている人の前に不当に移動する」**が最も近い意味であると判断する。その他の選択肢の意味は次の通り。

a．「故意に群衆を飛び越える」
c．「乗り込むために顧客の邪魔をする」

d．「突然境界を乗り越え近道をする」

問6．It is about learning idea generation techniques (to) (come) (up) (with) (creative) (alternatives) to solving complex problems.「それ（デザイン思考）は，複雑な問題を解決する作業に代わる創造的な代替案を見つけるためにアイデアを創出する技術を学ぶことにかかわっている」　空欄よりも前は SVM の形で完成しているので，不定詞（〈目的〉を表す副詞的用法⇨CHECK 6-2）が続くと推定できる。come up with 〜で「〜を思いつく」の意味（⇨CHECK 4-8）。alternatives to 〜「〜に対する代替案，代わりの選択肢」　この to は前置詞である。

問7．(Make) (sure) (you) not (only) (have) a chair in every meeting for the customer, but …「すべての会議に顧客用の椅子を配置するだけではなく…を確かめなさい」　与えられた語の中には make と have という2つの動詞があり，主語にできる語は you だけである。このことから命令・提案文であると推定し，make sure (that) S V「〜であることを確かめる，手配する」の形にする。省略されている that 節については，3つ目の空欄の直後の not と for the customer の後の but に着目して，not only *A* but (also) *B*「*A* だけではなく *B* も」の形にする（⇨CHECK 7-7）。

問8．a．「アマゾンは，会議への出席を望む顧客のために常に新しい椅子を創る」

b．「顧客の苦痛を感じ取らない限り自分たちの問題を解決するべきではない」

c．「顧客は，すばらしい製品を創り出すための決定をする権限を与えられるべきである」

d．「デザイン思考は，顧客のニーズが満たされていることを確かめるための試行錯誤の努力を強化する」

e．「企業は，環境ではなく顧客のトレンドの変化に従って理想的な未来を発展させることができる」

　　まず，第3段落第1文（The Hasso Plattner Institute …）で述べられたデザイン思考の5つの段階のうち，「共感する」「試作品を製作する」「検査を行う」に着目。次に，第5段落第3文（The introduction …）に着目。「短期間での試作品製作が導入されれば，企業は早めに失敗し，実際に役立つ次の解決策に移行する方法を学ぶ」とある。さらに第4文（You do not …）では end-user testing「エンドユーザーによるテスト」の意義に言及している。以上，顧客を参加させた形での trial and error「試行錯誤」の重要性を強調していると考え，**d が適切**であると判断する。a は第1段落第3・4文（Amazon founder … the customer.）に不一致。会議に象徴的な顧客の席を用意する，というのが本文の内容。b は第4段落第3文（You cannot …）に不一致。「苦痛を経験しなければ，問題を効果的に解決できない」というのが本文の内容。c は最終段落第4文（The people …）に不一致。「実際に顧客を扱う人々に決定権が与えられるべきだ」というの

が本文の内容。eは本文に記述なし。

問1．a　問2．b　問3．d　問4．c　問5．b
問6．⑴—d　⑵—b　⑶—e　⑷—c　⑸—f　⑹—a
問7．⑴—d　⑵—a　⑶—e　⑷—c　⑸—b
問8．d

解　答

実戦問題❹

目標解答時間 20分　**目標正答数** 10/12問

2023年度　法学部A方式Ⅱ日程・国際文化・キャリアデザイン学部A方式　〔Ⅲ〕

つぎの英文を読んで，問いに答えよ。

　　Around 260 million children are in employment around the world, according to the International Labour Organisation (ILO).　[(ア)]　them, the ILO estimates that 170 million are engaged in child labour, defined by the UN as "work for which the child is either too young — work done below
5　the required minimum age — or work which, because of its harmful nature or conditions, is altogether considered unacceptable for children and is prohibited." Child labour is forbidden by law in most countries but continues to be widely seen in some of the poorest parts of the world.

　　The situation is improving. ILO estimates suggest child labour
10　declined　[(イ)]　30% between 2000 and 2012, but still 11% of the world's children are in situations that deprive them of their right to go to school without interference from work.

　　Many of these child labourers work within the fashion supply chain, making the textiles and garments to　[(A)]　of consumers in Europe, the
15　US, and beyond. Fast fashion has created a race　[(ウ)]　the bottom, pushing companies to find ever-cheaper sources of labour. That cheap labour is freely available in many of the countries where textile and garment production takes place.

　　Sofie Ovaa, global campaign coordinator of Stop Child Labour, says:
20　"There are many girls in countries like India and Bangladesh who are willing to work for very low prices and are easily brought into these industries under false promises of earning decent wages."
　　　　　　　(1)
　　A recent report by the Centre for Research on Multinational Corporations and the India Committee of the Netherlands revealed that
25　recruiters in southern India convince parents in impoverished rural areas to

send their daughters to spinning mills 　(エ)　 promises of a well-paid job, comfortable accommodation, three nutritious meals a day and opportunities for training and schooling, as well as a lump sum payment at the end of three years. Their field research shows that "in reality, they are working under harsh working conditions that amount to modern day slavery and the worst forms of child labour."

Child labour is a particular issue for fashion because much of the supply chain requires low-skilled labour, and some tasks are even better suited to children than adults. In cotton picking, employers prefer to hire children for their small fingers, which do not damage the crop.

(2) Children are seen as obedient workers who slip under the radar, making them easy to manage. Ovaa says: "There is no supervision or social control mechanisms, no unions that can help them to bargain for better working conditions. These are very low-skilled workers without a voice, so they are (3) easy targets."

(4) Employers get away with it because the fashion supply chain is hugely complex, and it is hard for companies to control every stage of production. That makes it possible to employ children without big brands and consumers ever finding out. 　(B)　 : from the production of cotton seeds in Benin*[1], harvesting in Uzbekistan*[2], yarn spinning in India, right through to the different phases of putting garments together in factories across Bangladesh.

Children also work in the "cut-make-trim" stage, when clothes are put together. The Centre for Research on Multinational Corporations says: "In garment factories, children perform diverse and often hard tasks such as dyeing, sewing buttons, cutting and trimming threads, folding, moving and packing garments. In small workshops and home sites, children are put to work on complex tasks such as embroidering, sequinning and smocking (making pleats)."

One of the biggest challenges in tackling child labour in the fashion supply chain is the complex supply chain for each garment. Even when brands have strict guidelines in place for suppliers, work often gets sub-contracted to other factories that the buyer may not even know about.

　　Ovaa says: "Companies that sell their products in Europe and the US have no clue where the textiles come from. Maybe they know their first supplier, and there are codes of conduct in place, but 　(C)　 down the chain in the lower tiers it is very difficult to understand where the cotton comes from."

(Adapted from Josephine Moulds, "Child labour in the fashion supply chain," *The Guardian*, 19 January, 2015) Copyright Guardian News & Media Ltd

*1 Benin：ベナン（アフリカ西部の国）

*2 Uzbekistan：ウズベキスタン（中央アジアの国）

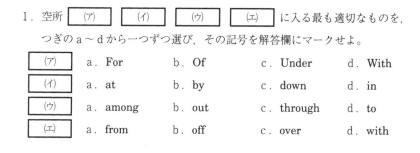

1．空所 （ア） （イ） （ウ） （エ） に入る最も適切なものを，つぎの a ～ d から一つずつ選び，その記号を解答欄にマークせよ。

（ア）	a．For	b．Of	c．Under	d．With
（イ）	a．at	b．by	c．down	d．in
（ウ）	a．among	b．out	c．through	d．to
（エ）	a．from	b．off	c．over	d．with

2．空所 　(A)　 に入る最も適切なものを，つぎの a ～ d から一つ選び，その記号を解答欄にマークせよ。

　a．deny the interests　　　　b．improve the symptoms

　c．issue the statement　　　　d．satisfy the demand

3．下線部(1) under false promises of earning decent wages の本文中での内容に最も近いものを，つぎの a ～ d から一つ選び，その記号を解答欄にマークせよ。

a．because the girls are deceived into believing that they can earn proper incomes

b．because the employers fail to promise to pay high enough salaries to the girls

c．because the campaign coordinator assures the girls that their employers are sincere

d．because child labourers are forced to pay the commission for the hours they work

4．下線部(2) Children are seen as obedient workers who slip under the radar の本文中での意味に最も近いものを，つぎのa～dから一つ選び，その記号を解答欄にマークせよ。

a．Because children are physically small, adults should take care to prevent children from being injured

b．Children are more likely to listen to their employers and are often overlooked by monitoring systems

c．Children need to be placed under special legal protection because they are mentally immature

d．Children who leave their parents are considered independent and responsible workers

5．下線部(3) easy targets が本文で指す内容に最も近いものを，つぎのa～dから一つ選び，その記号を解答欄にマークせよ。

a．people who are often manipulated

b．people who make a living from gambling

c．scores made by hitting the centre of the mark

d．letters that have a fixed meaning

6．下線部(4) Employers get away with it の本文中での意味に最も近いものを，つぎのa～dから一つ選び，その記号を解答欄にマークせよ。

　a．Employers avoid employing children in their factories

　b．Employers have a right to respond to employees' wishes for promotion

　c．Employers do not control their production at the factory

　d．Employers escape their responsibility to improve the working environment

7．空所 ┃ (B) ┃ に入る英文として，最もふさわしいものを，つぎのa〜dから一つ選び，その記号を解答欄にマークせよ。

　a．Global companies only supervise up to the stage of picking cotton

　b．It is very difficult to understand who is cutting and trimming threads

　c．Children work at all stages of the supply chain in the fashion industry

　d．Companies in the fashion industry can get rid of child labour from their supply chain

8．空所 ┃ (C) ┃ に入る最も適切なものを，つぎのa〜dから一つ選び，その記号を解答欄にマークせよ。

　a．further　　　b．late　　　c．little　　　d．still

9．本文の内容と合致するものを，つぎのa〜dから一つ選び，その記号を解答欄にマークせよ。

　a．Although child labour is still widespread in some parts of the world, only a few countries prohibit it by law.

　b．Results of a field survey conducted in rural areas of southern India show that the working environment for children is improving.

　c．Children are in demand by employers because some tasks are better suited to physical features of children than to those of adults.

　d．Fashion supply chains have become less complex in recent years, allowing companies to control all processes of production to a certain degree.

全訳

≪児童労働を根絶する難しさ≫

国際労働機関（ILO）によると，世界中で約2億6千万人の子どもたちが就労している。ILOは，その子どもたちのうち1億7千万人が児童労働に従事していると推定している。児童労働は国連により「幼すぎる子どもの仕事（必要最低年齢未満で行われる仕事），または有害な性質や条件のために，子どもにとって受け入れがたいと総じて見なされ，禁止されている仕事」と定義されている。児童労働はほとんどの国において法律で禁止されているが，依然として世界の最貧国の一部で広く確認されている。

状況は改善されつつある。児童労働は2000年から2012年の間に30％減少したとILOの推計は示しているが，それでも世界の子どもの11％は，仕事に妨げられることなく学校に行く権利を奪われた状況にある。

これらの児童労働者の多くは，ファッション関係のサプライチェーンの中で働き，欧米やその他の国の消費者の需要を満たすために布地や衣料品を作っている。ファストファッションは底辺への競争を生み，企業はより安価な労働力の供給源を探すよう迫られている。布地や衣服の生産が行われている国の多くにおいては，その安価な労働力が自由に利用できるのだ。

「ストップ児童労働」のグローバルキャンペーンコーディネーターであるソフィー=オヴァーは「インドやバングラデシュのような国々には，非常に低い対価で働くことを厭わない少女たちがたくさんいて，かなりの賃金を得られるという虚偽の約束のもとで，こうした産業に簡単に取り込まれてしまいます」と述べている。

多国籍企業研究センターとオランダのインド委員会の最近の報告書は，南インドの採用担当者が，貧しい農村部の親たちに，3年終了時の一時金の支払いに加えて，高賃金の仕事，快適な宿泊施設，1日3食の栄養のある食事，訓練や学校教育の機会などを約束して，娘たちを紡績工場に送るように説得していることを明らかにした。彼らの現地調査によると「現実には，彼女たちは現代の奴隷制度や最悪の形態の児童労働に相当する過酷な労働条件のもとで働いている」ことがわかったのである。

サプライチェーンの多くは高い技術が求められない労働力を必要とし，大人よりも子どものほうが適している作業もあるため，児童労働はファッション業界の特に際立った問題となっている。綿摘みで，作物を傷つけない小さい指であるという理由で，雇用者は子どもを好んで雇うからである。

子どもは気づかれることのない従順な労働者として見なされており，そのせいで彼らは管理もしやすいのだ。「監督や社会的コントロールの仕組みがなく，労働条件の改善を求めて交渉するのに役立つ組合もありません。彼らは発言力のない非常にスキルの低い労働者なので，格好の標的なのです」とオヴァーは述べる。

ファッション関係のサプライチェーンは非常に複雑で，企業が生産の各段階をコントロールすることは難しいため，雇用主はうまく逃げおおせる。そのため，大手のブランドや消費者に決して知られずに，子どもたちを雇用することが可能となる。ベナンでの綿の種子の生産，ウズベキスタンでの収穫，インドでの糸紡ぎからバングラデシュの工場で衣服を製造するさまざまな段階まで，ファッション業界のサプ

ライチェーンのすべての段階で子どもたちは働いている。

　衣料品が製造される「裁断・縫製・仕上げ」の段階でも，子どもたちは働いている。多国籍企業研究センターは「衣料品工場では，子どもたちは染色，ボタンの縫いつけ，糸の切り揃え，衣服の折り畳み，移動，梱包など，多様でしばしば困難な作業を行います。小さな工房や住宅では，子どもたちは刺繍，スパンコール飾り，スモッキング（ひだを作る）などの複雑な作業に従事させられています」と述べている。

　ファッション関係のサプライチェーンにおける児童労働に取り組む際の最大の課題は，それぞれの衣料品のサプライチェーンが複雑であることだ。ブランドがサプライヤーに対して厳しいガイドラインを設けている場合でさえも，バイヤーが知りもしないような他の工場に仕事が下請けに出されていることがよくある。

　「欧米で製品を販売している企業には，布地がどこからきているのかまったく見当がつきません。おそらく企業には最初のサプライヤーはわかっており，行動規範もあるのでしょうが，下層にあるサプライチェーンのさらに下では，綿がどこからきているのかを理解するのは非常に難しいのです」とオヴァーは述べている。

● 語句・構文 ……………………………………………………………………………

第1段落
- □ *l.*1　in employment「就労している」
- □ *l.*3　be engaged in ～「～に従事してる」
- □ *l.*3　defined by ～ as …「～によって…と定義されている」
- □ *l.*4　below the required minimum age「必要最低年齢未満の」
- □ *l.*6　be altogether considered ～「～と完全に見なされている」
- □ *l.*7　prohibit「（法・団体などが）～を禁止する」≒forbid
- □ *l.*8　continue to be ～「～であり続ける」

第2段落
- □ *l.*11　deprive *A* of *B*「*A* から *B* を奪う」
- □ *l.*12　without interference from work「仕事に妨げられずに」

第3段落
- □ *l.*14　textiles and garments「布地や衣料品」
- □ *l.*18　take place「行われる」

第4段落
- □ *l.*20　be willing to *do*「進んで～する」

第5段落
- □ *l.*25　recruiter「採用担当者」
- □ *l.*25　convince *A* to *do*「*A* を説得して～させる」
- □ *l.*27　comfortable accommodation「快適な宿泊施設」
- □ *l.*28　a lump sum payment「一時金の支払い，一括払い」
- □ *l.*30　amount to modern day slavery「現代の奴隷制度に匹敵する」

第6段落

□*l.*33　even better「さらにずっとよく」　この even は比較級を強める副詞。

□*l.*34　prefer to *do*「〜することを好む」

第7段落

□*l.*36　under the radar「気づかれずに」　レーダーで探知できないほどの低空飛行での意味から。

□*l.*37　supervision「監督（すること）」

□*l.*38　union「組合」

□*l.*38　bargain「交渉する」

第8段落

□*l.*45　yarn spinning「糸紡ぎ」

第9段落

□*l.*48　cut-make-trim「裁断・縫製・仕上げ」　アパレル業界の用語。

□*l.*48　clothes「衣服」　複数扱い。cloth「布」との違いに注意。

□*l.*51　dye「染める」　動名詞形・現在分詞形は dyeing となる。綴りに注意。

□*l.*51　sew「〜を縫う，縫いつける」

□*l.*51　cut and trim threads「糸を切り揃える」

□*l.*53　embroider「刺繍をする」

第10段落

□*l.*55　challenge「挑戦課題，難題」

□*l.*57　get subcontracted to 〜「〜に下請けに出される」

最終段落

□*l.*60　have no clue (as to) where …「どこで…なのかまったく手がかりがない」

□*l.*61　there are codes of conduct in place「行動規範が整っている」

解　説

1

(ア)空所の直後の them は「2億6千万人の子どもたち」を指す。そのうちの1億7千万人が児童労働に従事しているという流れである。「〜のうちの」の意味のb. Of を補う。

(イ)空所の直前は declined「減少した」で，直後に30％と数値が続く。「30％減少した」となるように，〈差〉を表すb. by を補う。

(ウ)空所の直前は race「競争」なので，〈到達・方向〉を表すd. to を補う。a race to the bottom「底辺への競争」というのは，自由競争が加速し，労働条件や福祉などが最低水準に低下してゆくことを指す政治・経済分析の用語である。第1・2段落は児童労働の現状を述べるもので，第3段落以降でファストファッション業界の問題が詳述される構成なので，a race to the bottom はその導入部にあたる。

(エ)空所の直後の promises of には，高い給料などのよい労働条件が続く。〈手段〉を表す d．with を補い，「〜という約束で」とする。

2．空所の直前の to から不定詞句を完成する問題であると判断する。直前の making the textiles and garments「布地や衣料品を作っている」（分詞構文）に着目。その目的を表すと考える。d．satisfy the demand を補い，「欧米やその他の国の消費者の需要を満たすために」とする。〈目的〉を表す不定詞の副詞的用法である（⇨CHECK 6-2）。

3．下線部をそのまま和訳すると「かなりの賃金がもらえるという偽りの約束のもとで」となる。a．「少女たちは騙されてきちんとした収入が得られると信じているから」が最も近い。その他の選択肢の意味は以下の通り。いずれも意味が大きく異なっている。

　b．「雇用者は少女たちに十分に高額な給料を支払うと約束できないから」

　c．「雇用者たちは誠実であるとキャンペーンコーディネーターが少女たちに保証しているから」

　d．「児童労働者は就労時間に対して手数料を支払うことを強制されるから」

4．下線部をそのまま和訳すると「レーダーの下をすり抜ける従順な労働者と見なされている」となる。slip under the radar は「レーダーの下をすり抜ける」→「見過ごされる」と考える。なお，under the radar は「人知れず，気づかれずに」という意味の熟語である。b．「子どもたちのほうが雇用主の言うことをよく聞く傾向があり，監視システムによって見逃されることが多い」が最も近いと判断する。その他の選択肢の意味は以下の通り。いずれも意味が大きく異なっている。

　a．「子どもたちは身体的に小さいので大人たちは子どもたちが怪我をしないように配慮するべきである」

　c．「子どもたちは精神的に未熟なので特別な法的保護下に置かれるべきである」

　d．「親元を離れる子どもたちは自立した責任のある労働者と見なされている」

5．下線部の意味は easy targets「格好の標的，いいカモ」である。下線部を含む文の前半から，未熟練労働者（low-skilled workers）である子どもたちを指すことがわかる。同じ段落の第1文（Children are …）の making them easy to manage に着目して，a．「操られることが多い人々」が近い意味であると判断する。その他の選択肢の意味は以下の通り。

　b．「ギャンブルで生計を立てる人々」

　c．「的の中心に当たることで得られる得点」

　d．「固定的な意味を持つ文字」

いずれも文脈と関係のない内容である。

6．下線部をそのまま和訳すると「雇用者はうまくやってのける」となる。get away with it は「（処罰を受けずに）逃げ切る」という意味の慣用表現だが，後続

の because 以下から意味を推測できる。サプライチェーンが複雑で企業が各生産段階をコントロールできないとあり、これに That makes it possible to employ children without big brands and consumers ever finding out. と続く。大手ブランドや消費者に知られずに製造現場では児童労働が横行している、という流れである。以上から、**d.「雇用者は労働環境を改善する責任を免れる」**が近い意味であると判断する。その他の選択肢の意味は以下の通り。

a.「雇用者は工場で子どもを採用するのを避ける」

b.「雇用者は昇進に対する従業員の希望に対応する権利がある」

c.「雇用者は工場の生産をコントロールしない」

いずれも文脈から大きく外れる内容である。

7. 空所の直後は from *A, B, C* through to *D*「*A*，*B*，*C* から *D* まで」の形で、ベナンでの綿の種子の生産、ウズベキスタンでの収穫、インドでの糸紡ぎからバングラデシュでの衣料品の製造まで、という内容である。空所部分の補足説明であると考え、**c.「子どもたちはファッション業界のサプライチェーンのすべての段階（all stages）で働いている」**を補う。from 以下は all stages の具体的な説明である。その他の選択肢の意味は以下の通り。

a.「グローバル企業は綿摘みの段階までしか監督できない」

b.「誰が糸を切り揃えているのかを理解することはとても難しい」

d.「ファッション業界の企業はサプライチェーンから児童労働を排除することができる」

いずれも具体的な説明を補足される部分がない。

8. 空所の直前に but があるので逆接の関係である。企業は最初のサプライヤーについてはわかっており行動規範が整っているだろう、という内容に対して、綿の出所を知るのは難しい、と続く。**a.further** を補い、further down the chain in the lower tiers「より下層にあるサプライチェーンのさらに下では」とする。この further（far の比較級）は「もっと先へ」という意味の副詞である。

9

a.「児童労働はいまだに世界のいくつかの地域で広く行われているが、法律で禁止している国はほんのわずかである」　第1段落最終文（Child labour is forbidden …）に合致しない。たいていの国々で禁止されている、というのが本文の内容である。

b.「南インドの農村で実施されたフィールド調査の結果は、子どもの労働環境が改善していることを示している」　第5段落第2文（Their field research …）に合致しない。現代の奴隷労働に相当する過酷な労働条件下で働いている、というのが本文の内容である。

c.「子どもたちが雇用主に需要があるのは、大人と比べて子どもの身体的特徴のほ

うが向いている作業があるからだ」　第6段落第1文（*ll.* 32-34）に some tasks are even better suited to children than adults とあり，その具体例として綿摘みが挙げられている（第2文 In cotton picking, …）。指が小さく作物を傷つけないので雇用者は子どもを雇うことを好むとあるので合致する。

d.「近年ではファッション業界のサプライチェーンは複雑さが後退し，これによって企業はある程度は生産のプロセス全体をコントロールできるようになっている」第8段落第1文（Employers get away …）の because 以下に合致しない。サプライチェーンは極めて複雑で企業が各生産段階をコントロールするのは困難である，というのが本文の内容である。

　　以上より，**c** が正解。

---

1. ㋐—b　㋑—b　㋒—d　㋓—d
2—d　3—a　4—b　5—a
6—d　7—c　8—a　9—c

実戦問題❺

目標解答時間 20分　**目標正答数** 10/12問

2020年度　デザイン工・理工・生命科学部A方式Ⅰ日程　〔Ⅶ〕

アフリカに関するつぎの英文を読み，設問に答えよ。なお，各段落冒頭の〔　〕
は段落番号を示す。

〔1〕There are currently a number of African countries involved in war, or
experiencing post-war conflict and tension.　Conflicts in Africa do not often
appear on international TV news.　When news of conflicts in Africa does
appear, it focuses only on the conflict and not on possible solutions.

〔2〕In addition to the lack of news on conflicts in Africa, the background　5
context and analysis are often missing.　International news often fails to
link current conflicts to the history of Africa's relationship to Western
countries, despite the fact that this history continues to be at the base of the
current wars and conflicts.　European nations gradually colonized most of
the African continent over a period of hundreds of years.　In 1884, they　10
organized the Berlin Conference to <u>lay down</u> the rules on how they would
　　　　　　　　　　　　　　　　　　　(1)
finish dividing Africa among themselves.　These colonies lasted until the
middle of the 20th century.　The ineffective government and poverty which
resulted from this colonial history are among the causes of the current
conflicts.　15

〔3〕A lot of news reports blame ethnic diversity, another outcome of
colonial history, for the conflicts in Africa.　The artificial boundaries created
by colonial rulers had the effect of bringing together many different ethnic
groups within a nation.　However, a World Bank report notes that this is
not the cause of <u>civil</u> wars.　In fact, where there is ethnic diversity, there is　20
　　　　　　　　　　(2)
actually less chance for civil wars, as long as there are not a small number
of very large ethnic groups.

〔4〕While ethnic conflict is usually not the cause of civil wars, Africa's rich
natural resources of timber, oil, and diamonds are.　In many cases, foreign

25 　extractive*1 industries make unreported payments to African governments for rights to extract resources. Thus, the ruling parties of the governments have secret sources of money for personal and political use. At the same time, the citizens of African countries are <u>robbed</u> of their countries' natural
(3)
resources, resulting in greater poverty. In these ways, unreported money
30 　from foreign companies helps to create and fund conflicts.

　[5] A third cause of conflict in Africa is uncontrolled and illegal arms, mostly imported from foreign countries. There is an <u>abundant</u> supply of
(4)
small arms, light weapons, and explosives circulating in some African countries. The ability to easily buy and transfer arms to areas of conflict
35 　has increased the tensions between mutually opposing groups.

　[6] To prevent conflicts in Africa with their related human rights abuses and human <u>displacement</u>, more open, publicly available information is
(5)
necessary. Companies in extractive industries should make public the taxes, fees, and other payments they give to the governments of the
40 　countries in which they operate. Doing so would restrict the profit-making of extractive industries and discourage ruling parties from profiting at the expense of their citizens. Likewise, more news and information on the global arms trade could raise greater public awareness of its links to conflicts in Africa.

45 　[7] Toward this goal, a number of international, non-governmental organizations (NGOs) are already at work. The "Publish What You Pay" campaign is calling for disclosure of payments to and transactions with governments by global natural resource companies. GlobalWitness.org works to emphasize the link between the exploitation of natural resources and
50 　human rights abuses, particularly where timber, diamonds, and oil are used to fund conflict and corruption. Transparency International is devoted to fighting corruption. It also advocates for policy reform, works to support global agreements and monitors whether governments, companies, and banks follow these agreements. IMPACT is a group of Canadian and

African NGOs working together on political and economic issues.　Their aim 55
is to understand how foreign extractive industry practices in Africa have
been the source of conflicts and displacement.　One of the organizations
working on arms transfers is the Norwegian Initiative on Small Arms
Transfers（NISAT）.　NISAT works to block the illegal sales of small arms
used in human rights abuses by combining the information and networks of 60
its partner organizations.

[8]　Both unreported payments by extractive industries to African
governments and the large supply of arms originate from foreign countries.
International news organizations have tended to ignore how conflicts and
war in Africa are related to the outside world.　However, a number of 65
NGOs are now providing such information and publicizing it on their
websites.　By visiting the websites of the organizations listed above, we can
learn about the complex causes of conflicts in Africa.　This understanding
may be a first step toward solutions.

“About wars and post-war conflicts.” *Africa Sun News*. http://
africasunnews.com/wars.html および Elbadawi, E. & Sambanis, N.（2000）.
“Why are there so many civil wars in Africa?” *Journal of African Economies*,
9（3）, 244-269. https://doi.org/10.1093/jae/9.3.244（一部改変）

語注＊
＊¹ extractive：採掘，採集の

問1　下線部(1)〜(5)の語（句）について，意味が最も近いものをそれぞれイ〜ニか
　　ら一つ選び，その記号を解答用紙にマークせよ。
　　(1)　lay down
　　　　イ　make　　　　ロ　break　　　　ハ　abolish　　　　ニ　display

(2) civil

イ　internal　　　ロ　urban　　　ハ　severe　　　ニ　cultural

(3) robbed

イ　rubbed　　　ロ　dreamed　　　ハ　supplied　　　ニ　deprived

(4) abundant

イ　scarce　　　ロ　plentiful　　　ハ　limited　　　ニ　wasteful

(5) displacement

イ　enforcement　　　　　　ロ　disappointment

ハ　relocation　　　　　　ニ　errors

問2　下の(1)〜(7)の設問の答えとして最も適切なものをそれぞれイ〜ニの中から一つ選び，その記号を解答用紙にマークせよ。

(1) What does paragraph [1] suggest about conflicts in Africa?

イ　They attract little attention.

ロ　They attract due attention.

ハ　They reflect cultural diversity in Africa.

ニ　They show how difficult it is to unify Africa.

(2) What have the artificial boundaries mentioned in paragraph [3] brought about?

イ　ethnic diversity within countries

ロ　conflicts between African countries

ハ　the Berlin Conference

ニ　the World Bank

(3) Which of the following is NOT responsible for the conflicts in Africa according to a World Bank report in paragraph [3]?

イ　ethnic diversity

ロ　governments

ハ　politics

ニ　colonial history

(4)　Why are small arms mentioned in paragraph [5]?

イ　because they are used for natural resource development

ロ　because their spread increases conflicts

ハ　because they are indispensable for national defense

ニ　because they are under the legitimate control of governments

(5)　What is the common goal of the organizations in paragraph [7] working on the issue of extractive industries?

イ　to make greater profits at less cost

ロ　to make business conduct clear and responsible

ハ　to block black market weapons sales

ニ　to collect money for African countries

(6)　Which of the following organizations in paragraph [7] is most directly related to protecting human rights of the people in Africa?

イ　The "Publish what You Pay" Movement

ロ　Transparency International

ハ　IMPACT

ニ　NISAT

(7)　Which of the following is the best title for this passage?

イ　Donate More to Africa

ロ　Stop Supplying Weapons

ハ　Inform to End the Warfare in Africa

ニ　Save Scarce Natural Resources

≪アフリカの武力衝突を終わらせるために情報を公開せよ≫

全訳

[1]　現在，アフリカの複数の国々が戦争状態にあるか，あるいは戦争後の紛争と緊張を経験している。アフリカの紛争はテレビの国際ニュースにあまり登場しない。アフリカでの紛争のニュースが報道されても，紛争そのものにだけ焦点を当て，解決の可能性については焦点を当てない。

[2]　アフリカの紛争のニュースが少ないことに加えて，背景となる文脈や分析が欠落していることが多い。現在の戦争や紛争の根底にアフリカと西洋諸国の関係の歴史が常にあるという事実にもかかわらず，国際ニュースはそうした歴史と現在の紛争を関係づけることができないことが多い。ヨーロッパ諸国は数百年間という期間にわたって，アフリカ大陸の大半を徐々に植民地化した。1884年に，ヨーロッパ諸国はベルリン会議を開き，アフリカ分割をいかに完了するかについてのルールを策定した。これらの植民地は20世紀の中頃まで存続した。この植民地の歴史から結果として生じた無力な政府と貧困が現在の紛争の原因の１つとなっている。

[3]　多くのニュース記事は，アフリカで紛争が起こるのは植民地の歴史のもう１つの結果でもある民族の多様性に原因があると非難する。植民地の統治者によって引かれた人為的な国境線は，多くの異なった民族集団を１つの国家の中に寄せ集めるという結果をもたらした。しかしながら，世界銀行の報告によると，これが内戦の原因というわけではない。実際は，民族が多様であるところで内戦が起こる可能性は，少数の大規模な民族集団が存在しない限り，事実上は低いのである。

[4]　たいていの場合，民族紛争は内戦の原因ではなく，木材，石油，ダイヤモンドなどのアフリカの豊富な天然資源がその原因となっている。多くの場合，外国の採掘産業は，資源を採掘する権利を求めてアフリカ政府に非公表の額の支払いを行っている。このようにして，政府の支配政党は秘密の資金源を持ち，個人的にあるいは政治的に使用しているのである。同時に，アフリカ諸国の市民は自国の天然資源を奪われ，その結果ひどい貧困がもたらされている。こうした点で，外国企業からの非公表の資金が，紛争を生み出し紛争の資金提供を助長しているのである。

[5]　アフリカの紛争の３つ目の原因は，抑制が効かない違法な武器であり，そのほとんどが外国から輸入されたものである。アフリカのいくつかの国々では，小型の武器や軽量の兵器，爆発物が豊富にあり，流通している。容易に武器を購入し，紛争地域に輸送できることによって，お互いに敵対する集団の間の緊張が高まっているのだ。

[6]　関連する人権侵害や人間の強制移動が絡むアフリカの紛争を防ぐためには，もっと開かれた，公的に利用可能な情報が必要である。採掘企業は，操業を行う現地国の政府へ支払われる税金や費用，その他の支出を公表するべきである。そうしたことを行えば，採掘産業の営利活動を制限し，支配政党が一般市民を犠牲にして利益を得るのを阻止することになるだろう。同様に，世界中の武器取引についてのニュースや情報が多くなれば，アフリカの紛争にその問題が関連していることについて一般市民の意識をさらに高めることができるだろう。

[7]　この目標に向かって，いくつかの国際的な非政府組織（NGOs）がすでに活動している。「支払金額の公表」運動は，天然資源関連のグローバル企業による資

源国政府への支払いや取引についての情報の開示を要求している。グローバル・ウィットネスは，特に木材，ダイヤモンド，石油などが紛争と汚職の資金提供に利用されるところで，天然資源の開発と人権侵害の関連性を強調するために活動している。トランスペアレンシー・インターナショナル（国際透明性機構）は汚職との戦いに専念している。また，この組織は政治改革を提唱し，国際的な各協定を支持し，政府や企業や銀行がこれらの協定に従っているかを監視している。IMPACT は政治経済問題に関して協力して活動しているカナダとアフリカの NGO グループである。彼らの狙いは，アフリカにおける外国の採掘産業の慣行がどのような形で紛争や強制移住の原因となっているかを理解することである。武器取引に関して活動している組織の1つがノルウェー小型武器移送イニシアティブ（NISAT）である。NISAT は，提携する団体の情報とネットワークを結びつけることで，人権侵害に用いられる小型武器の違法販売を阻止する活動をしている。

［8］　採掘産業によるアフリカ政府への非公表の支払いと武器の大規模供給の両方が諸外国からのものである。国際的な報道機関は，アフリカの紛争や戦争が外部世界とどのように関係しているかについてこれまで黙殺する傾向があった。しかしながら，現在はいくつかの NGO 団体がそのような情報を提供したり，ウェブサイトで公開している。上記の団体のウェブサイトを訪れることで，アフリカの紛争の複雑な原因について知ることができる。このような理解は解決に向けた最初の一歩となるかもしれない。

● 語句・構文 ………………………………………………………………………………

第1段落

□ *l.* 1　There is S *done*「S が〜されている」⇨CHECK 6-14

□ *l.* 1　a number of 〜「いくつかの〜，複数の〜，たくさんの〜」

□ *l.* 2　conflict and tension「対立と緊張」

□ *l.* 4　focus on 〜「〜に焦点を当てる」

第2段落

□ *l.* 5　in addition to 〜「〜に加えて」　besides が近い意味。

□ *l.* 5　lack「不足，欠如」

□ *l.* 6　context「事情，文脈」

□ *l.* 6　analysis「分析」　複数形は analyses となる。

□ *l.* 6　fail to *do*「〜することができない」

□ *l.* 7　current「現在の」

□ *l.* 8　despite「〜にもかかわらず」　in spite of, notwithstanding が近い意味。

□ *l.* 9　colonize「〜を植民地化する」

□ *l.* 10　a period of 〜「〜の期間に」

□ *l.* 11　Berlin Conference「ベルリン会議」　コンゴ川流域の分割をめぐる調整会議。これ以後アフリカ分割が進んだ。ロシア・トルコ戦争の戦後処理をめぐる国際会議（1878）とは異なる。

☐ *l.* 12　last「続く」

☐ *l.* 13　ineffective「無力な」

☐ *l.* 13　poverty「貧困」

第 3 段落

☐ *l.* 16　blame *A* for *B*「*B* のことで *A* を責める，非難する」
　　　　　類例：accuse *A* of *B*，charge *A* with *B*

☐ *l.* 16　ethnic diversity「民族多様性」

☐ *l.* 17　artificial boundaries「人為的な国境線」

☐ *l.* 20　civil「国内の，市民の」　参考：the Civil War（米国の）南北戦争

☐ *l.* 21　as long as S V「～である限り」

第 4 段落

☐ *l.* 24　natural resources「天然資源」

☐ *l.* 26　extract「～を採掘する」

☐ *l.* 26　ruling party「政府与党，支配政党」

☐ *l.* 29　result in ～「～をもたらす」⇨ CHECK 4-8

☐ *l.* 30　fund conflicts「紛争に資金を提供する」

第 5 段落

☐ *l.* 31　illegal arms「非合法の武器」

☐ *l.* 33　weapon「兵器，武器」

☐ *l.* 33　explosive「爆薬，爆発物」

☐ *l.* 34　transfer *A* to *B*「*A* を *B* に輸送する」

☐ *l.* 35　mutually opposing groups「相互に敵対するグループ」

第 6 段落

☐ *l.* 36　human rights abuses「人権侵害」

☐ *l.* 38　make public「～を公表する」　publicize が近い意味。

☐ *l.* 39　tax「税金」

☐ *l.* 39　fee「費用，手数料，謝礼」

☐ *l.* 40　restrict「～を制限する」

☐ *l.* 40　profit-making「営利活動」

☐ *l.* 41　discourage O from *doing*「O に～するのをあきらめさせる」　⇨ CHECK 4-4

☐ *l.* 41　at the expense of ～「～を犠牲にして」　at the cost of が近い意味。

☐ *l.* 42　likewise「同様に」

☐ *l.* 43　public awareness「国民の意識，市民の意識」

第 7 段落

☐ *l.* 45　non-governmental organizations「非政府組織」

☐ *l.* 47　disclosure「開示」

☐ *l.* 47　transaction「取引」

☐ *l.* 49　emphasize「～を強調する」

☐ *l.* 49　exploitation「開発，利用，搾取」

☐ *l.* 51　corruption「腐敗，汚職」

☐ *l*. 51　Transparency International「国際透明性機構」
☐ *l*. 52　advocate for ～「～を提唱する」
☐ *l*. 55　political and economic issues「政治経済問題」
☐ *l*. 55　aim「狙い」

第8段落

☐ *l*. 64　tend to *do*「～する傾向がある」
☐ *l*. 64　ignore「～を無視する，黙殺する」

解 説

問1

(1) to <u>lay down</u> the rules「ルールを策定するために」　イ．make が近い意味。直後の文（第2段落第5文 These colonies …）に着目。「これらの植民地は20世紀の中頃まで存続した」とあるので，ロ．break，ハ．abolish は不適切であることがわかる。

(2) the cause of <u>civil</u> wars「内戦の原因」　イ．internal が近い意味。第3段落第2文（The artificial …）に着目。人為的な国境によって1つの国に異なる民族が混在する状況が生み出されたことに言及していることから，国内での紛争のことであると推測できる。

(3) are <u>robbed</u> of their countries' natural resources「自国の天然資源を奪われている」　ニ．deprived が近い意味。rob *A* of *B*「*A* から *B* を奪う」の受動態である（⇨**CHECK 8-7**）。

(4) an <u>abundant</u> supply of small arms, light weapons, and explosives「小型武器，軽量兵器，爆発物の豊富な供給」　ロ．plentiful が最も近い意味。第5段落第1文（A third cause …）の uncontrolled … arms や第8段落第1文（Both unreported …）の the large supply of arms がヒントになる。

(5) human <u>displacement</u>「人間の強制移動」　ハ．relocation「移住」が近い意味。内戦によって住む場所を奪われることを述べていると考える。

問2

(1)「アフリカの紛争について第1段落が示唆するものはどれか？」
　イ．「ほとんど注目を集めていない」
　ロ．「しかるべき注目を集めている」
　ハ．「アフリカの文化的多様性を反映している」
　ニ．「アフリカを統一するのがいかに困難であるかを示している」
第2段落第1文（In addition to …）に着目。「ニュースが少ないことに加えて，背景の分析が欠落している」とあるので，**イが正解**。「ニュースが少ない」は第1

段落第2文（Conflicts in Africa …）の「テレビの国際ニュースに頻繁に現れること
とはない」の部分を受けている。

(2)「第3段落で言及されている人為的な国境線は何をもたらしたか？」

 イ．「国内における民族の多様性」

 ロ．「アフリカ諸国間の紛争」

 ハ．「ベルリン会議」

 ニ．「世界銀行」

第3段落第2文（The artificial boundaries …）に着目。「人為的な国境線は多く
の異なった民族集団を1つの国家の中に寄せ集めるという結果をもたらした」とあ
るので，**イが正解**。

(3)「第3段落で取り上げられている世界銀行の報告によると，アフリカの紛争の原因
でないものは次のうちどれか？」

 イ．「民族の多様性」

 ロ．「政府」

 ハ．「政治」

 ニ．「植民地の歴史」

第3段落第3文（However, …）に着目。「世界銀行の報告では，民族の多様性が
内戦の原因というわけではない」とあるので，**イが正解**。

(4)「第5段落で小型の武器に言及されている理由は何か？」

 イ．「それらが天然資源の開発に使用されるから」

 ロ．「それらが広く行き渡ると紛争が増えるから」

 ハ．「それらは国防に不可欠だから」

 ニ．「それらは政府による合法なコントロール下にあるから」

第5段落最終文（The ability to …）に着目。「容易に武器を購入し，紛争地域に
輸送できることが，敵対する集団間の緊張を高めてきた」とあるので，**ロが正解**。

(5)「第7段落で取り上げられた，採掘産業の問題に取り組む各組織の共通の目標とは
何か？」

 イ．「低コストでより大きな利益を上げること」

 ロ．「企業の事業活動を透明性があり責任のあるものにすること」

 ハ．「闇市場での武器販売を阻止すること」

 ニ．「アフリカ諸国のために資金を集めること」

第7段落第1文（Toward this goal, …）に着目。「この目標に向かって，いくつか
の国際的な非政府組織がすでに活動している」とある。この「目標」は，第6段落
第2・3文（Companies in extractive industries … of their citizens.）から読み取
る。「採掘企業が税金および地元政府への支払いなどに関する情報を公開すること
で営利活動を制限し，政府による利益の専有を防ぐことができる」とある。以上か

ら，**ロが適切**であると判断する。ハは第7段落第8文（One of the organizations …）で取り上げられている NISAT の活動目標に関係するものであり，各組織の共通目標とは言えない。

(6)「第7段落で取り上げられている次のどの組織がアフリカの人権保護に最も直接的に関係しているか？」

　　イ．「『支払金額の公表』運動」

　　ロ．「国際透明性機構」

　　ハ．「IMPACT」

　　ニ．「NISAT」

　第7段落最終文（NISAT works …）に着目。NISAT は「人権侵害に利用される小型武器の違法販売を阻止する活動をしている」とあるので，**ニが正解**。

(7)「この文章に最もふさわしい表題は次のうちどれか？」

　　イ．「アフリカへの寄付を増やせ」

　　ロ．「武器の供給を阻止せよ」

　　ハ．「アフリカの武力衝突を終わらせるために情報を公開せよ」

　　ニ．「希少な天然資源を節約せよ」

　第1段落および第2段落の冒頭では，アフリカの紛争についてはニュース報道が少なく，歴史的背景や現状分析が欠落していることが指摘されている。第2段落第3文（European nations …）～第5段落最終文（The ability …）では，紛争の原因として，植民地化による政府の無力化と貧困，外国の採掘産業による現地国政府への不透明な資金提供，違法な武器取引の3つが指摘されている。第6段落で情報公開の必要性が述べられ，第7段落以降では，複数の NGO 団体の活動が紹介されている。第8段落第2文（International news …）では，国際的な報道機関がアフリカの紛争と諸外国の関係を報道しないことを指摘し，同段落最終文（This understanding …）では，NGO 団体の活動を知ることが紛争を終わらせる第一歩となるかもしれないとしている。以上から，**ハが最もふさわしい**と判断する。違法な武器取引と不透明な資金は相互に関連し合う要因なので，武器の問題のみに言及するロは適切ではない。

問1．(1)—イ　(2)—イ　(3)—ニ　(4)—ロ　(5)—ハ
問2．(1)—イ　(2)—イ　(3)—イ　(4)—ロ　(5)—ロ　(6)—ニ　(7)—ハ

実戦問題❻

目標解答時間 20分　**目標正答数** 9/12問

2019年度　デザイン工・理工・生命科学部A方式I日程　〔Ⅵ〕

ソーシャルメディアに関する次の英文を読み，設問に答えよ。

Since the beginning of the Internet, experts have worried that communication via computers would have a harmful effect on our social networks.　Instead of going out and interacting with others in traditional settings, people will stare at their computers all day typing messages to
5　people they have never even met.　And if you look up from your smartphone for a moment, you will see that everyone around you is involved in theirs.
(1)
There is even scientific evidence that suggests social media use is bad for your psychological health.　Some results show that people feel lonelier and experience drops in self-esteem after using Facebook.

10　A careful review of the literature, however, paints a more complicated picture.　It's certainly true that some studies have found a connection between social media use and declines in well-being.　But other studies have found opposite results, with people feeling more socially connected as they spend more time on social media.　For example, one study considered
15　the relationship between the number of Facebook friends and the level of social adjustment in college freshmen and seniors.　The more Facebook friends the freshmen had, the less socially adjusted they were to the college environment.　But the result was the opposite for the seniors.　The more Facebook friends they had, the more socially adjusted they were.

20　Conflicting findings such as these suggest the need to step back and look at the larger context.　The fundamental question that researchers have been asking is this: "Does using social media make you lonely?"　But it now seems we have been asking the wrong question.　At least that is the conclusion Duke University psychologist Jenna Clark and her colleagues
25　came to.　According to these researchers, whether using social media makes
(2)

you lonely or not depends on what you do with the social media. This point is illustrated in the study of college freshmen and seniors just mentioned. As it turned out, the college freshmen were using Facebook to keep in touch with their friends from high school. So the more time they spent online, the less time they had for building new friendships on campus, leading to 30 increased feelings of loneliness. In contrast, the college seniors were using Facebook mainly to communicate with friends on campus. So the more time they spent online, the more connected they felt.

Clark and her colleagues warn of two risks in social media use. The first risk is what they call "social snacking." This involves activities such 35 as browsing through other people's profiles or reading other people's comments without making any of your own. Social snacking may feel like social engagement, and while you are doing it you might temporarily forget your own feelings of loneliness. But just as junk food makes you feel both satisfied and empty afterward, social snacking only leaves you with much 40 time wasted and more loneliness than before.

The second risk is self-comparison. On Facebook, other people's lives seem so much more exciting and attractive than your own. Of course, the socially sophisticated know when someone is just boasting, and they discount what that person says. But when you are all alone in the early 45 hours of the morning, the fake stories that people tell on social media can make your own life seem less important by comparison.

As Clark and her colleagues point out, these risks are not unique to social media. Rather, they are the same traps that catch socially-isolated people in their attempts at interpersonal exchanges as well. People with 50 poor social skills will often try to compensate for their lack of social skills by
(3)
just participating in social situations, perhaps with the hope that if they just go where there are other people, someone will make friends with them. They join a church, hang out at the gym, or attend office parties. But they are too nervous to begin an exchange with anyone they do not already know, 55

and when others do approach them, their awkwardness soon sends others away. Some people engage in social snacking in real life, too. Instead of interacting with those around them, they stand back and watch as others chat, laugh, and seem to have a good time. In the end, the experience only

60 makes the socially awkward feel even lonelier. And they engage in social comparisons as well. Because other people seem to have much happier and more fulfilling lives than they do, their self-esteem takes a heavy hit as well.
(4)
In the end, whether using social media makes you feel lonelier or not depends on what you do when you are online. If you already have good

65 social skills, you will find Facebook a useful tool for keeping in touch with friends and family. In this way, social networking sites enrich our lives. But if you find yourself passively browsing through social media to take your mind off your loneliness, there are plenty of sites on the Internet that give sound advice on how to improve your social skills. Take the advice to

70 heart and practice it in public. As your social skills improve, so will the quality of the time you spend on Facebook.

From "Does Using Social Media Make You Lonely?", *Psychology Today* (*2018/01/24*) by David Ludden

問1　本文中の下線部(1)〜(4)の語句について，意味が最も近いものをそれぞれイ
　　　〜ニの中から一つ選び，その記号を解答用紙にマークせよ。

(1)　is involved in

　　イ　is dependent on 　　　　　　ロ　is fond of

　　ハ　is included in 　　　　　　　ニ　is occupied with

(2)　came to

　　イ　became 　　　ロ　reached 　　　ハ　visited 　　　ニ　went to

(3)　compensate for

　　イ　apologize for 　　　　　　　ロ　get accustomed to

　　ハ　make sure of 　　　　　　　ニ　make up for

(4)　takes a heavy hit

　イ　decreases sharply　　　　　　ロ　develops greatly

　ハ　increases dramatically　　　　ニ　vanishes suddenly

問2　本文の内容に関する(1)～(8)の問いの答えとして最も適切なものをそれぞれ
　　イ～ニの中から一つ選び，その記号を解答用紙にマークせよ。

(1)　Which of the following is an example of interaction in traditional
　　settings?

　イ　exchanging messages with others by e-mail

　ロ　having a business meeting online

　ハ　meeting with friends at a restaurant with Wi-Fi

　ニ　publicizing information through a web page

(2)　How did the author discover the actual relationship between social
　　media and our lives?

　イ　by analyzing the data given by Facebook

　ロ　by examining existing research

　ハ　by interviewing people using smartphones

　ニ　by observing college students on campus

(3)　According to a study, how do college students use social media?

　イ　Freshmen use it mainly to interact with friends on campus.

　ロ　Freshmen use it mainly to maintain old friendships.

　ハ　Seniors use it mainly to build friendships outside the campus.

　ニ　Seniors use it mainly to maintain old friendships.

(4)　How does social snacking make some social media users feel?

　イ　lonely and threatened

　ロ　socially engaged and satisfied

　ハ　socially engaged but lonely

ニ　threatened but satisfied

(5)　How does self-comparison affect some social media users?

イ　They are proud of their friends on social media.

ロ　They have no interest in other people's lives.

ハ　They feel that their own lives are worthless.

ニ　They prefer fake stories to real stories.

(6)　What difficulty do socially-isolated people face?

イ　They hang out at the gym.

ロ　They are not approached by anyone.

ハ　They cannot be active participants in conversation.

ニ　They are unable to attend parties.

(7)　How are social skills related to social media use?

イ　Better social skills lead to better social media use.

ロ　Better social skills lead to worse social media use.

ハ　Social skills have a negative effect on social media use.

ニ　Social skills have little effect on social media use.

(8)　What is the main issue this passage raises?

イ　having significant time without social media

ロ　living a better life by using social media wisely

ハ　managing your loneliness through social media

ニ　spending a better college life with social media

全訳

≪SNS の有効な使い方≫

　インターネットの時代が始まって以来，専門家が懸念しているのは，コンピュータを介したコミュニケーションが，社会のネットワークに有害な影響をもたらすかもしれないということである。出かけていって従来のような環境で他者と交流するのではなく，一日中コンピュータを見つめ，会ったこともない人々に対してメッセージを打ち込んでいる。少しの間スマートフォンから顔を上げれば，あなたのまわりの誰もが自分のスマートフォンに熱中しているのがわかるだろう。ソーシャルメディアの利用は心の健康に悪いことを示唆する科学的証拠すら存在する。いくつかの研究結果が示すところによると，人々はフェイスブックを利用したあとに，いっそう孤独を感じたり，自尊心が低下するのを経験している。

　しかしながら，そうした研究報告を綿密に再検討すると，もっと複雑な実情を描くことができる。いくつかの研究が，ソーシャルメディアの利用と幸福度の減退の間の関係を発見したことは確かに本当である。しかし，ソーシャルメディアに多くの時間を費やすにつれて，社会的につながっていると感じられるという反対の結果を発見した研究もある。例えば，ある研究では，大学1年生と大学4年生を対象として，フェイスブックの友人数と社会的適応の水準の関係を考察している。1年生の場合，フェイスブックの友人が多ければ多いほど，大学環境への社会的適応度が低かった。しかし4年生の場合では結果が逆であった。フェイスブックの友人が多ければ多いほど，社会的適応度が高かったのだ。

　このように相反する発見は，一歩退いて，もっと大きな文脈で検討する必要があることを示唆している。研究者が問い続けている根本的な疑問はこうである。「ソーシャルメディアを利用すると孤独を感じるようになるのだろうか？」　だが，どうも問いかけが間違っていたようなのである。少なくとも，それがデューク大学の心理学者ジェンナ＝クラークとその共同研究者が到達した結論である。これらの研究者によると，ソーシャルメディアを使って孤独を感じるか感じないかは，ソーシャルメディアで何をしているかによって決まるのである。このポイントは，先ほど言及した大学1年生と4年生の研究で例証されている。結局のところ，大学1年生は高校時代からの友人との連絡を保つためにフェイスブックを活用していた。それで，ネットワーク接続に時間を費やせば費やすほどキャンパスで新しい友人関係を築く時間が少なくなり，孤独感が高まるのである。対照的に，大学4年生は主にキャンパスの友人と連絡を取り合うためにフェイスブックを利用していた。だから，ネットワーク接続に時間を使えば使うほどつながっているという気がしたのである。

　クラークと共同研究者は，ソーシャルメディアの利用における2つのリスクを警告する。最初のリスクは「つまみ食い的な人付き合い」である。これには，他人のプロフィールを見て回ったり，自分自身はコメントせずに他人のコメントを読むだけといった活動が含まれている。なるほどつまみ食い的な人付き合いでは社会参加をしているように感じられ，そうしているときは一時的に孤独感を忘れるかもしれない。しかし，ジャンクフードが満足感とその後のむなしさの両方を感じさせるのと同じように，つまみ食い的な人付き合いは，多くの時間の浪費と以前にも増した孤独感を残すだけである。

　　第2のリスクは自己との比較である。フェイスブック上では，他人の生活はあなた自身の生活よりもずっと刺激的で魅力的であるように思える。もちろん，世間慣れした人々なら，人がただ自慢しているだけのときはわかるものだ。そしてその人の言うことを割り引いて考える。しかし，朝の早い時間に独りぼっちでいると，ソーシャルメディアで人々が語る作り話と比較してしまい，自分の生活は取るに足らないものであるように思えてくるのである。

　　クラークと共同研究者が指摘しているように，これらのリスクはソーシャルメディアに限ったことではない。むしろ，直接向かい合ってのやり取りを試みているときでも，社会的に孤立した人々が捕らわれやすい同じわなな のである。人付き合いのスキルが低い人々は，他の人々がいるところへ行けば誰かが友達になってくれると期待して，社交的な場に単に参加することで，そうしたスキル不足を埋め合わせようとしばしば努力する。彼らは教会に通ったり，ジムで時間を費やしたり，職場のパーティーに出席したりする。しかし，彼らはあまりにも緊張して，知らない人々との交流を始めることができない。そして実際に人が近づいてきても，ぎこちなさですぐに人を遠ざけてしまうのである。現実の生活でも，つまみ食い的な人付き合いをする人がいる。周りの人々と交流するのではなく，一歩退いて，他人が談笑し，楽しい時を過ごしている様子を眺めているのである。最後には，そのような経験によって人付き合いが苦手な人々はいっそう孤独を感じてしまう。そして，彼らは社会的に置かれた状況を比較してしまうのである。自分以外の人々は自分よりも幸福で満ち足りた生活を送っているように思えるので，自尊心も大打撃を受けるのである。

　　結局は，ソーシャルメディアを使うことで孤独を感じるか感じないかは，インターネットに接続しているときに何をするのかによって決まる。すでに優れた人付き合いのスキルをもっているなら，フェイスブックは友人や家族と連絡を取り続けるための有効な道具であることがわかるだろう。このようにして，ソーシャルネットワーキングサイトは我々の生活を豊かにする。しかし，気がつくとソーシャルメディアを使って受動的にあちらこちらを閲覧して孤独を紛らせているなら，インターネット上にはあなたの人付き合いのスキルを改善する方法について健全なアドバイスを提供するサイトがたくさんある。そのようなアドバイスを真剣に受け止め，人前で実践しよう。人付き合いのスキルが改善されるにつれて，フェイスブックに費やされる時間の質も向上するだろう。

● 語句・構文 ………………………………………………………………………………

第1段落

☐ *l.* 2　communication via computers「コンピュータを介したコミュニケーション」

☐ *l.* 3　Instead of going out and interacting with ～「出かけていって～と交流する代わりに」

☐ *l.* 4　stare at their computers all day typing ～「～を打ち込みながら一日中コンピュータを見つめる」

□ *l*. 5　people（that）they have never even met「会ったこともない人々」　目的格の関係代名詞の省略。

□ *l*. 7　scientific evidence that suggests（that）…「…を示唆する科学的証拠」　接続詞のthatの省略に注意。最初のthatは同格節を導く（⇨**CHECK 7-10**）。

□ *l*. 9　drops in self-esteem「自尊心の低下」

第2段落

□ *l*. 10　literature「研究報告書，文献」

□ *l*. 11　It's certainly true that ～. But ….「確かに～は本当だが，しかし…」〈譲歩〉のつながり。

□ *l*. 12　declines in well-being「幸福度の減退」

□ *l*. 13　with people feeling more socially connected as …「…するにつれて人々は社会的につながっていると感じる」　このwithは〈付帯状況〉を表す前置詞（⇨**CHECK 8-5**）。asは〈比例〉を表す接続詞（⇨**CHECK 7-1**）。

□ *l*. 16　college freshmen and seniors「大学1年生と4年生」
　　　　　参考：sophomore「大学2年生」　junior「大学3年生」

□ *l*. 16　The more Facebook friends the freshmen had, the less socially adjusted they were to ～「大学1年生にフェイスブックの友達が多ければ多いほど，～への社会的適応度が低かった」　the＋比較級＋S′ V′, the＋比較級＋S V の形（⇨**CHECK 9-4**）。

□ *l*. 18　the opposite「逆のもの」

第3段落

□ *l*. 20　*A* such as *B*「*B*のような*A*」

□ *l*. 22　But it now seems（that）…「しかし今やどうも…らしい」　接続詞のthatの省略に注意。

□ *l*. 25　whether ～ or not「～か，そうではないか」　この部分が文の主語。

□ *l*. 26　depend on what you do with ～「～をどのように扱うかによって決まる」

□ *l*. 28　As it turned out「結局のところ，後になってわかったことだが」

□ *l*. 28　keep in touch with their friends「友人たちと連絡を取り続ける」

□ *l*. 30　leading to increased feelings of loneliness「その結果，孤独感が高まるのである」
　　　　　分詞構文。lead to ～「～を招く，引き起こす」（≒cause）

□ *l*. 31　In contrast「対照的に」

第4段落

□ *l*. 34　warn of ～「～を警告している」

□ *l*. 35　what they call "social snacking"「いわゆる『つまみ食い的な人付き合い』」　このwhatは名詞節を構成する関係代名詞（⇨**CHECK 7-12**）。

□ *l*. 36　browsing through ～「～を見て回ること，拾い読みをすること」

□ *l*. 39　just as ～「ちょうど～であるように」　このasは〈様態〉を表す接続詞（⇨**CHECK 7-1**）。

第5段落

□ *l*. 42　self-comparison「自己との比較」

□ *l*. 43　Of course ～. But ….「もちろん～だが，しかし…」〈譲歩〉のつながり。

☐ *l.* 45 all alone「全く独りきりで」

☐ *l.* 47 by comparison「比べると」

第6段落

☐ *l.* 48 point out「指摘する」

☐ *l.* 48 are not unique to ～「～に独特なことではない」

☐ *l.* 49 the same traps that catch…as well「…も捕らえる同じわな」 この as well は too と同じ意味。

☐ *l.* 50 interpersonal exchanges「面と向かったやり取り」

☐ *l.* 54 hang out at ～「～に頻繁に行く」

☐ *l.* 55 are too nervous to begin ～「あまりに緊張して～を始めることができない」〈結果・程度〉を表す（⇨**CHECK 10-14**）。

☐ *l.* 55 anyone (that) they do not already know「まだ知らない人」 目的格の関係代名詞の省略。この already は yet の意味で用いられている。

☐ *l.* 57 Instead of interacting with those around them「周りの人々と交流するのではなく」 この those は「人々」の意味。

☐ *l.* 60 makes the socially awkward feel even lonelier「人付き合いが苦手な人々にいっそうの孤独感を感じさせる」 make O *do*「O に～させる」の形（⇨**CHECK 5-3**）。この場合の O は the socially awkward である。the＋形容詞で「～な人々」の意味。

☐ *l.* 61 have much happier and more fulfilling lives than they do「自分たちよりも幸福で満ち足りた生活を送る」

最終段落

☐ *l.* 65 a useful tool for keeping in touch with ～「～と連絡を取り続けるための有効な道具」

☐ *l.* 66 enrich our lives「我々の生活を豊かにする」

☐ *l.* 69 sound advice「健全なアドバイス」

☐ *l.* 70 As …, so will the quality of the time (that) you spend on Facebook (improve). と補って考える。so 以下は倒置文。the quality…on Facebook が長い主語となっている。目的格の関係代名詞の省略に注意。

解 説

問1

(1) everyone around you <u>is involved in</u> theirs「あなたのまわりの誰もが自分のスマートフォンに熱中している」 be involved in ～「～に熱中している」 ニ. **is occupied with** が最も近い意味。いずれも何かに没頭しているときの表現である。

(2) the conclusion (that) … <u>came to</u>「…が到達した結論」 conclusion と Duke University の間に that が省略されている。that は目的格の関係代名詞。先行詞の the conclusion を that に代入し，<u>came to</u> the conclusion「その結論に到達した」と読み替えて，**ロ. reached** が最も近いと判断する。

(3)compensate for their lack of social skills by … 「…によって人付き合いのスキルの不十分さを埋め合わせる」　compensate *A* by *doing* 「～することで *A* を埋め合わせる」　ニ．make up for が最も近い意味（⇨ CHECK 4-8 ）。

(4)their self-esteem takes a heavy hit 「自尊心は大打撃を受ける」　この hit は「打撃，一撃」の意味。ここでは他人を羨んで自己評価が急に下がることを表している。イ．decrease sharply 「急低下する」が近い意味。

問2

(1)「traditional settings（従来の場面）でのやり取りの例は次のうちのどれか」

　イ．「e メールで他者とメッセージを交換する」

　ロ．「オンラインでビジネスミーティングを行う」

　ハ．「Wi-Fi が使えるレストランで友人と会う」

　ニ．「ウェブページで情報を公表する」

　traditional settings という表現については第1段落第2文（Instead of going …）に着目。ハは対面して行われる行動なので，これが正解。イ・ロ・ニは人と直接会って行われることではない。

(2)「どのようにして著者はソーシャルメディアと我々の生活の間の実際の関係を発見したか」

　イ．「フェイスブックによって提供されたデータを分析することによって」

　ロ．「既存の研究を検討することによって」

　ハ．「スマートフォンを利用する人々に面接調査をすることによって」

　ニ．「キャンパスの大学生を観察することによって」

　第2段落第1文（A careful review of …）に着目して，ロを選ぶ。この場合の literature は「研究報告書，文献」の意味。

(3)「ある研究によると，大学生はどのようにソーシャルメディアを使っているか」

　イ．「1年生はそれを主にキャンパスの友人との交流に使っている」

　ロ．「1年生はそれを主に昔の友人関係を維持するために使っている」

　ハ．「4年生はそれをキャンパス外の友人関係を築くために使っている」

　ニ．「4年生はそれを主に昔の友人関係を維持するために使っている」

　第3段落第7文（As it turned out, …）に着目。1年生は高校時代の友人と連絡を保つために使っている，とあるので，ロが正解。

(4)「つまみ食い的な人付き合いによってソーシャルメディアの使い手はどのように感じるか」

　イ．「孤独で脅かされている」

　ロ．「社会的にかかわり，満足している」

　ハ．「社会的にかかわっているが，孤独である」

　ニ．「脅かされているが，満足している」

第4段落第4・5文（Social snacking may…loneliness than before.）に着目。may ～ but …で〈譲歩〉のつながり。人付き合いをしているが孤独である，とあるので，ハが正解。

(5)「自己との比較はどのようにソーシャルメディアの利用者に影響するか」

　　イ．「彼らはソーシャルメディア上の友人を誇りに思う」

　　ロ．「彼らは他人の生活に興味がない」

　　ハ．「彼らは自分の生活は価値がないと感じる」

　　ニ．「彼らは本当の話よりも作り話を好む」

　　第5段落第2文（On Facebook, other …）および最終文（But when you …）に着目。他人の生活と比べて自分の生活は取るに足らないと思えてくる，とあるので，ハが正解。

(6)「社会的に孤立した人々はどのような困難に直面するか」

　　イ．「彼らはジムに頻繁に行く」

　　ロ．「彼らは誰にも近づいてもらえない」

　　ハ．「彼らは会話の積極的な参加者になることができない」

　　ニ．「彼らはパーティーに参加できない」

　　第6段落第7文（Instead of interacting …）に着目。つまみ食い的な人付き合いをする人は，他の人々が会話を楽しんでいるのを一歩退いて見ている，とあるので，ハが正解。ロは第6段落第5文（But they are …）に反する。

(7)「人付き合いのスキルはどのようにソーシャルメディアの利用に関係しているか」

　　イ．「より優れた人付き合いのスキルは，より優れたソーシャルメディアの利用をもたらす」

　　ロ．「より優れた人付き合いのスキルは，より劣ったソーシャルメディアの利用をもたらす」

　　ハ．「人付き合いのスキルは，ソーシャルメディアの利用にマイナスの影響をもたらす」

　　ニ．「人付き合いのスキルは，ソーシャルメディアの利用にほとんど影響をもたらさない」

　　最終段落第2文（If you already …）に，優れた人付き合いのスキルがあれば，フェイスブックは役に立つツールである，とあるので，イが適切。

(8)「この文章が提起している主な論点とは何か」

　　イ．「ソーシャルメディアなしで有意義な時を過ごすこと」

　　ロ．「ソーシャルメディアを賢く利用してより良い生活を送ること」

　　ハ．「ソーシャルメディアを使って孤独感にうまく対処すること」

　　ニ．「ソーシャルメディアを使ってより良い大学生活を過ごすこと」

　　まず，最終段落第3文（In this way, …）に着目。ソーシャルネットワーキング

サイトは我々の生活を豊かにする，とある。これに続く第4〜最終文（But if you … spend on Facebook.）には，人付き合いのスキルを向上させるアドバイスに従って，それを実践してゆけばソーシャルメディアに費やす時間の質も向上する，とある。以上から，ロが適切であると判断する。

問1　(1)—ニ　(2)—ロ　(3)—ニ　(4)—イ
問2　(1)—ハ　(2)—ロ　(3)—ロ　(4)—ハ　(5)—ハ　(6)—ハ　(7)—イ　(8)—ロ

実戦問題❼

つぎの英文を読み，問いに答えよ。

　　Social movements in the United States and other nations have been great forces for social change. At the same time, governments and other opponents have often tried to underline the movements' efforts. To understand how and why social change happens, we have to understand
5　why movements begin, how they succeed and fail, and what impact they may have.

　　As a start, we first need to understand what social movements are. A social movement may be defined as an organized effort by a large number of people to bring about or disrupt social, political, economic, or cultural
10　change. Defined in this way, groups leading social movements might sound similar to special-interest groups, and they do have some things in ⬚(A)⬚. But a major difference between these two kinds of group lies in the nature of their actions. Special-interest groups normally work within the system via conventional political activities such as lobbying* and election
15　campaigning. In contrast, social movements may work outside the system by engaging in various kinds of protest, including demonstrations and sometimes even violence.

　　Conceived in this way, the efforts of social movements amount to "politics by other means", with these "other means" made ⬚(B)⬚ because
20　movements lack the resources and access to the political system that special-interest groups typically enjoy.

　　Sociologists identify several types of social movements according to the nature and extent of the change they seek. This categorization helps us understand the differences among the many kinds of social movements that
25　existed in the past and continue to exist today.

One of the most common and important types of social movements is the reform movement, which seeks [(C)] , though still significant, changes in some aspect of a nation's political, economic, or social systems. It does not try to overthrow the existing regime but rather works to improve conditions within it. Some of the most important social movements in U.S. ₃₀ history have been reform movements. These include the movement to end slavery preceding the Civil War, the movement to give women the right to vote that followed the Civil War, the labor movement, the Southern civil rights movement, the Vietnam era's antiwar movement, the contemporary women's movement, the gay rights movement, and the environmental ₃₅ movement.

A revolutionary movement goes one large step further than a reform movement in seeking to overthrow the [(D)] government and to bring about a new one and even a new way of life. Revolutionary movements were common in the past and were responsible for the world's great ₄₀ revolutions in Russia, China, and several other nations. Reform and revolutionary movements are often referred to as political movements because the changes they seek are political in nature.

Another type of political movement is the reactionary movement, which is [(E)] block social change or to reverse social changes that have ₄₅ already been achieved. The anti-abortion movement is a contemporary example of a reactionary movement, as it arose after the U.S. Supreme Court legalized most cases of abortion** in 1973 and seeks to limit or eliminate the legality of abortion.

Two other types of movements are self-help movements and religious ₅₀ movements. As their name implies, self-help movements involve people trying to improve aspects of their personal lives; examples of self-help groups include Alcoholics Anonymous and Weight Watchers. Religious movements aim to [(F)] religious beliefs among their members and to [(G)] other people to these beliefs. Sometimes self-help and religious ₅₅ movements are difficult to distinguish from each other, because some self-help groups emphasize religious faith as a means of achieving personal transformation.

　　To understand the origins of social movements, we need answers to two
60　related questions. First, what are the social, cultural, and other factors that give rise to social movements? They do not arise in a vacuum, and
(ウ)
people must become sufficiently unhappy for a social movement to arise. Second, once social movements do begin, why are some individuals more likely than others to take part in them?

65　　For social movements to arise, certain political, economic, or other
(エ)
problems must first exist that prompt people to be dissatisfied enough to begin and join a social movement. These problems might include a weak economy; a lack of political freedom; certain foreign policies carried out by a government; or discrimination based on gender, race, ethnicity, or sexual
70　orientation. In this regard, one of the essential conditions for collective behavior is said to be social problems that cause people to be angry and frustrated. Without such structural pressure, people would not have any reason to protest, and social movements would not arise.

From *Sociology: Understanding and Changing the Social World, Brief Edition* v2.0 by Steven E. Barkan, FlatWorld

　　*lobbying: 陳情運動　　　　　**abortion: 人工妊娠中絶

問1　下線部(ア) undermine の意味に最も近いものを，つぎのa〜dの中から一つ選び，その記号を解答欄にマークせよ。

　　a．support　　　　b．monitor　　　　c．damage　　　　d．control

問2　空欄 [(A)] 〜 [(D)] に入る最も適切な語を，それぞれつぎのa〜hの中から一つ選び，その記号を解答欄にマークせよ。ただし，同じ選択肢を二度以上使用しないこと。

　　a．common　　　　　b．determined　　　　c．impractical

d．existing　　　　e．limited　　　　f．major

g．necessary　　　h．past

問3　下線部(イ)Sociologists identify several types of social movements according to the nature and extent of the change they seek. の主旨に最も合うものを，つぎのa～dの中から一つ選び，その記号を解答欄にマークせよ。

a．The importance of social movements mostly depends on the methods they employ.

b．Changes in social movements are defined by their natural existence and longevity.

c．Social movements seek to bring about widespread transformation of society using various means.

d．Social movements are classified in terms of the type and degree of change they represent.

問4　つぎのa～fの語の順序を並べ替えて空欄　(E)　に入れ，意味が通るようにせよ。ただし解答欄には3番目と5番目の語の記号をマークせよ。

a．because　　　　b．it　　　　　　c．named

d．so　　　　　　e．to　　　　　　f．tries

問5　空欄　(F)　　(G)　に入る最も適切な語の組み合わせを，つぎのa～dの中から一つ選び，その記号を解答欄にマークせよ。

a．(F) include　　　(G) expel

b．(F) fulfill　　　(G) shift

c．(F) reinforce　　(G) convert

d．(F) distribute　(G) persuade

問6　下線部(ウ)arise in a vacuum の意味に最も近いものを，つぎのa～dの中から一つ選び，その記号を解答欄にマークせよ。

　　a．occur at certain temperatures and pressures

　　b．happen without any clear cause

　　c．affect the majority of people directly

　　d．immediately emerge from the surface

問7　下線部(エ) For social movements to arise, certain political, economic, or other problems must first exist that prompt people to be dissatisfied enough to begin and join a social movement. の文意を最もよくあらわしているものを，つぎのa～dの中から一つ選び，その記号を解答欄にマークせよ。

　　a．人々を社会運動へ駆り立てるような政治的・経済的問題等が存在することが，社会運動の起こる条件である。

　　b．社会運動が起こると，政治的・経済的問題等の解決策を人々は迅速に見出さなければならない。

　　c．政治的・経済的問題等に対する社会運動が起こるが，そうした運動に人々は不満をもつ。

　　d．社会運動に参加することで，人々は政治的・経済的問題等に対してより自覚的になり，不満を高める。

問8　本文の内容と合致するものを，つぎのa～dの中から一つ選び，その記号を解答欄にマークせよ。

　　a．A reactionary movement aims to set up a new government to carry out conservation policies for the people.

　　b．Self-help movements tend to emphasize the importance of protecting oneself from interference by the state.

　　c．One difference between groups leading social movements and special-interest groups lies in their resources and access to the political system.

　　d．A typical goal of social movements is to form a political party that represents their common interests regardless of traditional party lines.

≪社会運動が起こる理由≫

全 訳

　アメリカや他の国々での社会運動は，社会が変化するために大きな力を持ってきた。同時に，政府やその他の反対者はしばしば運動の取り組みを気づかれずに損なおうと試みてきた。いかにして，そして何故，社会の変化が起こるのかを理解するためには，我々は何故，運動が起こるのか，どのようにしてそれらが成功し失敗するのか，そしてどのような影響力を持つ可能性があるのかを理解しなければならない。

　始めるにあたり，我々はまず，社会運動とは何かを理解する必要がある。社会運動は，社会的，政治的，経済的，または文化的な変化を引き起こしたり崩壊させるための，非常に多くの人々による組織的な取り組みであると定義されるかもしれない。このように定義されると，社会運動を率いている集団は，特別利益団体に似ているように思えるかもしれない。そしてそれらは確かにいくつかのものを共通に持っている。しかし，これらの2種類の集団間の大きな違いは，それらの活動の性質にある。特別利益団体は通常，陳情運動や選挙運動のように従来の政治的活動を通じて既存のシステム内で活動している。対照的に，社会運動はデモや時には暴力さえも含めて，色々な種類の抗議に参加することによって，システムの外で活動することもあり得る。

　このように考えると，社会運動の取り組みは，「別の手段による政治」に相当する。これらの「別の手段」が必要とされるのは，運動は特別利益団体が典型的に享受している財源と政治的なシステムへのアクセスを欠くからである。

　社会学者は，社会運動が求める変化の性質と程度に応じて，運動のいくつかのタイプを特定する。この分類は，過去において存在し，今日も存在し続けている多くの種類の社会運動の違いを理解するのに役立つ。

　最も一般的で重要な社会運動のタイプの1つは改革運動であり，こうした運動は，国家の政治的，経済的，社会的なシステムの何らかの側面における，重要ではあるが，限られた変化を求めている。それは，既存の政治体制を転覆させようとするのではなく，むしろその中で，状況を改善するように働きかける。アメリカの歴史において最も重要な社会運動のいくつかは改革運動であった。これらは，南北戦争に先行する奴隷制度を終結させるための運動，南北戦争に続いた女性に参政権を与える運動，労働運動，南部の公民権運動，ベトナム戦争時代の反戦運動，現代の女性運動，同性愛者の権利運動，そして環境運動を含んでいる。

　革命運動は，現在の政府を転覆させ，新しい政府や新しい生活様式さえももたらそうとする点で，改革運動よりも深く踏み込むものである。革命運動は過去によく起こり，ロシア，中国，そしてその他の国々で世界を巻き込む大きな革命の原因となった。改革運動や革命運動は，しばしば政治的な運動として言及されるが，それは求められる変化の性質が政治的だからである。

　もう1つのタイプの政治運動は，反動的運動である。それは，社会的な変化を阻止しようとし，既に達成されている社会的変化を逆転させようとしているので，そう名付けられている。人工妊娠中絶反対運動は，現代の反動的運動の一例である。それは米国の最高裁が1973年に，人工妊娠中絶のほとんどの事例を合法と認めた後

に起こり，人工妊娠中絶の合法性を制限し，排除することに努めているからである。

さらに他の2つのタイプの運動は，自助運動と宗教運動である。それらの名前が示すように，自助運動には自らの個人的な生活の側面を向上させようとする人々がかかわっており，自助グループの例には，アルコール中毒者更生会やウェイト＝ウォッチャーズが含まれている。宗教運動は，その構成員の間の信仰心を強固にし，他の人々をこれらの宗教的信念に改宗させることを目論んでいる。時には自助運動と宗教運動はお互いを区別するのが困難なこともある。それは，いくつかの自助グループは個人的な変革を達成する手段として宗教的信念を強調するからである。

社会的運動の始まりを理解するためには，2つの関連した質問に答えることが必要である。まず，社会運動を引き起こす，社会的，文化的，その他の要因は何なのか。それらは，真空状態で生じたりはしない，また社会的運動が起こるためには，人々は十分に不幸であるに違いない。2つ目に，実際に社会運動が起こると，何故，参加する可能性が他と比べて高い人々がいるのか。

社会運動が起こるには，社会運動を開始し参加させるほど不満な状態に人々を追い込む，特定の政治的，経済的，またはその他の問題が最初に存在するに違いない。これらの問題は，経済の低迷，政治的自由の欠如，政府により実施された特定の外交政策，または，性，人種，民族意識，性的志向に基づく差別を含むかもしれない。この点において，集団的な行動に対する必須条件の1つは，人々を怒らせ，不満を抱かせる社会的問題であると言われている。そのような構造上の圧力なしでは，人々は抗議するための理由を持たないだろうし，社会運動も起こらないだろう。

● 語句・構文 ………………………………………………………………………………

第1段落
- [ ] *l.* 3 opponent「敵対者，反対者」

第2段落
- [ ] *l.* 8 may be defined as ～「～と定義されるかもしれない」
- [ ] *l.* 9 bring about or disrupt ～「～を引き起こしたり，崩壊させる」
- [ ] *ll.* 10-12 might sound similar …. But ～.「なるほど…に似ているように思えるかもしれない。しかし～」〈譲歩〉のつながり。
- [ ] *l.* 12 lie in the nature of ～「～の性質にある」
- [ ] *l.* 13 special-interest group「特別利益団体，圧力団体（lobby）」
- [ ] *l.* 14 via conventional political activities「従来の政治的活動を通じて」
- [ ] *l.* 15 In contrast, …「対照的に…」
- [ ] *l.* 16 various kinds of protest「様々な種類の抗議」

第3段落
- [ ] *l.* 18 Conceived in this way「このように考えると」 分詞構文。＝When they are conceived in this way
- [ ] *l.* 18 amount to ～「～に相当する」
- [ ] *l.* 20 that special-interest groups typically enjoy「特別利益団体が典型的に享受してい

る」 that は目的格の関係代名詞。先行詞は，the resources and access to the political system である。

第4段落

☐ *l.* 23　This categorization help us（to）understand …「この分類は我々が…を理解するのに役立つ」 to の省略に注意。

第5段落

☐ *l.* 29　overthrow the existing regime「既存の政治体制を転覆させる」

☐ *l.* 32　slavery preceding the Civil War「南北戦争に先行する奴隷制度」

第6段落

☐ *l.* 37　revolutionary movement「革命運動」

☐ *l.* 40　were responsible for ～「～の原因であった」

☐ *l.* 42　are often referred to as ～「しばしば～として言及される」

☐ *l.* 43　because the changes（that）they seek are …「それら（改革運動や革命運動）が求める変化が…であるので」 目的格の関係代名詞の省略。

第7段落

☐ *l.* 44　reactionary movement「反動（主義）的運動」

☐ *l.* 45　to reverse social changes「社会的変化を逆転させること」

☐ *l.* 47　as it arose after the U.S. Supreme Court …「米国最高裁が…した後に起こったので」 〈理由〉を表す接続詞の as（⇨ **CHECK 7-1**）。

☐ *l.* 47　the U.S. Supreme Court「米国最高裁」

☐ *l.* 48　legalize「～を合法化する」

☐ *l.* 49　eliminate「～を排除する」

第8段落

☐ *l.* 50　self-help movements「自助運動，自己啓発運動」

☐ *l.* 53　Alcoholics Anonymous「アルコホーリクス・アノニマス（アルコール中毒者更生会)」 1935年に米国に始まり，世界中に広がる自助グループ。

☐ *l.* 56　are difficult to distinguish from each other「お互いを区別するのが難しい」

☐ *l.* 57　as a means of achieving personal transformation「自己変革を達成する手段として」

第9段落

☐ *l.* 61　give rise to ～「～を引き起こす，生じさせる」

☐ *l.* 62　sufficiently unhappy for ～ to arise「～が起こるほど十分不幸な」

☐ *l.* 63　once social movements do begin「いったん社会運動が実際に始まると」 この once は接続詞，do は強調の助動詞。

☐ *l.* 64　take part in ～「～に参加する」≒ join

最終段落

☐ *l.* 68　a lack of political freedom「政治的自由の欠如」

☐ *l.* 69　discrimination based on ～「～基づく差別」

☐ *l.* 70　collective behavior「集団的な行動」 ここでは social movements のこと。

☐ *l.* 72　Without such structural pressure「構造的圧力がなければ」 この場合の structural pressure とは social problems のこと。

解 説

問1. have often tried to <u>undermine</u> the movements' efforts「しばしばそのような運動の取り組みを気づかれないうちに損なおうと試みてきた」 undermine は「～を徐々に損なう，切り崩す，実らせない」の意味。c. damage「～に損害を与える」が最も近い。

問2. (A) they do have some things in <u>common</u>「それらは確かに共通の何かを持っている」 直前の groups leading social movements might sound similar to special-interest groups「社会運動を率いる集団は特別利益団体に似ているように思えるかもしれない」がヒント。have A in common で「A を共通に持つ」の意味。この do は強調の助動詞。a が適切。

(B) with these "other means" made <u>necessary</u> because …「（この状況では）…なのでこれらの『別の手段』が必要とされる」 付帯状況の with。この場合，these "other means" は made（過去分詞）の意味上の主語である（⇨**CHECK 8-5**）。以上を踏まえて，because 以下に着目。（特別利益団体とは異なり）社会運動を率いる集団には財源と政治システムを利用する方法がないので「別の手段」が必要である，というつながりをとらえて，g. necessary「必要な」を選ぶ。

(C) which seeks <u>limited</u>, though still significant, changes in some aspect of …「それら（改革運動）は，…の何らかの側面における，重要ではあるが，限られた変化を求めている」 which の先行詞は the reform movement であることを確認し，though に着目する。significant と〈譲歩〉の関係であると判断して，e. limited「限られた」を選ぶ。直後の第5段落第2文（It does not try to overthrow …）もヒント。改革運動は既存の政治体制の転覆ではなく，状況の改善を試みる，とある。

(D) in seeking to overthrow the <u>existing</u> government and to bring about a new one「現在の政府を転覆して新しい政府をもたらそうとする点で」 one は government のこと。新しい政府を樹立するには現在の政府を転覆させる必要があることから，d. existing「既存の，現在の」が適切であると判断する。

問3. Sociologists identify several types of social movements according to the nature and extent of the change (which) they seek.「社会学者は，社会運動が求める変化の性質と程度に応じて，運動のいくつかのタイプを特定する」 目的格の関係代名詞の省略に注意。they は social movements のこと。d. Social movements are classified in terms of the type and degree of change they represent.「社会運動はそれらが主張する変化のタイプと程度の観点から分類される」が主旨に最も合う。この represent は「主張する，（強く）説く」の意味。

問4. which is (so named **because** it tries to) block social change「それ（反動的運動）は，社会的な変化を阻止しようとするので，そのように名付けられてい

る」　この which は主格の関係代名詞，先行詞は the reactionary movement である。「反動的運動」という名称の理由を説明する節になるように，be so named because ～「～なのでそのように名付けられている」の形にする。be named so because ～という言い方もある。it は the reactionary movement を指す。

問5．空欄の直前の Religious movements aim to …「宗教運動は…することを目論んでいる」に着目。宗教運動の目的を考慮して，(F)は to reinforce religious beliefs「信仰心を強化すること」，(G)は to convert other people to these beliefs「他の人々をこれらの宗教的信念に改宗させる」とする。**c が正解。**

問6．They do not arise in a vacuum「それら（社会運動）は真空状態では起こらない」　直前の第9段落第2文（First, what are the social, cultural, and other factors …）に着目。社会運動が起こる要因とは何かという問いかけに対して，社会運動には何らかの原因があるとつながっている。factor ≒ cause から，**b．happen without any clear cause「明確な原因なしで生じる」が近い意味**と判断する。

問7．下線部(エ)の文の構造は以下の通り。

For social movements to arise, certain political, economic, or other problems
　　　　　M(副詞句)　　　　　　　　　　　　　　　　　　　S

must first exist that prompt people … and join a social movement.
　　V　　　　　　　　　　M(形容詞節)

文頭の For … to arise は副詞的用法の不定詞に意味上の主語が伴った形。that は主格の関係代名詞で，先行詞は problems である。形容詞＋enough to do「～するほど十分に…」の形に注意（⇨ CHECK 10-14 ）。以上をふまえると「社会運動が起こるためには，人々が社会運動を始めたり，そうした運動に参加するほど不満を持つように追い込む，特定の政治的，経済的，あるいはその他の問題が最初に存在するに違いない」となる。したがって，**a が最もよく文意を表している。**

問8．a．「反動的運動は，人々の保護政策を実行するために新政府を樹立することを目標にしている」
「人々の保護政策」についての記述はない。「反動的運動」は，変化を阻止したり，起こった変化を元の状態に戻そうとする運動のことである。第7段落第1文（Another type of political movement …）参照。
b．「自助運動は，国家による妨害から自らを守ることの重要性を強調する傾向がある」
「国家による妨害から自らを守ることの重要性」についての記述はない。「自助運動」とは，個人の生活の改善を試みる運動のことである。第8段落第2文（As their name implies, …）参照。
c．「社会運動を率いる集団と特別利益団体の1つの違いは，財源と政治システムへのアクセスにある」

第2段落第4文（But a major difference …）に「社会運動を率いる集団と特別利益団体の大きな違いはそれらの活動の性質にある」とあり，第3段落の空欄の直後に「（社会）運動は，特別利益団体が典型的に享受している財源と政治的なシステムへのアクセスがない」とあるので，**合致する**。

d．「社会運動の典型的な目標は，党の伝統的な路線に関係なく，共通の利益を代表する政党を形成することである」

本文に記述なし。

以上より**c が正解**。

問1．c　問2．(A)—a　(B)—g　(C)—e　(D)—d
問3．d　問4．3番目—a　5番目—f　問5．c
問6．b　問7．a　問8．c

解　答

第3章

会話文

〈1〉 日常会話
〈2〉 読解型会話文

 この章の進め方

　会話文問題といっても，独特な会話表現が出題されるのではない。話の流れを把握しているかどうかを問う設問が中心なので，その点ではむしろ読解問題に近い。大別すると，

　(1) 日常的な題材を扱う「**一般的な会話文**」

　(2) インタビューや小説・シナリオなどの「**読解型会話文**」

の2タイプに分類できる。

　以上をふまえて，会話文が出題される学部を志望する受験生の場合は，まず，〈1〉に取り組むのがよいだろう。そのうえで(2)のタイプの問題（〈2〉の［研究問題］・［実戦問題❶］・［実戦問題❷］・［実戦問題❸］）に取り組もう。

　会話文が出題されない学部を志望する受験生の場合は，読解問題対策の一環として〈2〉を中心に取り組むのがよいだろう。

〈1〉日常会話

研究問題

2015年度 デザイン工・理工・生命科学部A方式Ⅰ日程 〔Ⅰ〕

ポイント

会話の形式をとっているが，問われている内容は文法・語彙の知識である。この形式では，時制・仮定法・助動詞，自動詞・他動詞など動詞を中心とする知識や付加疑問・間接疑問，倒置など語順に関する表現がよく問われている。

つぎの会話の中に入る最も適切な語(句)をイ～ニの中から一つ選び，その記号を解答用紙にマークせよ。

(1) A : Mr. Weir, I was absent from this class last week as I had an interview.

　　B : You ☐ have told me in advance.

　イ　should　　　ロ　will　　　ハ　can　　　ニ　had better

(2) A : How did you come here?

　　B : On foot, because I had my bicycle ☐ .

　イ　steal　　　ロ　stole　　　ハ　stolen　　　ニ　to steal

(3) A : How was the concert last night?

　　B : Great!　Every time I go to a concert, I feel ☐ .

　イ　exciting　　　ロ　to excite　　　ハ　excited　　　ニ　to be excited

(4) A : I couldn't believe the news that the famous movie star died.

　　B : ☐ could I.

　イ　Neither　　　ロ　No　　　ハ　Not　　　ニ　None

(5)　A : School is a place ☐ the students are supposed to study.

　　　B : No one can disagree with that!

　　イ　as　　　　　ロ　where　　　　ハ　that　　　　ニ　which

(6)　A : If I ☐ Prime Minister, I would lower taxes.

　　　B : You should be Prime Minister then!

　　イ　are　　　　ロ　had been　　　ハ　were　　　　ニ　am

(7)　A : Was the lecture a success?

　　　B : Yes, it ☐ to have attracted more than one thousand people.

　　イ　reports　　　ロ　tells　　　　ハ　is told　　　ニ　is reported

(8)　A : Mr. Green, can I ask you how my essay was?

　　　B : I have looked it over ☐ to find many fundamental errors.

　　イ　sufficient　　ロ　as　　　　　ハ　only　　　　ニ　according

(9)　A : ☐ your support, this project would not have been possible.

　　　B : It was my pleasure to help you.

　　イ　Instead　　　ロ　Except　　　ハ　Otherwise　　ニ　Without

(10)　A : Do you have time to talk now?

　　　B : I don't think that it's of any use to ☐ the matter anymore.

　　イ　discuss with　ロ　discuss for　ハ　discuss　　　ニ　discussing

(11)　A : Yoko doesn't like coffee, ☐ she?

　　　B : No, she doesn't.

　　イ　does　　　　ロ　is　　　　　ハ　doesn't　　　ニ　isn't

(12)　A : How do you like Hawaii?

　　　B : I have ☐ it very relaxing.

イ recognized　　ロ realized　　ハ found　　ニ known

(13) A：What ⬚ is the most important to achieve your future goal?

B：Well, never give up and carry on, I guess.

イ you think　　　　　　　　ロ do you think

ハ thought you have　　　　　ニ thinking

解 説

(1)A：「ウィアー先生，面接があって先週は授業を欠席しました」

　B：「前もって言ってほしかったですね」

should have *done* で「～するべきだったのに」の意味（⇨ CHECK 4-18）。イ. should が正解。

(2)A：「どうやってここに来たのですか？」

　B：「歩いて来ました。自転車を盗まれてしまったので」

have O *done* で「Oを～される」の意味。〈被害〉を表す表現（⇨ CHECK 5-5）。ハ. stolen が正解。

(3)A：「昨晩のコンサートはどうでしたか？」

　B：「すばらしかった！　コンサートに行くたびにわくわくします」

feel excited で「わくわくする」の意味。ハ. excited が正解。excite は「（人を）わくわくさせる」の意味の他動詞なので，excited で「わくわくしている」，exciting で「わくわくさせる」となる。違いに注意（⇨ CHECK 3-3）。

(4)A：「あの有名な映画スターが死亡したというニュースは信じられませんでした」

　B：「私もですよ」

Neither ＋ 助動詞 ＋ 主語で「～もまた…ない」の意味（⇨ CHECK 10-9）。イ. Neither が正解。

(5)A：「学校は学生が勉強しなければならない場所です」

　B：「それには誰も反論できませんね！」

先行詞の a place に着目。空欄の直後は完全な文の形なので，関係副詞のロ. where がふさわしい。

(6)A：「私が総理大臣なら，減税するのに」

　B：「ならばあなたが総理大臣になるべきでしょう！」

主節の would lower に着目。仮定法過去の文であると判断し，If I were Prime Minister「私が総理大臣なら」とする。現在の事実に反する仮定となる。ハ. were が正解。If I am Prime Minister は五分五分の可能性を表すので，「私が（五分五分の可能性で）総理大臣であるなら」となり，不自然である（⇨ CHECK 4-19）。

(7)A：「講演会は成功でしたか？」

　B：「成功でしたよ。千人を超える人々を集めたと報じられています」

be reported to have *done* で「～したと報じられている」の意味。ニ. is reported が正解。完了不定詞に注意（⇨ CHECK 6-12）。

(8)A：「グリーン先生，私のレポートはどうでしたか？」

　B：「ざっと目を通しましたが，基本的な間違いが目立つだけでした」

only to *do* で「結果は～しただけだ」の意味。〈結果〉を表す副詞的用法の不定詞

（⇨CHECK 6-2）。ハ．only が正解。

⑼A：「あなたの支援がなかったら，このプロジェクトは可能ではなかったでしょう」

　B：「お役に立ててよかったです」

主節の would not have been に着目。仮定法過去完了の文であると判断して，Without your support「あなたの支援がなかったら」とする（⇨CHECK 10-17）。

二．Without が正解。

⑽A：「今お話しする時間はありますか？」

　B：「例の問題をこれ以上議論しても有益であるとは思えません」

discuss は他動詞である点に注意（⇨CHECK 4-1）。ハ．discuss が正解。

⑾A：「ヨーコはコーヒーが好きではありませんよね？」

　B：「はい，好きではありません」

付加疑問文。一般動詞を用いる否定文なので，does she？を付加する。イ．does が正解。

⑿A：「ハワイはどうですか？」

　B：「とてもくつろげるところです」

it は Hawaii を指すことから，find OC「O が C だとわかる」の形と判断する。ハ．found が正解。How do you like 〜？「〜はどう思いますか？」

⒀A：「将来の目標を達成するのに何が一番大切だと思いますか？」

　B：「そうですね，決してあきらめずに続けていくことだと思います」

疑問詞で始まる間接疑問文。What（do you think）is the most important to achieve your future goal？とカッコで括って考える（⇨CHECK 7-18）。ロ．do you think が正解。

---

(1)—イ　(2)—ハ　(3)—ハ　(4)—イ　(5)—ロ　(6)—ハ　(7)—二　(8)—ハ
(9)—二　(10)—ハ　(11)—イ　(12)—ハ　(13)—ロ

実戦問題❶

目標解答時間 12分　**目標正答数** 4/5問

2023年度　情報科・デザイン工・理工・生命科学部A方式Ⅰ日程　〔Ⅱ〕

つぎの(1)〜(5)の対話の 　　　　 に入る最も適切なものをそれぞれイ〜ニの中から一つ選び，その記号を解答用紙にマークせよ。

(1)　Jared:　I've been thinking about buying a cool pair of jeans from a used clothing website.

　　Hina:　More and more people are buying used clothes online nowadays. I just bought a sweater last week.

　　Jared:　　　　　

　　Hina:　Don't worry.　You can always send it back.

イ　What about shipping costs?

ロ　How do you know whether something will fit?

ハ　How long does it take for an order to arrive?

ニ　What kinds of unknown problems have you had?

(2)　Luis:　I'm going to the convenience store to get my lunch.　Can I get something for you?

　　Misaki:　That's really nice of you, but I brought my lunch.

　　Luis:　　　　　

　　Misaki:　I think I'll be okay.　But thanks anyway.

イ　Then, would you get something for me?

ロ　Gee, could I have a bite of your lunch?

ハ　Well, how about a snack to eat later this afternoon?

ニ　Okay, but shouldn't you have eaten earlier?

(3)　Kento:　I can't find my new sweater.　Have you seen it recently?

　　　Ayumi:　What about those clothes you asked Mom to take to the dry cleaners yesterday?

　　　Kento:　☐

　　　Ayumi:　Why don't you check with Mom and see if she took it?

　イ　You're right!　I bet that's where it is.

　ロ　Oh, no!　I forgot to ask Mom to take it.

　ハ　Of course!　I should have taken it myself.

　ニ　No way!　I've never taken anything to the dry cleaners.

(4)　Ren:　　Are you going to participate in the marathon next week?

　　　Kiara:　No, I injured my leg in training yesterday.　How about you?

　　　Ren:　　I'm not confident that I can finish.

　　　Kiara:　☐ , you still should try.　I'm sure you'll enjoy it.

　イ　Even so　　　ロ　Besides　　　ハ　Because　　　ニ　Moreover

(5)　Anna:　　Could you return my library book for me on your way to the gym tonight?

　　　Hiroto:　Sorry, but I'm not going past the library tonight.　I'm going to a gym off campus.

　　　Anna:　　How about tomorrow morning on your way to class?

　　　Hiroto:　☐

　イ　Great!　Keep in touch.

　ロ　Of course, go right ahead.

　ハ　Here you are.

　ニ　I can manage that.

解 説

(1)　ジャレッド：「ネットの古着屋でおしゃれな感じのジーンズを買おうと思っているんだ」

　　　ヒナ　　　：「今はオンラインで古着を買う人が増えてるね。先週セーターを買ったばかりよ」

　　　ジャレッド：「サイズが合うかどうやってわかるんだい？」

　　　ヒナ　　　：「心配ないよ。いつでも返品できるから」

直後でヒナは返品できるので心配いらないと応じているので，サイズが合うかどうかを心配していると判断して，□. How do you know whether something will fit? を選ぶ。How do you know whether ～? で「～かどうかどうしたらわかるのか？」の意味。その他の選択肢の意味は以下の通り。

イ．「送料はどうなの？」

ハ．「注文の品が届くのにどれくらい時間がかかるの？」

ニ．「不明の問題はどんなのがあった？」

(2)　ルイス：「お昼ご飯を買いにコンビニに行くけど，何か買ってこようか？」

　　　ミサキ：「どうもありがとう。でもお弁当持ってきたから」

　　　ルイス：「それなら夕方に食べる軽食はどう？」

　　　ミサキ：「大丈夫だと思う。とにかくありがとう」

最後の発言でミサキは thanks anyway とお礼を言って断っている。意向を尋ねられていると考えて，ハ. Well, how about a snack to eat later this afternoon? を選ぶ。How about ～? で「～はどうですか？」の意味。その他の選択肢の意味は以下の通り。

イ．「じゃあ，私に何か買ってきてくれませんか？」

ロ．「おや，お弁当ちょっともらってもいいですか？」

ニ．「いいけど，もっと早い時間に食べるべきだったのではないの？」

(3)　ケント：「新しいセーターが見つからないよ。最近見た？」

　　　アユミ：「昨日お母さんにクリーニングに出すように頼んだ服はどうなの？」

　　　ケント：「それだ！　きっとクリーニング屋だ」

　　　アユミ：「お母さんに聞いてクリーニングに出したかどうか確かめたら？」

空欄の前後でアユミはクリーニング屋にあるのではないかと推測していることから，イ. You're right! I bet that's where it is. を補う。I bet S V で「きっと～に違いない」の意味。it は my new sweater（ケントの1回目の発言）を指す。I bet 以下を直訳すると「それ（セーター）のあるところはそこ（クリーニング屋）だ」となる。その他の選択肢の意味は以下の通り。

ロ．「ああ，しまった！　お母さんに頼むのを忘れてた」

　　ハ.「もちろん！　自分で持っていくべきだったのに」

　　ニ.「まさか！　クリーニング屋に出したことはない」

(4)　レン　　：「来週のマラソンには参加するの？」

　　　キアラ：「しないよ。昨日練習中に脚を怪我したんだ。君はどうするの？」

　　　レン　　：「完走できるか自信がないよ」

　　　キアラ：「| それでも |挑戦すべきだよ。きっと楽しいよ」

完走の自信がないというレンの発言に着目。たとえ自信がなくとも…と続くと考え
て，**イ．Even so** を補う。even so = despite what has just been said「今言われた
ことにもかかわらず」　その他の選択肢の意味は以下の通り。

　　ロ.「おまけに」　ハ.「なぜならば」　ニ.「そのうえ」

(5)　アンナ：「私が借りた図書館の本を今夜ジムへ行くときに返却してくれないか
　　　　　　　な？」

　　　ヒロト：「ごめん。今夜は図書館のところは通らないんだ。キャンパスから離れ
　　　　　　　たジムに行くんだ」

　　　アンナ：「明日の朝，授業に行く途中はどう？」

　　　ヒロト：「| それならなんとかなるよ |」

アンナの新たなお願いに対して，「大丈夫」と応じていると考えて，**ニ．I can
manage that. を補う**。この manage は「なんとか都合をつける」の意味。その他
の選択肢の意味は以下の通り。

　　イ.「いいね！　連絡を取り合おう」　ロ.「もちろん，どうぞ」　ハ.「はいどうぞ」

(1)—ロ　(2)—ハ　(3)—イ　(4)—イ　(5)—ニ　　解　答

実戦問題❷

目標解答時間 12分　**目標正答数** 4/5問

2021年度　情報科・デザイン工・理工・生命科学部A方式I日程〔II〕

つぎの(1)～(5)の対話の [＿＿＿＿] に入る最も適切なものをそれぞれイ～ニの中から一つ選び，その記号を解答用紙にマークせよ。

(1)　Carlos:　My room is too small.

　　　Mom:　　I know, but it's bright and sunny.

　　　Carlos:　Yeah, but with all the windows, I can't put shelves against the walls.　I don't have enough room for all of my things.

　　　Mom:　　Well, you could [＿＿＿＿].

　　　Carlos:　Good idea!　I never thought of that before.

　　イ　get more shelves

　　ロ　paint your room another color

　　ハ　get another light for your desk

　　ニ　throw away things that you don't need

(2)　Ken:　　Hi Hiroki.　How did you do on the English test this morning?

　　　Hiroki:　I thought it was pretty easy.

　　　Ken:　　Really?　I didn't.　The grammar on the back page was hard.

　　　Hiroki:　Back page?　Oh no!　[＿＿＿＿].

　　　Ken:　　That's too bad.　At least you did well on the first page.

　　イ　I forgot to put my name on the test

　　ロ　I didn't think to turn over the paper

　　ハ　I didn't have time to study last night

　　ニ　The teacher didn't give our tests back

(3) Teacher: Next, Michi, will you please read from the bottom of page 9?

Michi: "Your Majesty, we need more gold thread to sew your suit. Of course, you know that dolphins aren't fish...."

Teacher: Michi, just a minute. Let me see your book. Oh, you read from the bottom of page 9, but continued from the top of page 12.

Michi: ☐ . No wonder it sounded strange.

イ Your instructions weren't clear

ロ Sorry, my eyes were closed

ハ Oh, the pages of my book are stuck together

ニ Well, my pronunciation has never been very good

(4) Jen: Hi Kana, I really liked that picture of you with your sister on Instagram.

Kana: Thanks, we took it before she left for college in Tokyo last year.

Jen: You two used to do a lot together, didn't you?

Kana: Yes, we did, ☐ .

Jen: You must wish she still lived at home.

Kana: I do, but if I get into my first-choice university, we are going to live together in Tokyo this spring.

イ but I don't enjoy her kindness anymore

ロ so I can't put up with her text messages

ハ but I took her presence for granted then

ニ so I hope she can find a new apartment

(5) Helen: Dad, a package just arrived for you.

Dad: Thanks. Oh, it's flour for making *udon*. That's strange. The flour I ordered last month came already.

Helen: Hmmm, let me check your order online . . . ☐ .

Dad: Oh no! How could I have done that?

Helen: You have to be careful with online orders. Sometimes the default is set to monthly deliveries.

イ It says you ordered one package of *udon* flour per month

ロ According to the website, *udon* flour was on sale last month

ハ You seem to have just ordered more *udon* flour this morning

ニ There aren't many monthly deliveries nowadays

解説

(1)　カルロス：「僕の部屋は狭すぎるよ」

　　母親　　：「そうね。でも日当たりがよくて明るいでしょ」

　　カルロス：「そうだけど窓のせいで壁に寄せて棚を置けないんだ。だから物をしま
　　　　　　　う十分な場所がないんだよ」

　　母親　　：「それなら，不要なものを捨てる のがいいわ」

　　カルロス：「そうだね！　今まで思いつかなかったよ」

　　カルロスの2回目の発言「物をしまう場所がない」に着目。3回目の発言で「いい
考えだ」と賛同していることから，母親は解決策を提案したと考えられる。**ニを補
うと**，you could <u>throw away things that you don't need</u>「不要なものを捨てた
らどうか」となり会話が成立する。この could は「～したらどうか」の意味で，
〈提案〉を表す。その他の選択肢の訳は次の通り。

　　イ．「棚を増やす」

　　ロ．「部屋を違う色に塗る」

　　ハ．「机用のライトをもう1つ増やす」

(2)　ケン　　：「やあ，ヒロキ。今朝の英語のテストはどうだった？」

　　ヒロキ：「かなり簡単だったと思うよ」

　　ケン　　：「本当？　僕は簡単だとは思わなかったよ。裏のページの文法問題は難し
　　　　　　　かったな」

　　ヒロキ：「裏のページ？　ああ，やっちゃった！　テスト用紙を裏返すなんて思い
　　　　　　　つかなかったよ」

　　ケン　　：「それは残念だったね。少なくとも，表のページはよくできたんだろう」

　　ケンは2回目の発言で裏のページのテスト問題に言及している。ヒロキの2回目の
発言 Back page? に着目。ヒロキは裏面の問題に気づかなかったと考えて，**ロ．I
didn't think to turn over the paper を補う**。don't think to *do* で「～するなんて
考えてもみない」の意味。turn over「ひっくり返す，ページをめくる」　reverse
が近い意味。その他の選択肢の訳は次の通り。

　　イ．「テストに名前を書くのを忘れた」

　　ハ．「昨晩勉強する時間がなかった」

　　ニ．「先生はテストを返してくれなかった」

(3)　先生：「次はミチ，9ページの一番下から読んでください」

　　ミチ：「『陛下，スーツを縫うにはもっとたくさんの金糸が必要です。もちろんイル
　　　　　カは魚ではありませんが…』」

　　先生：「ミチ，ちょっと待って。教科書を見せなさい。ああ，9ページの一番下か
　　　　　ら読んで，続きを12ページの一番上から読みましたね」

ミチ：「あれ，教科書のページがくっついてる。だから変に聞こえたんですね」

先生の2回目の発言から，ミチが読み飛ばしをしたのがわかる。ミチがその原因に気づいたと考えて，ハ. Oh, the pages of my book are stuck together を補う。be stuck together で「貼り付いている」の意味。その他の選択肢の訳は次の通り。

イ．「先生の指示は不明瞭だ」

ロ．「すみません。私の眼は閉じていました」

ニ．「えっと，私の発音はよかったことがありません」

(4) ジェン：「やあ，カナ。インスタグラムの君とお姉さんの写真，すごくいいね」

カナ　：「ありがとう。去年，姉が東京の大学に行く前に撮ったの」

ジェン：「君たちは一緒にたくさんのことをしたんだね？」

カナ　：「そうね。でも，そのときは姉がいるのを当たり前のことだと思っていたわ」

ジェン：「きっとお姉さんがまだ家にいればいいのにと思っているんだね」

カナ　：「そうね。でも私が第1志望の大学に入れれば，今年の春は東京で一緒に住むことになっているの」

空所の直前の we did を元の形に戻すと we used to do a lot together となる。空所の直後の発言でジェンはカナの気持ちを察して「お姉さんが一緒ならばなあと思っているに違いない」と述べている。カナの気持ちを汲み取って，ハ. but I took her presence for granted then を補う。take A for granted「A を当然のことと思う」 her presence「姉の存在（姉がいること）」 姉がいなくなってその存在の大切さに気付いたということ。その他の選択肢の訳は次の通り。

イ．「でももう姉から親切にしてもらうことはない」

ロ．「だから姉からの携帯メールには耐えられない」

ニ．「だから姉は新しいアパートをみつけることができると思う」

(5) ヘレン：「お父さん，荷物が届いたよ」

父親　：「ありがとう。ああ，うどん粉だ。でも変だな。先月注文したのはもう届いたよな」

ヘレン：「どれどれ。注文履歴を調べるね…うどん粉1袋を毎月お届けで注文しているわね」

父親　：「しまった！ どうしてそんなことになったのかな？」

ヘレン：「オンライン注文は注意が必要ね。初期設定が毎月お届けになっていることがあるのよ」

父親の最初の発言で，うどん粉が再び配達されたことを不思議に思っているのがわかる。空所の直前でヘレンは注文履歴を調べると言っているので，イ. It says you ordered one package of *udon* flour per month を補うと，うどん粉が再び届いた理由が判明する。per month で「1カ月につき」の意味。ヘレンの最後の発

言の monthly deliveries「毎月お届け」もヒントになる。その他の選択肢の訳は次の通り。

ロ．「ウェブサイトによると，うどん粉を売っていたのは先月よ」

ハ．「お父さんは今朝うどん粉を追加注文したみたいよ」

ニ．「最近，毎月お届けは多くない」

実戦問題❸

【目標解答時間】 10分　【目標正答数】 5/6問

2014年度　デザイン工・理工・生命科学部A方式Ⅰ日程 〔Ⅰ〕

つぎの Yoko と Kenji の会話を読んで後の問の答えとしてふさわしいものをイ〜ニの中から一つ選び，その記号を解答用紙にマークせよ。

Yoko: Hey, Kenji. Did you go to the gathering about applying to foreign universities?

Kenji: Oh no! You mean that meeting was today?

Yoko: Yeah. ☐ A ☐! It just finished. It was so encouraging. After hearing the students speak, I really felt that studying at a top 5 school abroad is a realistic option.

Kenji: I'm really interested, but my brother says that studying abroad is risky.

Yoko: ☐ B ☐! People used to say that studying abroad risked going off the traditional track to good jobs. But the job market is changing. 10

Kenji: Maybe you're right. I've read that some Japanese companies even use English as their common language now.

Yoko: ☐ C ☐! The real risk may be in having an education only in Japan.

Kenji: Hmm, I never thought of it that way. By the way, could you tell 15 me more about what the students said?

Yoko: Well, as one student said, "Go with the option that opens the most doors for you."

Kenji: ☐ D ☐!

問1　空欄 ☐ A ☐ ～ ☐ D ☐ に入る語(句)として最もふさわしいものをイ〜ニから一つ選び，その記号を解答用紙にマークせよ。ただし，各選択肢は一度しか使用できない。

　　イ　Exactly　　　　　　　　ロ　What great advice

　　ハ　Not anymore　　　　　ニ　Too bad

問2　留学生のミーティングに出席したのはだれか。イ～ニから一つ選び，その
　　　記号を解答用紙にマークせよ。

　　　イ　Yoko and Kenji　　　　　　　ロ　Kenji and his brother
　　　ハ　Kenji　　　　　　　　　　　　ニ　Yoko

問3　この会話から示唆される内容として適切なものはどれか。イ～ニの中から
　　　一つ選び，その記号を解答用紙にマークせよ。

　　　イ　Attending a foreign university is risky.

　　　ロ　Attending a foreign university may boost your career.

　　　ハ　Attending a foreign university guarantees success.

　　　ニ　Attending a foreign university is costly.

≪留学と就職をめぐる会話≫

全 訳

ヨーコ：ねえ，ケンジ。留学希望者の集まりに出た？

ケンジ：あー，しまった！　あのミーティングは今日だったのかい？

ヨーコ：そうよ。残念ね！　ちょうど終わったところよ。とてもやる気になったわよ。学生たちの発言を聞いたら，外国の一流の学校で勉強することが現実味のある選択肢だと本当に実感できたから。

ケンジ：ぼくはとても関心があるけれども，留学にはリスクがあると兄は言うんだ。

ヨーコ：もうそんなことはないわよ！　留学するということはよい仕事に就くための従来のコースから外れるリスクを冒すことになるとよく言われていたけれども，雇用状況は変化しているのよ。

ケンジ：君の言う通りかもしれないね。今では社内公用語として英語を使う日本企業もあると本で読んだことがあるよ。

ヨーコ：その通り！　本当のリスクは日本でしか教育を受けないことにあるのかもしれないわね。

ケンジ：なるほど，そんなことは考えたこともなかったよ。ところで，学生たちが言ったことをもっと話してくれるかい？

ヨーコ：そうね，ある学生は「自分にとって一番多くのドアを開ける選択肢を選びなさい」と言っていたわよ。

ケンジ：本当によいアドバイスだね！

解 説

問1

A. 空欄の直後の It just finished. から，ケンジは留学希望者の集まりに出席するのを忘れていたことがわかるので，二．**Too bad**「残念です」が適切。

B. ケンジの studying abroad is risky に対してヨーコが反論していると考える。空欄の直後で，かつては留学すると就職に不利になると考えられていたが，the job market is changing「雇用状況（就職戦線）は変わりつつある」とヨーコは述べているので，ハ．**Not anymore**「もうそうではない」が適切。

C. 英語が社内公用語である日本企業がある，というケンジの発言に対して同意していると考える。空欄の直後の The real risk may be in having an education only in Japan.「本当のリスクは日本でしか教育を受けないことにあるかもしれない」がヒント。イ．**Exactly**「その通り」が適切。

D. ヨーコが引用した Go with the option that opens the most doors for you.「自分にとって一番多くのドアを開ける選択肢を選びなさい」にケンジは賛同したと考えて，ロ．**What great advice**「とてもよいアドバイスです」を補う。

問2

ヨーコの1回目と2回目の発言，およびケンジの1回目の発言から，ヨーコは参加し，ケンジは参加しなかったと判断する。**ニが正解。**

問3

ヨーコは，日本でしか教育を受けないことはリスクかもしれないと述べ（4回目の発言，*ll.* 13-14），ケンジもそれに賛同しているので，**ロ.「留学はキャリアアップにつながるかもしれない」**が適切である。その他の選択肢の意味は次の通り。

イ．「留学にはリスクがある」

ハ．「留学すれば成功が約束される」

ニ．「留学には費用がかかる」

問1．A—ニ　B—ハ　C—イ　D—ロ
問2．ニ
問3．ロ

実戦問題❹

目標解答時間 12分　**目標正答数** 4/6問

2022年度　情報科・デザイン工・理工・生命科学部A方式I日程　〔Ⅲ〕

つぎの設問に答えよ。

問1　(1)と(2)の対話の　　　　　に入る最も適切なものをそれぞれイ～ニから一つ選び, その記号を解答用紙にマークせよ。

(1)　Hannah:　Hi, Arjun. . . . Gee, it looks like you've already finished preparing for your lab presentation.　How did you finish so quickly?

　　　Arjun:　My lab experiments went really smoothly.　Do you need any help?

　　　Hannah:　　　　　

　　　Arjun:　Don't worry.　I'll just help you get started.

　　イ　Really?　Aren't you busy with work for your other classes?

　　ロ　Actually, I think I'll be fine.　I just finished the first part.

　　ハ　Thanks so much!　Would you help me at the end?

　　ニ　That's so nice of you!　Shall I lend you my textbook?

(2)　Ken:　The new web camera I bought about a week ago was rated 4.8 out of 5 stars on the internet, but it turned out to be terrible!

　　　Emma:　That's strange.　4.8 is a pretty high rating, right?　What did the reviews say?

　　　Ken:　I didn't check any of them before I bought the camera.　That was my mistake.　And yesterday I visited the website again and found they were about a dog collar, not the web camera!

Emma: How strange! But from next time, you should read the reviews carefully before clicking the "Buy Now" button.

イ　You should be proud of yourself.

ロ　You've learned a good lesson.

ハ　You'll have to pay back the cost.

ニ　Let's go out together to buy a good dog collar.

問2　つぎの会話は，小学校の先生と児童が野菜の植え付けと収穫について次ページのカレンダーを見ながら学んでいる授業の一部である。これを読み，設問に答えよ。

Ms. Suzuki: Today, using this planting calendar for vegetables, we are going to learn what to plant when. First, look at the information about carrots in this calendar. It says that carrots are usually ready to harvest 60 to 120 days from the day the seeds are planted. If you sow carrot seeds at the beginning of April, when will the carrots be harvested?

Chika:　　　From July?

Akira:　　　July? That's ⬚ X ⬚, isn't it?

Ms. Suzuki: Good job, Akira. Chika, try again!

Chika:　　　. . .

Ms. Suzuki: Chika, don't worry. It's OK to make a mistake. Any volunteers?

Mira:　　　From ⬚ A ⬚ through ⬚ B ⬚ ?

Ms. Suzuki: Mira, that's correct. In addition to carrots, what other vegetables can we sow?

Akira:　　　Let's see. . . . melons, peanuts, pumpkins.

Ms. Suzuki: Akira, that's right. We also have another way to grow

vegetables called transplanting.　It means planting young
vegetables in the soil.　What vegetables can we transplant?

Ren:　　　Asparagus, green peppers, sweet potatoes, tomatoes.　Wow,
it takes much longer to harvest ☐ Y ☐ than any other
vegetable.

Akira:　　Hmm.　Green peppers and tomatoes can be transplanted
and harvested at the same time!

Ms. Suzuki:　Ren, Akira, good points!　If you transplant green peppers
and tomatoes at the beginning of May, when will they be
ready to harvest?

Chika:　　From ☐ C ☐ through ☐ D ☐ .

Ren:　　　You're right this time, Chika!

Planting calendar for vegetables in a mild climate zone

Vegetables	Time to Harvest	Jan.		Feb.		March		April		May		June		July		August		Sept.		Oct.		Nov.		Dec.	
		1	15	1	15	1	15	1	15	1	15	1	15	1	15	1	15	1	15	1	15	1	15	1	15
Asparagus	3 years					T	T	T																	
Carrots	60-120 days					S	S	S	S					S	S	S									
Melons	100-120 days							S	S	S	S														
Peanuts	120-150 days									S	S														
Green peppers	60-120 days							T	T	T	T														
Sweet potatoes	150-180 days									T	T	T	T												
Pumpkins	90-120 days					S	S	S	S																
Tomatoes	60-120 days							T	T	T	T														

S = Seeds

T = Transplants

(1) | A | ～ | D | に入る最も適切なものをそれぞれイ～ヘから一
つ選び，その記号を解答用紙にマークせよ。ただし，同じ選択肢を二度
使用してはならない。

　イ　May　　　　　　　　ロ　June　　　　　　　ハ　July
　ニ　August　　　　　　　ホ　September　　　　　ヘ　October

(2) | X |，| Y | に入る最も適切なものをそれぞれイ～ニから一
つ選び，その記号を解答用紙にマークせよ。ただし，同じ選択肢を二度
使用してはならない。

　イ　asparagus　　　　　　　　ロ　peanuts
　ハ　pumpkins　　　　　　　　 ニ　sweet potatoes

解 説

問1

(1) ハンナ　　：「こんにちは，アルジェン…。あら，もう研究発表の準備を終えた
　　　　　　　みたいね。どうしたらそんなに早く終わるの？」

　　アルジェン：「僕の研究室の実験がとても順調に進んだからね。手伝おうか？」

　　ハンナ　　：「本当？　ほかの授業の課題で忙しくないの？」

　　アルジェン：「大丈夫だよ。初めを手伝うだけなら」

空欄の直前でアルジェンは手伝うことを申し出て，直後で「心配いらない」と応じ
ていることから，イ．Really? Aren't you busy with work for your other classes?
が最適であると判断する。Really? は信じがたいことへの反応のほかに，相手の話
に興味がある場合に用いる。アルジェンの Don't worry. は Aren't you …? とい
うハンナの気遣いに対する反応として自然である。ハ．Thanks so much! Would
you help me at the end? 「どうもありがとう。最後に手伝ってくれますか？」は後
半が「最初のほうなら手伝える」というアルジェンの Don't worry ととかみあわず，
不自然なやりとりとなる。その他の選択肢の意味は以下の通り。

ロ．「実際，大丈夫だと思う。ちょうど最初の部分を終えたところです」

ニ．「どうもありがとう。私の教科書を貸しましょうか？」

(2) ケン：「一週間前に買った新しい web カメラはネットで星5つ中4.8なのに，ひ
　　　　どいものだとわかったよ！」

　　エマ：「変だね。4.8はかなりの高評価でしょ？　レビューはどうなってたの？」

　　ケン：「買う前に全くチェックしなかった。失敗したな。それに昨日もう一度サ
　　　　　イトを見たけど，レビューは web カメラではなく犬の首輪だったよ！」

　　エマ：「絶対おかしいよ！　でも次からは『今すぐ購入』ボタンをクリックする
　　　　　前にレビューをよく読んだ方がいいよ。よい教訓になったわね」

レビューをよく読まなかったことが失敗の原因であるから，会話の締めくくりとし
ては，ロ．You've learned a good lesson. が適切。この lesson は「教訓」の意味。
その他の選択肢の意味は以下の通り。

イ．「自分自身を誇りに思うべきだ」

ハ．「費用を返済しなければならないだろう」

ニ．「いい犬の首輪を買いに一緒に出かけよう」

いずれも会話を締めくくるものではない。

問2.≪野菜の植え付けと収穫についての授業≫

スズキ先生：今日はこの野菜の植え付けカレンダーを使って植え付ける野菜とその時
　　　　　　期について学習します。初めに，このカレンダーのニンジンについての
　　　　　　情報を見て下さい。ふつうニンジンは種をまいた日から，60日から120
　　　　　　日で収穫できるようになるとあります。4月の初めにニンジンの種をま
　　　　　　くとすれば，収穫はいつでしょうか？

チカ　　　：7月からですか？

アキラ　　：7月？　それはカボチャ　でしょ？

スズキ先生：よくわかりましたね，アキラ。チカ，もう一度答えて下さい！

チカ　　　：…

スズキ先生：チカ，気にしないでね。間違えても大丈夫ですよ。では誰か他に答えら
　　　　　　れる人はいますか？

ミラ　　　：6月　から　8月　ですか？

スズキ先生：ミラ，正解です。ニンジンの他に，どの野菜の種をまくことができます
　　　　　　か？

アキラ　　：ええと…メロンとピーナッツとカボチャです。

スズキ先生：アキラ，正解です。植え替えと呼ばれる，野菜を育てるもう一つの方法
　　　　　　があります。植え替えというのは，土に野菜の苗を植えることです。ど
　　　　　　んな野菜を植え替えられますか？

レン　　　：アスパラガス，ピーマン，サツマイモ，トマトです。あれ，
　　　　　　アスパラガス　を収穫するにはどの野菜よりもずっと長い時間が必要な
　　　　　　んだ。

アキラ　　：わあ。ピーマンとトマトは同じ時期に植え替えと収穫ができるんだ！

スズキ先生：レン，アキラ，よい指摘ですね！　5月の初めにピーマンとトマトを植
　　　　　　え替えるとすれば収穫の準備ができるのはいつですか？

チカ　　　：7月　から　9月　です。

レン　　　：チカ，今度はよくできたね！

(1)AとBはスズキ先生の1番目の発言の最終文（If you sow …）「4月の初めにニン
　ジンの種をまくとすれば，収穫はいつでしょうか？」に対するミラの答えである。
　スズキ先生は that's correct と応じているので，カレンダーのニンジンの項目を確
　認する。スズキ先生も言っているように種をまいてから60日から120日後に収穫
　とあるので，Aは4月から60日後の口.「6月」，Bは4月からの120日後の二.
　「8月」となる。
　　CとDはスズキ先生の最後の発言の第2文（If you transplant …）「5月の初めに
　ピーマンとトマトを植え替えるならば，収穫の準備ができるのはいつか」に対する
　答えである。カレンダーによると，ピーマンもトマトも植え替えから60日から

120日で収穫できる。Cは5月から60日後のハ.「7月」，Dは120日後のホ.「9月」が適切である。

(2)空欄Xを含む文はチカの1番目の発言 From July? が不正解であること受けて，アキラが発言したものである。これはスズキ先生の1番目の発言の最終文（If you sow …）「4月の初めにニンジンの種をまくとすれば，収穫はいつでしょうか？」に対する答えである。カレンダーによると，4月に種をまいて90日後の7月以降に収穫できるのはカボチャなので，Xはハ. pumpkins が適切。

空欄Yはレンの答え「アスパラガス，ピーマン，サツマイモ，トマト」の4種類の中で収穫までの期間が最も長い野菜を補う。カレンダーを確認するとイ. asparagus が3年で最長である。

問1．(1)―イ　(2)―ロ
問2．(1)A―ロ　B―ニ　C―ハ　D―ホ　(2)X―ハ　Y―イ
　　　（編集部注：問2(1)は「A・B」，「C・D」で各1問とカウント）

〈2〉 読解型会話文

研究問題

2020年度　法学部Ａ方式Ⅱ日程・国際文化・キャリアデザイン学部Ａ方式　〔Ⅳ〕

ポイント

シナリオが題材で，それぞれのセリフは短く，複雑な構文が用いられているわけではない。一見すると取り組みやすそうに思えるかもしれないが，省略表現など，前後の文脈を正確にとらえて理解する必要がある。日本語で詳しめに書かれている背景・人物描写は，設問を解く際のヒントとなるので，その設定を頭に入れたうえで英文に取り掛かりたい。

　　次のシナリオは，アイルランド出身の劇作家 Francis Turnly の作品 *The Great Wave* の冒頭の一場面である。（ただし，表現の一部は改変してある。）日本語で書かれた背景・人物描写とそれに続く英語の会話を読み，問いに答えよ。

[ある冬の夜，暴風雨の中，母親と2人の娘が帰宅してくる。Etsuko は37歳で，レストランで働きながら，地元の高校に通う2人の娘 Reiko と Hanako を養っている。姉の Reiko は18歳で真面目で成績が良いが，一つ年下の妹 Hanako は自由気ままな性格で勉強が苦手である。この日，Hanako の授業態度が悪いため Etsuko が学校から呼び出しを受けた。つぎの会話は帰宅後の3人の会話である。]

Etsuko　　　　　　This is the last time.

Etsuko finds some clean towels and hands them to her daughters.　They dry their hair.　Etsuko glares at Hanako.

Hanako　　　　　　I said I was sorry.

5　**Etsuko**　　　　　　You just can't help yourself, can you?

Hanako　　　　　　I don't see what the big deal is.　Even if I made an
(1)　effort, it's not like I was going to pass or anything.

Etsuko walks over to Hanako.

Etsuko	What did you say?
Hanako	There's no way I could pass the exam.　I'm no good　10
	with languages.　Everything gets all mixed up.
Etsuko	(A)
Hanako	I did.　Mrs Ishihara doesn't like me, that's all.

Reiko laughs.

Hanako	Not like her 'favourite' here.　15
	(2)
Reiko	It's not my fault you're stupid.

Hanako is angry.　She strides over to Reiko.　Etsuko goes and stands between them, separating them.

Etsuko	Hey.　That's enough.
Hanako(to Reiko)	Say something else.　20
	(3)
Etsuko(to Reiko)	You don't talk to your sister like that.
Reiko	I'm not the one who got thrown out of her exam.
Etsuko	(B)

Reiko shakes her head: 'It's not fair.'

Etsuko(to Hanako)	And you.　(C)　Just to make excuses for you!　25
Hanako	The room was too stuffy.　I couldn't think to write.
Etsuko	Using your exam papers to make origami.
	Mrs Ishihara said it was a first.
Hanako	I didn't do that.　She's always trying to make me
	look bad.　30
Etsuko	(D)

Etsuko goes over to the table, opens her handbag and carefully removes an origami rabbit with distinctively large ears.　She takes the rabbit over to

Hanako.

35 **Etsuko**　　　　　Well?

Hanako shrugs her shoulders: 'So what if I did make it?'

Etsuko　　　　　You got it just right. Every fold. Rabbits are notoriously difficult.

Hanako　　　　　⬚(E)

40 **Etsuko**　　　　　Yes. So <u>why can't you put this kind of effort into</u>
　　　　　　　　　　(4)
　　　　　　　　　　<u>your studying?</u>

Hanako　　　　　Who needs to learn another language?

Etsuko　　　　　You'll have to sit the exam again.

Hanako(*laughs*)　Why? I'll never make the grade.

45 **Etsuko**　　　　　<u>Just sit it.</u>
　　　　　　　　　　(5)
Hanako　　　　　Fine.

Etsuko　　　　　I have to go back to work.

Hanako　　　　　⬚(F)

Etsuko(*goes and sets the rabbit down*)　You can study.

50 **Hanako**　　　　　Mum.

From *The Great Wave* by Francis Turnly, Bloomsbury Publishing

1. 下線部(1)～(5)の発言の意図にもっとも近いものを，つぎの a ～ c より一つず
   つ選び，その記号を解答欄にマークせよ。

 (1)　a．なんで上手にごまかせないのかな。

　　　b．なんでそんなに騒ぐのかな。

　　　c．なんでそんなにケチなのかな。

 (2)　a．先生のお気に入りとは違う。

　　　b．先生の気まぐれにはつきあえない。

　　　c．先生の教え方が悪い。

 (3)　a．お世辞ばかりで気に入らない。

　　　b．同じ悪口がしつこくて頭にくる。

　　　c．いつも無視されて腹が立つ。

 (4)　a．ウサギを折る時間に勉強したら？

　　　b．ウサギの折り方を教えて。

　　　c．ウサギ以外は折れないの？

 (5)　a．家で勉強してほしい。

　　　b．試験を受けてほしい。

　　　c．宿題を忘れないで。

2. 空所　(A)　～　(F)　に入るもっとも適切な発話を，つぎの a ～ f よ
   り一つずつ選び，その記号を解答欄にマークせよ。ただし，同じ選択肢を二
   度以上使用しないこと。

　a．It's the ears.

　b．I'll come and help.

　c．She showed me what you did.

　d．You could have tried.

　e．I'd be disappointed if you did.

　f．How many times do I have to be called in?

全 訳

≪学校から呼び出しを受けた母親と娘たちの会話≫

エツコ：これでおしまいにしてね。

エツコは清潔なタオルを出して娘たちに手渡す。娘たちは髪を拭く。エツコはハナコを睨みつける。

ハナコ：もう謝ったでしょ。

エツコ：もっとちゃんとできないの？

ハナコ：なんでそんなに騒ぐのかな。努力しても，合格したりどうにかなったりしたとは思わないもの。

エツコはハナコに歩み寄る。

エツコ：どういうこと？

ハナコ：試験に合格できるわけがないということ。語学は苦手なの。頭がごちゃごちゃになるのよ。

エツコ：努力することはできたでしょ。

ハナコ：努力したわよ。イシハラ先生は私のことが好きではないの，それだけよ。

レイコが笑う。

ハナコ：ここにいる先生の「お気に入り」とは違うものね。

レイコ：あなたがバカなのは私のせいではないわ。

ハナコは腹を立てている。ハナコはつかつかとレイコに歩み寄る。エツコが間に入って，2 人を引き離す。

エツコ：ちょっと。もうたくさんよ。

ハナコ：（レイコに向かって）いつも同じことばっかり言って。

エツコ：（レイコに向かって）妹にそんな言い方はよして。

レイコ：試験から追い出されたのは私ではないわ。

エツコ：あなたがそうなったらがっかりだわ。

レイコは首を振る。「そんなの公平ではないわ」と言わんばかりに。

エツコ：（ハナコに向かって）あなたの話に戻るわよ。何回呼び出しされなければならないの？　あなたの言い訳をするためだけに！

ハナコ：教室の空気がとてもむっとしていたの。答えを書くなんて思いつかなかったわ。

エツコ：試験用紙を使って折り紙をするなんて。イシハラ先生はそんなの初めてだ

と言ったわよ。

ハナコ：そんなことしてないよ。先生はいつも私の印象を悪くしようとするのよ。

エツコ：あなたが作ったものを見せてくれたわ。

エツコはテーブルの方に行き，ハンドバッグを開けて，とりわけ大きな耳の折り紙のウサギを注意深く取り出す。エツコはハナコにそのウサギを持って行く。

エツコ：さあどうなの？

ハナコは肩をすくめる。「これを作ったからといって何なのよ？」とでも言わんばかりに。

エツコ：ちゃんとできているじゃない。どの折り目も。ウサギは難しいので有名よ。

ハナコ：耳の部分ね。

エツコ：そうよ。どうしてこういう努力を勉強に注がないの？

ハナコ：外国語を学ぶ必要なんてないわ。

エツコ：もう一度試験を受けてちょうだい。

ハナコ：（笑う）どうして？　単位は取れないわ。

エツコ：受けるだけ受けてちょうだい。

ハナコ：わかったわ。

エツコ：仕事に戻らなければ。

ハナコ：手伝いに行くわ。

エツコ：（折り紙のウサギを置きに行く）それよりも勉強しなさい。

ハナコ：お母さんたら。

● 語句・構文 ……………………………………………………………………………

□　*l.* 3　glare at ～「～を睨みつける」

□　*l.* 5　help *oneself*「必要なことは自分でする，自分のことは自分でする」

□　*l.* 10　There's no way（that）～ .「～ということはありえない」

□　*l.* 13　that's all「それだけのこと」

□　*l.* 17　stride「大股に歩く」

□　*l.* 26　stuffy「風通しの悪い，息苦しい」

□　*l.* 36　what if ～？「～だとしたらどうだというのか？（別にいいではないか）」

□　*l.* 42　Who needs to learn another language？　直訳すると「誰が（自分が普段使っている以外の）もう一つの言語を学ぶ必要があるのか？」だが，これは修辞疑問文で「学ぶ必要なんかない」という意味である。

解説

1

⑴下線部をそのまま和訳すると「何を大騒ぎしているのかわからない」となる。big deal は「一大事」の意味。この直前で，母親のエツコが You just can't help yourself, can you? と述べているが，これは相手の発言に対して反射的に反駁・反論をする場合の決まり文句である。ハナコの I said I was sorry.「もう謝ったでしょ」という，ふてくされた発言に対して腹を立てているのがわかる。ハナコは母親に自分の言い分を述べようとしていることをふまえて，b が近いと判断する。

⑵下線部をそのまま和訳すると「ここにいる先生の『お気に入り』とは違う」となる。Not like ～「～とは似ていない」 her 'favourite' here は「レイコ」のこと。冒頭の人物描写に，姉のレイコは真面目で成績が良いことが書かれている。レイコへのあてつけであることをふまえて，a が近いと判断する。

⑶下線部をそのまま和訳すると「何か他のことを言え」となる。これはレイコに向けられた言葉である。「別のことを言え」というのは「同じことを言うな」ということ。レイコの1回目の発言「あなたがバカなのは私のせいではない」に対する怒りが込められていると考えて，b が近いと判断する。

⑷下線部をそのまま和訳すると「どうしてこのような努力を勉強に注げないの？」となる。エツコはこれより1つ前の発言（You got …）で，難しいウサギの折り紙がきちんと折れていると述べている。このことから this kind of effort が「折り紙のウサギを折る努力」であることがわかる。「同じ努力を勉強に注ぎなさい」→「ウサギを折る間に勉強しなさい」と考えて，a が近いと判断する。

⑸下線部をそのまま和訳すると「まあそれ（試験）を受けてみて」である。この just は命令口調を和らげる副詞。it は the exam を指し，sit は「受験する」の意味であるが，これはエツコの1つ前の発言 You'll have to sit the exam again. からわかる。「どうせ単位は取れない」というハナコ（直前の発言）に対して，命令口調を少し和らげていることから，b が近いと判断する。直後でハナコが Fine.「わかった」と応じていることもヒントになる。

2

(A)空所は母親のエツコの発言である。直後のハナコの発言 I did. に着目。d. You could have tried.「あなたは努力することはできただろう」を補うと，I did. は I tried.「私は努力した」となり，会話が成立する。

(B)空所はエツコの発言である。直前のレイコの発言「試験を追い出されたのは私ではない」を受けて，e.「あなたが追い出されたのならがっかりだ」を補う。真面目で成績の良いレイコが試験を追い出されたのならがっかりだということ。

(C)空所はエツコの発言である。直後の「あなたのことを言い訳するためにだけ！」に

着目して，ｆ.「何回呼び出しを受けなければならないの？」を補う。

(D)空所はエツコの発言である。空所の1つ前のエツコの発言（Using your exam papers …）から，ハナコが試験中に試験用紙を使ってウサギの折り紙を折ったことがわかる。その直後でそれを認めないハナコ（I didn't do that.）に対して証拠を突きつけようとしていると考えて，ｃ.「先生はあなたが作ったものを見せてくれた」がふさわしいと判断する。空所の直後のト書き（Etsuko goes …）にエツコが折り紙を取りに行くことが書かれている。

(E)空所はハナコの発言である。直前のエツコの発言（Rabbits are …）に着目。ここでウサギの折り紙は難しいと述べている。空所の直後で，エツコは Yes. と答えているので，ハナコは，ａ.「難しいのは耳の部分ね」と述べたと考える。

(F)空所はハナコの発言である。直前で，エツコが I have to go back to work. と述べていることから，ｂ.「手伝いに行くよ」を補う。直後のエツコの You can study. は「勉強しなさい」の意味。この can は〈命令〉を表す。手伝わなくてもよいから，とにかく勉強しなさいというつながりである。

1. (1)－b　(2)－a　(3)－b　(4)－a　(5)－b
2. (A)－d　(B)－e　(C)－f　(D)－c　(E)－a　(F)－b

解答

実戦問題❶

目標解答時間 20分　**目標正答数** 11/14問

2014年度　経済・社会学部A方式Ⅰ日程・現代福祉学部A方式　〔Ⅳ〕

つぎの英文のインタビューを読んで下の問いに答えなさい。

Interviewer: Through your books, you've probably done more than almost anybody to help [A] the idea of Japanese culture being cool, but what was your first encounter with Japan?

Schodt: When I was 15, we were living in Canberra, Australia, and
5 my father, who was in the US State Department, came home one day and announced we were going to Tokyo. So, that was how it happened.

Interviewer: When did you [B] an interest in *manga*?

Schodt: I didn't really encounter *manga* until I was living in a
10 dormitory at a university in Tokyo, and so many of the other students were reading *manga*. That would have been around 1970.

Interviewer: How did you get into working with Osamu Tezuka and translating his work?

15 Schodt: Some friends and I wanted to somehow make people outside of Japan more aware of *manga*, so we formed a little group, two Japanese and two Americans. And being very young and naive, we thought we should start at the top. We visited Tezuka Productions directly and (1)(2)
(ア)
20 (3)(4)(5)(6). And because of that I got to know Tezuka quite well, and I served as his interpreter when he came to the United States. It was a very memorable experience.

Interviewer: [イ]

25 Schodt: I wrote *Manga! Manga! — The World of Japanese Comics*

specifically because after the initial efforts of translating *manga*, I came to the conclusion that the international market wasn't ready. We could never get anything published. Back then, in the early 1980s, people had no idea what Japanese *manga* was! It was a very different time. 30

Interviewer: Did you expect when you were writing *Manga! Manga!* that *manga* would become as big as it has?

Schodt: No, I did not. In the United States now, all the major cities have *manga* and *anime* conventions, some of which ☐ C ☐ 30,000 to 40,000 people. I never imagined it would reach 35 this scale. But the other thing I never envisaged was that the *manga* and *anime* business would develop to such a high level and then implode ― because of the Internet, illegal
(ウ)
copying and so on.

Interviewer: The decline of *anime* as an export business is widely seen as 40 a lost opportunity. There have been others, too, such as in the field of robotics. You championed Japan's robot technology in your 1988 book *Inside the Robot Kingdom*, so why do you think the country was so ill-equipped in terms of robots when the Fukushima nuclear power plant disaster 45 began in March 2011?

Schodt: When I wrote the book, I interviewed people throughout Japan, and there was a large-scale project at that point to design robots that could ☐ D ☐ in extreme environments ― under the sea, near fires ― and one of them was 50 specifically for nuclear power plants. There was a lot of research being done in Japan, but somewhere along the line, the funding stopped, the ball was dropped.

Interviewer: You used the term "drop the ball." A lot of people think
(エ)
Japan has dropped the ball on a lot of issues. Over the 55

course of your career, you must have been in a position to observe Japan as it grew phenomenally, but then . . . something went wrong.

Schodt: Yes, I work as a conference interpreter in the technology field

60   and, believe me, <u>I would like very much for Japan to step up</u>
(オ)
<u>to the plate and do better, especially the young people.</u> But I think Japan is facing some troubles that are genuinely difficult to overcome, and I understand that no one has easy answers. They're not problems that are exclusive to Japan.

65 Interviewer: Your latest book, *Professor Risley and the Imperial Japanese Troupe*, is about a group of Japanese circus performers and their American leader who became world famous in the 1860s. What attracted you to this circus?

Schodt: Risley brought the first Western-style circus to Yokohama in

70   1864, and then he took a group of Japanese circus performers abroad in the late 1860s. It was one of the earliest exposures that Americans and Europeans had to popular Japanese culture. They were fascinated by the top-spinning, by the acrobatics on ladders and bamboo poles, and by the

75   costumes and the music.

Interviewer: But, were Japanese acrobats allowed to leave Japan in the Edo era?

Schodt: Yes, the members of this circus actually received the first civilian visas to travel overseas. It was an early form of

80   cultural export. I've always been interested in people who in some unusual way contributed to communication between America and Japan. That is the territory I [E] in my writing.

The Japan Times, Jan. 6, 2013

問1　文中の空欄　A　～　E　に入る最も適切なものを，つぎの a ～
f の中からそれぞれ一つ選び，その記号を解答欄にマークしなさい。ただ
し，同じものを二度以上使わないこと。また語群には一つ不要なものがあ
る。

a．draw　　　　　b．mine　　　　　c．promote

d．impress　　　　e．function　　　　f．develop

問2　下線部(ア)(　1　)～(　6　)に入る最も適切なものを，つぎの a ～ f の
中からそれぞれ一つ選び，その記号を解答欄にマークしなさい。

a．if　　　　　　b．translate　　　　c．we

d．asked　　　　e．something　　　　f．could

問3　文中の空欄　イ　に入る最も適切なものを，つぎの a ～ e の中から一
つ選び，その記号を解答欄にマークしなさい。

a．Where was your biggest market for the book?

b．Why did the book become so popular in the United States?

c．Did Tezuka cooperate with you in writing your book on *manga*?

d．What inspired you to put all that experience into a book?

e．When did you start writing the book?

問4　下線部(ウ)implode の意味に最も近いものを，つぎの a ～ e の中から一つ
選び，その記号を解答欄にマークしなさい。

a．expand

b．collapse

c．be exported

d．remain stable

e．use new technology

問5　下線部(エ)drop the ball の意味に最も近いものを，つぎの a ～ e の中から
一つ選び，その記号を解答欄にマークしなさい。

a. pay attention

b. doubt something

c. react quickly

d. take responsibility

e. make a mistake

問6　下線部(オ) I would like very much for Japan to step up to the plate and do better, especially the young people の意味に最も近いものを，つぎの a ～ e の中から一つ選び，その記号を解答欄にマークしなさい。

a. I hope that more young Japanese will choose to study abroad like I did.

b. I wish that more money could be spent on robotics research in Japan.

c. I wish that young people in Japan would play a more active role.

d. I hope there will be more employment opportunities in the field of technology.

e. I think that the current problems facing young people are unique to Japan.

問7　Schodt について，インタビューの内容に最も近いものを，つぎの a ～ e の中から一つ選び，その記号を解答欄にマークしなさい。

a. He interviewed people in Fukushima after the nuclear disaster in 2011.

b. His father worked for a trading company in Japan.

c. He first came to Japan to study Japanese as a university student.

d. He wrote his book about Japanese comics more than forty years ago.

e. He now makes use of his language skills at technology conferences.

問8　Schodt とマンガについて，インタビューの内容に最も近いものを，つぎの a ～ e の中から一つ選び，その記号を解答欄にマークしなさい。

a．Schodt helped organize the first *manga* and *anime* convention in the USA.

b．Schodt is surprised that *manga* became so popular in the USA.

c．Schodt's dream was to create *manga* at Tezuka Productions.

d．It was easy for Schodt to find publishers for *manga* translations in the 1980s.

e．Schodt first began to read *manga* when he lived in Australia.

問9　サーカスについて，インタビューの内容と<u>合わない</u>ものはどれか。つぎの a〜eの中から最も適切なものを一つ選び，その記号を解答欄にマークしなさい。

a．The leader of the Imperial Japanese Troupe was from Yokohama.

b．The Japanese circus performers did tricks on ladders and poles.

c．Members of this circus were the first Japanese to receive permission to travel abroad.

d．Americans and Europeans especially liked the circus costumes and the music.

e．Professor Risley introduced the Western circus into Japan in Yokohama.

問10　Schodt の著作に共通するテーマとして最も適切なものを，つぎのa〜e の中から一つ選び，その記号を解答欄にマークしなさい。

a．the influence of American popular culture on Japan

b．the high level of Japanese arts and technology

c．cultural interaction between Japan and America

d．the importance of creativity in Japanese and American life

e．future trends in Japanese society

全訳

≪日米の文化交流を書き続ける著者に聞く≫

聞き手 ：ご著書を通じて，おそらく他の誰よりも日本の文化がクールだという考えを広める活動をされてきていますが，日本との最初の出会いは何ですか。

ショット：15歳のとき，私たちはオーストラリアのキャンベラに住んでいたのですが，父は米国国務省に勤務していて，ある日，家に帰ってくると，東京に行くことになったと言ったのです。そして，日本と出会うことになりました。

聞き手 ：マンガに興味を持つようになったのはいつですか。

ショット：マンガと本当の意味で出会ったのは，東京の大学の寮で生活するようになってからのことで，実にたくさんの学生がマンガを読んでいました。それが1970年頃のことです。

聞き手 ：どのようにして手塚治虫さんと仕事を始め，作品の翻訳をするようになったのですか。

ショット：数人の友人とともに，日本国外の人たちに何とかしてもっとマンガを知ってほしいと思い，日本人2人とアメリカ人2人の小さなグループを作りました。とても若くて世間知らずでしたので，最高の人物からまず始めるべきだと思いました。手塚プロダクションを直接訪問して，何か翻訳できないかと尋ねてみました。そして，そのおかげで手塚さんと親しくなり，彼がアメリカに来たときには通訳をしました。大変心に残る経験になりました。

聞き手 ：そうした経験のすべてを本にしようと思ったきっかけは何でしたか。

ショット：私が『マンガ！マンガ！──日本マンガの世界』を書いた理由は特に，最初のマンガの翻訳で苦労した後，海外の市場はまだその段階にないという結論に達したからです。私たちは，何も出版してもらうことができませんでした。その当時，つまり1980年代初めは，日本のマンガがどんなものなのか誰も知りませんでした。時代が全く違っていたのです。

聞き手 ：『マンガ！マンガ！』を書いた当時，マンガが現在のように大流行すると思っていましたか。

ショット：いいえ，思いませんでした。現在，アメリカの各主要都市ではマンガやアニメのコンベンションが開かれ，中には3〜4万人を集めるものもあります。これほどの規模になるとは全く思いもしませんでした。でも，もう一つ，全く予想していなかったのは，マンガやアニメの産業がこれほどまで高いレベルに達して，そしてその後，インターネットや違法なコピーなどによって，崩壊したことです。

聞き手 ：輸出産業としてのアニメの衰退は，逃してしまった好機と広く考えられています。他にも同様のことが，例えばロボット工学の分野でも起きています。あなたは，1988年に書いた『ロボット王国の内部』で日本のロボット技術を支持しましたが，2011年3月に福島原発事故が起きたとき，

　　　　　　なぜ日本はあれほどまでロボットの準備ができていなかったと考えます
　　　　　　か。

ショット：あの本を書くときに，私は日本中の人にインタビューしました。当時，
　　　　　　海底や炎の近くなど，極限の環境の下で作業できるロボットを設計する
　　　　　　巨大プロジェクトがあり，その中の一つは，原子力発電所専用のもので
　　　　　　した。日本ではたくさんの研究が行われていたのですが，いつのまにか，
　　　　　　資金が止まり，ボールが落ちてしまったのです。

聞き手　：「ボールを落とす」という表現を使われましたね。日本は多くの問題で
　　　　　　ボールを落としたと考える人がたくさんいます。キャリアを通じて，あ
　　　　　　なたは日本が驚くほど成長したとき，それを観察できる立場にいらした
　　　　　　に違いありません。でも，その後……何かがおかしくなった。

ショット：そうです，私はテクノロジーの分野で会議の通訳として働いていますの
　　　　　　で，本当に，日本には打席に入って成果を出してほしい，特に若い人た
　　　　　　ちにそうしてほしいと思っています。しかし，日本は本当に克服が難し
　　　　　　い問題に直面していると思います。そして誰も簡単には答えを見つけら
　　　　　　れないでしょう。それらは，日本だけの問題ではありません。

聞き手　：最新の著書『リズリー教授と日本帝国一座』は，1860年代に世界的に有
　　　　　　名になった，日本人サーカスの一座とアメリカ人リーダーについて書か
　　　　　　れています。どうしてこのサーカス団に興味を持ったのですか。

ショット：リズリーは1864年に，横浜で初めてヨーロッパ流のサーカスを紹介し，
　　　　　　その後，1860年代後半に日本人の曲芸団を海外へ連れて行きました。そ
　　　　　　れは欧米人が日本のポップカルチャーに触れることになった最初の出来
　　　　　　事の一つでした。彼らは，コマ回しや，はしごや竹ざおに乗る曲芸や，
　　　　　　服装や音楽に魅了されたのです。

聞き手　：しかし，日本の曲芸団は江戸時代に日本を出国することが許されたので
　　　　　　すか。

ショット：はい，このサーカスの団員たちは実際，渡航のために初の民間ビザを取
　　　　　　得しました。文化輸出の初期の形態でした。私はちょっと変わった方法
　　　　　　でアメリカと日本のコミュニケーションに貢献した人たちにずっと興味
　　　　　　を抱いてきました。その分野について掘り下げて調べて書いているので
　　　　　　す。

● 語句・構文

□　*l*. 2　the idea of Japanese culture being cool「日本文化はクールだという考え」
　　　　　being は動名詞で，Japanese culture はその意味上の主語。

□　*l*. 3　encounter with ～「～との出会い」　この encounter は名詞。

□　*l*. 4　we were living in Canberra「キャンベラに住んでいた」　live を進行形で用いる
　　　　　と一時的に住んでいたことを表す。

□　*l*. 9　encounter「（偶然）～に出会う」≒ come across ～

□ *l*. 10　dormitory「寮」= hall of residence

□ *l*. 11　That would have been around 1970.「たぶん1970年頃のことであっただろう」
　　　　この would は過去について推量を表す（確信の度合いについては⇨ CHECK 4-22 ）。

□ *l*. 13　get into ～「～（仕事など）につく，～に打ち込むようになる，～にのめりこむ」

□ *l*. 15　make people outside of Japan more aware of *manga*「日本の外にいる人々にも
　　　　っとマンガを知ってもらう」　make O C「O を C の状態にする」　aware of ～「～
　　　　に気づいている」

□ *l*. 17　being very young and naive「とても若くて世間知らずだったので」= As we
　　　　were very young and naive

□ *l*. 21　serve as ～「～を務める，～として働く，～の役をする」

□ *l*. 27　come to the conclusion that ～「～という結論に至る」　この that は同格節を導く
　　　　（⇨ CHECK 7-10 ）。

□ *l*. 29　have no idea (as to) + 疑問詞 +SV「～についてはわからない」

□ *l*. 32　become as big as it has「現在のように大きく」　it = manga　has = has become

□ *l*. 34　convention「（主に代表者が集まる）大会，年次総会」

□ *l*. 36　envisage「～を想像する」≒ imagine

□ *l*. 38　implode「（内部）崩壊する，内側に破裂する」　*cf.* explode「破裂する」

□ *l*. 42　champion「～を擁護する，～を支持する」

□ *l*. 44　the country「（インタビューの受け手の外国人から見て）その国」　日本のこと。

□ *l*. 44　ill-equipped「装備が不十分な，準備ができていない」

□ *l*. 44　in terms of ～「～の点で，～に関して」

□ *l*. 52　somewhere along the line「いつのまにか，どこか途中で」

□ *l*. 60　believe me「本当に」　挿入句として用いる。

□ *l*. 64　exclusive to ～「～に独占されている」

□ *l*. 72　exposure「さらされること，接すること」

□ *l*. 76　be allowed to *do*「～することが許される」

解　説

問1

A. 空欄の直前の to help に着目。help (to) *do* で「～するのに役立つ」の意味なの
　で，**c . promote** を補い，to help <u>promote</u> the idea of ～「～という考えを広め
　るのに役立つように」とする。

B. <u>develop</u> an interest in *manga*「マンガに関心を深める」　この develop は潜在
　的なものを発現させる場合に用いる。**f** が適切。

C. which は *manga* and *anime* conventions を指すので，**a . draw** を補うと，some
　of which <u>draw</u> 30,000 to 40,000 people「そのコンベンションのうちのあるもの
　は 3 万人から 4 万人の人々を集めている」となる。

D.　主格の関係詞 that は robots を指すので，**e．function を補うと**，robots that could _function_ in extreme environments「極限的な環境で作業ができるロボット」となる。この function は「働く，機能する」の意味の動詞。

E.　the territory（which）I _mine_ in my writing「私の著作で調べている分野」と補って考える。この mine は「調べる，あさる」の意味の動詞。**b が適切**。

問 2

and（asked）（if）（we）（could）（translate）（something）「何か翻訳できるかどうか尋ねた」 if 以下は「〜かどうか」の意味の名詞節で asked の目的語。

問 3

ショットは空欄イ直後の発言（_ll._ 25-28）で本を書いた理由を答えているので，**d.**「**何がきっかけでそうしたすべての経験を本にしようと思ったのか**」が適切。inspire O to _do_ で「奮起させて O に〜させる」の意味。その他の選択肢の意味は次の通り。

　a．「あなたの本が最も売れたのはどこでしたか？」

　b．「その本はなぜアメリカでそれほど人気が出たのでしょうか？」

　c．「手塚さんは，あなたがマンガについての本を書くのに協力してくれましたか？」

　e．「あなたはいつその本を書き始めましたか？」

問 4

and then（the _manga_ and _anime_ business would）_implode_「そしてその後マンガとアニメ産業は崩壊するだろう」と補って考える。because of the Internet, illegal copying and so on「インターネットや違法コピーなどのために」と続くことがヒントになる。**b．collapse「崩壊する」が近い意味**。その他の選択肢の意味は次の通り。

　a．「拡大する」　　　　　　　　　c．「輸出される」

　d．「安定している」　　　　　　　e．「新しい技術を使う」

問 5

You used the term "drop the ball." をそのまま和訳すると「あなたは『ボールを落とす』という表現を使いました」となる。聞き手のこの発言の前にショットは There was a lot of research being done in Japan, but 〜 the funding stopped, the _ball was dropped._ と述べていることがヒント（ショットの 6 回目の発言の最終文，_ll._ 51-53）。たくさんの研究がなされていたが，資金がストップし，（研究は）失敗に終わった，と解釈する。**e．make a mistake「間違いをする」が近い意味**。聞き手の something went wrong（7 回目の発言の最終文，_l._ 58）もヒントになる。その他の選択肢の意味は次の通り。

　a．「注意を払う」　　　　　　　　b．「何かを疑う」

c．「素早く反応する」　　　　　　　d．「責任を負う」

問6

I would like very much for Japan to step up to the plate and do better, especially the young people をそのまま和訳すると「日本は打席に入って良い成果を出してほしいと本当に思うのです，特に若者には」となる。would like for *A* to *do* で「*A* に〜してほしい」の意味。*A* は to *do* の意味上の主語。step up to the plate「バッターボックスに入る，マウンドに立つ」→「進んで物事に取り組む」の意味。**c．「日本の若者はもっと積極的な役割を果たせばよいのにと思うのです」が近い意味。**a．「ますます多くの日本の若者が私のように留学を選択すればよいと思う」も日本の若者に言及しているが，留学は論点ではないので，不適切である。その他の選択肢の意味は次の通り。

b．「日本でロボット工学の研究にもっと費用が使われるといいのにと思う」

d．「科学技術の分野でより多くの雇用機会があればいいと思う」

e．「若者が今直面している問題は日本特有のものだと思う」

問7

ショットの7回目の発言の第1文 (*l*. 59)「私はテクノロジーの分野で会議の通訳として働いている」から，**e．「彼は現在，テクノロジーの会議で語学力を生かしている」が適切であると判断する。**a．「彼は2011年の原発事故のあとで福島の人々にインタビューをした」は，ショットの6回目の発言 (*ll*. 47-48) に不一致。1988年，『ロボット王国の内部』を書く際に日本人にインタビューした，というのが本文の内容。b．「彼の父は日本の貿易会社で働いていた」とc．「彼は大学生のとき日本語を学ぶために初めて日本に来た」はショットの1回目の発言 (*ll*. 4-7) に一致しない。父親は米国国務省に勤務しており，ショットが来日したのは15歳のときである。d．「彼は40年以上前に日本のマンガに関する本を書いた」は，ショットの4回目の発言 (*ll*. 25-30) に一致しない。ショットが日本のマンガについて本を書いたのは1980年代の初めである。

問8

b．「ショットは，マンガの人気がアメリカで高まったことに驚いている」がショットの5回目の発言の第1〜3文 (*ll*. 33-36) に一致する。a．「ショットはアメリカで最初のマンガ・アニメのコンベンションの開催準備を手伝った」は本文に記述がない。c．「ショットの夢は手塚プロダクションでマンガを製作することだった」はショットの3回目の発言の第1・3文 (*ll*. 15-17, 18-20) に不一致。日本国外の人にマンガをもっと知ってもらいたいと思い，翻訳の仕事を求めた，というのが発言の内容。d．「1980年代はマンガの翻訳のために出版社を見つけることは容易だった」はショットの4回目の発言の第2文 (*ll*. 28-29) に不一致。e．「ショットはオーストラリアに住んでいるときに初めてマンガを読み始めた」はショットの2

回目の発言の第1文（*ll.* 9-11）に不一致。

問9

a.「日本帝国一座のリーダーは横浜出身だった」は，聞き手の8回目の発言の第1文（*ll.* 65-67）から，一致しないことがわかる。リーダーはアメリカ人である。b.「日本の曲芸団ははしごや竹ざおに乗る曲芸を行った」はショットの8回目の発言の最終文（*ll.* 73-75）に一致する。c.「この曲芸団の人々は渡航の許可を得た最初の日本人だった」はショットの最後の発言の第1文（*ll.* 78-79）に一致する。d.「アメリカ人とヨーロッパ人はサーカスの衣装と音楽を特に好んだ」はショットの8回目の発言の最終文（*ll.* 73-75）に一致する。e.「リズリー教授は西洋のサーカスを日本の横浜にもたらした」はショットの8回目の発言の第1文（*ll.* 69-71）に一致する。

問10

ショットの最後の発言の第3文および最終文（*ll.* 80-83）に着目。アメリカと日本の交流に貢献した人々に関心がある，と述べているので，c.「日本とアメリカの文化交流」が共通するテーマであると言える。その他の選択肢の意味は次の通り。

a.「アメリカのポップカルチャーが日本にもたらした影響」

b.「ハイレベルな日本の芸術と技術」

d.「日本とアメリカの生活における創造性の大切さ」

e.「日本社会の将来の傾向」

問1．A—c　B—f　C—a　D—e　E—b
問2．1—d　2—a　3—c　4—f　5—b　6—e
問3．d　問4．b　問5．e　問6．c　問7．e　問8．b　問9．a
問10．c

実戦問題❷

目標解答時間 20分　**目標正答数** 12/14問

2016年度　経済・社会学部A方式Ⅰ日程・現代福祉学部A方式　〔Ⅳ〕

つぎの英文のインタビューを読んで下の問いに答えなさい。

Interviewer: Tell me about when you were younger. What were some early lessons for you?

Dubuc: I had grandparents and great-grandparents nearby, and because I was the only grandchild until I was twelve, I was the 　A　 of a lot of adult attention. Because I was part of so many different households, I was able to be a slightly different child in each of them. That openness to change became a part of me at a very young age.

Interviewer: Were you in leadership roles in high school?

Dubuc: Because my birthday is in December, I was one of the older kids, so I learned social leadership early on. My interests were more extracurricular and more social than they were academic. I was always just much better in a team and work environment than I was in a classroom environment.

Interviewer: Have your parents influenced your leadership style?

Dubuc: The directness of my mother is clearly in my voice. Her opinion was always a very strong opinion at the dining room table. I think she empowered me. My stepfather and I had long drives to school together, and I was never allowed to listen to my radio stations. It was either National Public Radio or we would talk. One of the things that he used to say to me often is "Don't worry about it, because it's not going to turn out that way anyway."

Interviewer: Did you understand that when you were sixteen or seventeen?

Dubuc: Not really. But now as I look back on it, so much of what we worry about is the ☐ B ☐ . Things rarely turn out the way you think they're going to, though, and the end result might be even better than you can imagine.

Interviewer: When did you first start managing people?   30

Dubuc: Since graduating from college, I've always worked in cable TV. For five years, I was with an outside production company. People didn't report directly to me, but I handled a lot of logistics like schedules and budgets. Then, over time, some of the field producers started asking my opinion about 35 their work. I aspired to be those people someday, and they cared what I thought about their work. That's when my creative ☐ C ☐ grew.

Interviewer: And now you are chief executive of a global media content company. What was your first formal management role?   40

Dubuc: I was put in charge of development. I suddenly had eight people reporting to me, and I had to <u>let some of them go</u>.
                                      (ア)

Interviewer: Because?

Dubuc: I have a competitive streak to win and a ☐ D ☐ to create, and I want our team to be better than everybody else. Some 45 people thrive in that environment, and some people don't.

Interviewer: <u>How has your leadership style evolved?</u>
           (イ)

Dubuc: There are very few black-and-white truths in management or in business, but one that I have found is that people either hire people who are smarter than them or people hire people 50 they can control. I've always hired people who are smarter than me. I was on the rowing team in college, and I'm always thinking in those terms — will they make the team better?

        Another pattern I've seen is that managers will 55

sometimes complain that one of their employees is difficult to manage, but those people also tend to be the best performers. You have to figure out what motivates them. I've learned that you have to be ten different managers to get the best out

60　　　　　of your team.

Interviewer:　How would you describe your leadership style?

Dubuc:　　　I lead with one core 　E　 . I need to trust who works for me, and they need to trust me. The more people say, "Trust me, I'm here for you," the less I trust them. But, if

65　　　　　people do, act and deliver, I will forever give those people more freedom.

I also value people who have something constructive to say and can make things better. Anyone can have an opinion (1)(2)(3)(4)(5)(6). I
(ウ)

70　　　　　value somebody who says, "Well, what if we did this?" It may sound crazy, but at least they're trying to solve the problem.

Interviewer:　How do you hire?

Dubuc:　　　A lot of it is intuition. I'm also a big believer in the idea
(エ)

75　　　　　that people tend to fall into one of three camps — you're either a thinker, a doer or a feeler — so I'll be thinking about the mix of those three groups on my teams. If you have all thinkers, nothing will get done. If you have all doers, it can be chaotic. Feelers create energy, but if you have too many,

80　　　　　they will just dramatize the moment.

Interviewer:　And which camp are you in?

Dubuc:　　　　オ

©The New York Times

問1　Dubuc の子供時代について，インタビューの内容に合う最も適切なもの
　　を，つぎの a 〜 e の中から一つ選び，その記号を解答欄にマークしなさい。

a．She lived in a house with four generations.

b．She was taught not to express her opinions directly.

c．She learned to adapt to change at an early age.

d．She had a lot of cousins living nearby.

e．She never knew her grandparents.

問2　Dubucの学校時代について，インタビューの内容に合う最も適切なもの
　　を，つぎのa～eの中から一つ選び，その記号を解答欄にマークしなさい。

a．She and her mother listened to the car radio on the way to school.

b．She was a member of the bowling team in college.

c．She learned leadership skills from the older kids in her class.

d．She was president of the student body in high school.

e．She preferred club or social activities to studying in those days.

問3　Dubucのキャリアについて，インタビューの内容に合う最も適切なもの
　　を，つぎのa～eの中から一つ選び，その記号を解答欄にマークしなさい。

a．She started managing people while she worked at the production
　　company.

b．Her career goal is to be the head of development at the global
　　media content company.

c．She was promoted to assistant field producer at the production
　　company.

d．Her job at the production company included making schedules and
　　budgets.

e．She has worked at the global media content company for five years.

問4　Dubucのリーダーシップのスタイルについて，インタビューの内容に合
　　う最も適切なものを，つぎのa～eの中から一つ選び，その記号を解答欄
　　にマークしなさい。

a．There is more than one way to manage people at work.

　ｂ．She believes that words are more important than actions.

　ｃ．She prefers to hire people she can control.

　ｄ．The best managers tend to complain about their best performers.

　ｅ．It is important for a manager to choose team members with similar skills.

問5　本文　A　～　E　に入る最も適切な単語を，つぎのａ～ｆの中からそれぞれ一つ選び，その記号を解答欄にマークしなさい。ただし，同じものを二度以上使わないこと。また語群には不要なものが一つある。

　ａ．broadcast　　　　ｂ．center　　　　ｃ．confidence

　ｄ．outcome　　　　ｅ．passion　　　　ｆ．principle

問6　下線部(ア) let some of them go の意味に最も近いものを，つぎのａ～ｅの中から一つ選び，その記号を解答欄にマークしなさい。

　ａ．allow them to behave in a relaxed way

　ｂ．dismiss them from their jobs

　ｃ．not worry about the way they looked or dressed

　ｄ．insist that they forget about an idea or attitude

　ｅ．give them permission to return home early

問7　下線部(イ) How has your leadership style evolved? の意味に最も近い英文を，つぎのａ～ｅの中から一つ選び，その記号を解答欄にマークしなさい。

　ａ．How much of what you were taught about leadership style is really useful?

　ｂ．In the past, what mistakes have you made in leadership style?

　ｃ．In what ways has your leadership style developed over the years?

　ｄ．What would you tell the new generation of business leaders about leadership style?

　ｅ．Has your leadership style always been based on the same idea?

問8　下線部(ウ)（　1　）〜（　6　）に入る最も適切な単語を，つぎのa〜fの
　　　中からそれぞれ一つ選び英文を完成させ，その記号を解答欄にマークしな
　　　さい。

　　　a．about　　　　　　　b．is　　　　　　　　c．something

　　　d．what　　　　　　　e．with　　　　　　　f．wrong

問9　下線部(エ) intuition の意味に最も近いものを，つぎのa〜eの中から一つ
　　　選び，その記号を解答欄にマークしなさい。

　　　a．using instinct rather than reason

　　　b．expecting good things to happen

　　　c．making decisions based on facts

　　　d．looking at age and experience

　　　e．getting approval from all board members

問10　本文　オ　に入る最も適切な英文を，つぎのa〜eの中から一つ選び，
　　　その記号を解答欄にマークしなさい。

　　　a．I don't know; I've never thought about it.

　　　b．I'm definitely a thinker; I like to check all the data and plan
　　　　　carefully.

　　　c．I'm a feeler. I like drama; maybe I should have been an actress.

　　　d．Maybe all three, but I like teamwork and being active, so I'm more
　　　　　of a doer.

　　　e．I used to be a feeler, but as the boss, I have to be a thinker, too.

≪リーダーシップとマネジメント≫

全訳

聞き手：ご自身の若い頃についてお聞かせください。小さい頃の教訓は何でしたか。

Dubuc：祖父母と曽祖父母が近くにいました。そして12歳まで唯一の孫だったので，私は多くの大人の関心の中心でした。私はいろいろな家族の一部だったので，それぞれの家族に応じて，少し異なる子どもでいることができました。変化への寛容さは，私が非常に若い頃に，私の一部になったのです。

聞き手：高校では，リーダーの役割でしたか。

Dubuc：私の誕生日は12月ですので，私は，年上の子どもの１人でした。だから，社会的な指導力を早くから学びました。私は学業よりも課外活動や社会的なものに興味がありました。私は教室の環境よりも，チームや作業の環境にいるほうが，いつも本当に力を発揮できました。

聞き手：ご自身のリーダーシップのスタイルにご両親は影響しましたか。

Dubuc：母の率直さは，私の発言に表れています。食卓ではいつも母の意見がとても強かったですね。母は私に力を与えたと思います。義理の父と私は車で長い時間をかけて学校まで通いました。でも，決して私の好きなラジオ番組を聴かせてくれませんでした。国営ラジオを聴くか私たちで話をするかのどちらかでした。彼が私によく言っていたことの１つは，「心配するな，とにかくそんな風にはならないよ」です。

聞き手：16歳か17歳で，それを理解できましたか。

Dubuc：それほど理解はできませんでした。でも今，そのくらいのときのことを振り返ると，私たちが心配していることの多くは最終結果です。物事は，人がそうなるであろうと思っているような結果にはほとんどなりません。最終結果は，あなたが想像するよりもずっと良いことさえあるかもしれないのです。

聞き手：最初に人々を管理することを始めたのはいつですか。

Dubuc：大学卒業以来，ずっとケーブルテレビで働いています。５年間，私は外部の制作プロダクションに勤務しました。直属の部下はいませんでしたが，私はスケジュールや予算のような多くの事業計画の細部を処理しました。そのうち，何人かのフィールドプロデューサーたちが，彼らの仕事について私に意見を求め始めたのです。私はいつかこうした人々のようになりたいと熱望していて，その彼らが，自分たちの仕事を私がどう思うかについて関心を持っている。それがきっかけで私の創造性への自信が育ったのです。

聞き手：さて，あなたは今，世界的なメディア・コンテンツ会社の最高責任者です。最初の正式な管理職務は何でしたか。

Dubuc：私は開発を任せられました。私は突然８人の部下を持ちました。そして，私は彼らの何人かを解雇せねばなりませんでした。

聞き手：どうしてですか。

Dubuc：私には勝利への競争心と創造することへの情熱があります。そして私たちのチームには他の誰よりも良くなってもらいたいのです。その環境でうまくやる人もいますが，できない人もいます。

聞き手：ご自身のリーダーシップのスタイルはどのように進化しましたか。

Dubuc：管理や仕事では，白か黒かの真実はほとんどありません。しかし，私がわかった１つのことは，人々は自分たちよりも賢い人たちを雇うか，自分たちがコントロールできる人たちを雇うかのどちらかなのです。私はいつも自分より賢い人たちを雇ってきました。私は大学ではボートクラブに入っており，そうした観点でいつも考えています――彼らはチームを良くするであろうかと。

　　　　私が見た他のパターンは，経営者はときどき社員の１人が管理しづらいとこぼしますが，それらの人々は最高の業績を上げる人たちになる傾向もあるということです。彼らが何によってやる気を出すかを理解しなければなりません。私は，チームから最高のものを引き出すには，10の異なったタイプの管理者にならねばならないということを学びました。

聞き手：ご自身のリーダーシップのスタイルを，どのように説明しますか。

Dubuc：私は１つの基本方針で導きます。私は，私のために働く人を信頼し，彼らは私を信頼する必要があります。人が「私を信頼してください，私はあなたのためにここにいます」と言えば言うほど，私は彼らを信頼しなくなります。しかし，もし人々が行動し，活動し，うまくやりとげれば，私はこうした人々に，それから先はずっとより多くの自由を与えるでしょう。

　　　　また私は，建設的な意見を持ち，物事を改善することができる人たちを評価します。誰でも，あることについて何が悪いのかに関して意見を持つことはできます。「では，もし我々がこれを実行するとどうなるだろうか」と言う人を，私は評価します。変に響くかもしれませんが，少なくとも彼らは問題を解決しようとしているのです。

聞き手：採用はどのようにしていますか。

Dubuc：多くは直観です。私はまた，人は３つの陣営の１つに当てはまる傾向があるという考えを信じています。すなわち――思考型の人間，実行型の人間，または感性型の人間のどれかです――だから，私はそれらの３つのグループの構成比を私のチームで考えるつもりです。もしあなたが思考型の人間ばかり抱えるなら，何もなされないでしょう。もしあなたが実行型の人間ばかり抱えるなら，無秩序になりえます。感性型の人間はエネルギーを生み出しますが，もしあなたがあまりに多くを抱えれば，彼らはある一瞬を大げさにとらえることに終始するでしょう。

聞き手：ご自身は，どの陣営にいるのですか。

Dubuc：たぶん３つの全てです。しかし私はチームワークと活動的であることを好みます。だから私は，むしろ実行型の人間ですね。

● 語句・構文 ••

☐ *l.* 3　great-grandparents「曾祖父母」

☐ *l.* 6　household「世帯」

☐ *l.* 11　early on「早くから」

☐ *l.* 12　extracurricular「教科課程外の，課外の」

☐ *l.* 18　empower「～に力を与える，～に自信をもたせる」

☐ *l.* 18　stepfather「義理の父」

☐ *l.* 19　be allowed to *do*「～することが許される」≒ be permitted to *do*

☐ *l.* 21　the things that he used to say to me often「彼が私によく言っていたこと」

☐ *l.* 26　not really「それほどでもない，そうでもない」 no より曖昧な言い方。

☐ *l.* 33　report directly to ～「～の直属の部下である」

☐ *l.* 34　logistics「段取り，後方支援，兵站（学）」

☐ *l.* 35　field producer「フィールドプロデューサー」 制作現場の調整役のこと。この field は名詞が形容詞化したもので「現場の，現地の」の意味。

☐ *l.* 36　aspire to be ～「～になることを熱望する」

☐ *l.* 41　put *A* in charge of *B*「*A* を *B* の担当にする」

☐ *l.* 42　let *A* go「*A* を解雇する，*A* を解放する」

☐ *l.* 44　have a ～ streak「（性格などが）～な一面がある，～な傾向がある」

☐ *l.* 55　S will sometimes complain that ～「S はときどき～と不平を言うものだ」 この will は〈習性・習慣〉を表す。would (often)「よく～したものだ」の現在形。

☐ *l.* 58　figure out ～「（自分でよく考えて）～を理解する」≒ understand

☐ *l.* 63　The more people say, …, the less I trust them.「人々が…と言えば言うほど，私はその人々のことが信用できなくなる」 the ＋比較級～，the ＋比較級…「～であるほど，ますます…」（⇒ **CHECK 9-4**）

☐ *l.* 67　something to say「意見，言いたいこと」

☐ *l.* 70　what if ～?「～ならどうする？（問いかけ），～するのはどう？（提案）」

☐ *l.* 75　camp「陣営，同じ立場，同志」

☐ *l.* 80　dramatize「～を大げさに表現する，誇張して述べる」

解 説

問1

　a．「彼女は一軒の家に 4 世代で住んでいた」

　b．「彼女は自分の意見をあからさまに表明しないように教えられた」

　c．「彼女は幼少期に変化に適応できるようになった」

　d．「彼女には近所に住むいとこがたくさんいた」

　e．「彼女は祖父母のことを全く知らなかった」

　子ども時代の Dubuc については 1 回目の発言（*ll.* 3-8）で述べられている。最終

文（*ll.* 7-8）に，変化へのそうした寛容さは非常に若い頃に私の一部となった，とあるので，**c が適切**。その他の選択肢は本文に記述なし。

問2

a．「彼女と母親は学校へ行く途中に車のラジオを聴いていた」

b．「大学時代，彼女はボウリングチームの一員であった」

c．「彼女は，クラスの年上の子どもからリーダーシップの技術を学んだ」

d．「彼女は，高校では生徒会長をしていた」

e．「彼女は当時，勉強よりもクラブ活動や社会活動を好んだ」

学校時代の Dubuc については2回目の発言で述べられている。第2・3文（*ll.* 11-14）に，勉強よりも課外活動や社会的なことに興味があり，教室にいるよりもチームで作業をすることが得意であった，とあるので，**e が適切**。a は3回目の発言の第4文（*ll.* 18-20）に不一致。学校まで義理の父親に車で送ってもらっていたが，好きなラジオ番組を聴くことは許されなかった，というのが本文の内容。b は8回目の発言の第3文（*ll.* 52-54）に不一致。大学ではボートクラブに属していた，というのが本文の内容。c は2回目の発言の第1文（*ll.* 10-11）に不一致。年上だったので早くからリーダーシップの技術を身につけた，というのが本文の内容。d は本文に記述なし。

問3

a．「彼女は制作プロダクションで働いているときに部下の管理を始めた」

b．「彼女の職業的な目標は世界的なメディア・コンテンツ会社の開発リーダーになることである」

c．「彼女はその制作プロダクションでフィールドプロデューサー補佐に昇進した」

d．「その制作プロダクションでの彼女の仕事にはスケジュールと予算の立案が含まれていた」

e．「彼女はその世界的なメディア・コンテンツ会社で5年間働いている」

Dubuc のキャリアについては5回目の発言で述べられている。第2・3文（*ll.* 32-34）に，制作プロダクションで5年間働いたが，そのときは直属の部下はおらず，スケジュールや予算のような詳細な事業計画を担当した，とあるので，**a は誤り**で，**d がふさわしい**。b・c・e は本文に記述なし。Dubuc は現在，世界的なメディア・コンテンツ会社の最高責任者で，部下を持ったのは開発部門を任されたときである，というのが本文の内容（聞き手の6回目の問いと Dubuc の6回目の発言参照，*ll.* 39-42）。

問4

a．「仕事で部下を管理する方法は1つに留まらない」

b．「彼女は，言葉は行動よりも重要であると信じている」

c．「彼女は，自分がコントロールできる部下を雇うことを好んでいる」

　d．「最高の管理者は，最高の業績を上げる人たちへの不満を口にする傾向がある」

　e．「管理者が同じような技量を持つチームメンバーを選ぶことが重要である」

リーダーシップについては Dubuc の8回目の発言で述べられている。第2段落最終文（*ll.* 58-60）に，チームから最高のものを引き出すには10の異なったタイプの管理者になる必要がある，とあるので，**a** がふさわしい。c は第1段落第2文（*ll.* 51-52）に不一致。自分よりも賢い人を雇ってきた，というのが本文の内容。d は第2段落第1文（*ll.* 55-57）に不一致。管理しづらく思える社員ほど，良い業績を上げる可能性もあるというのが本文の内容。b は9回目の発言の第1段落最終2文（*ll.* 63-66）に不一致。Dubuc は言葉より行動を重視していることが読み取れる。e は本文に記述なし。

問5

A. the <u>center</u> of a lot of adult attention「多くの大人の関心の<u>中心</u>」　空欄の前の the only grandchild「唯一の孫」という記述から推測する。**b．center** が適切。

B. so much of what we worry about is the <u>outcome</u>「私たちが心配することの多くは（最終的な）<u>結果</u>である」　物事は思ったようになることはめったにない，最終的な結果は想像よりもずっと良いかもしれない，と続くことがヒント。つまり私たちが心配するのは最悪の結果であり，物事はそんなに悪くはならない，というつながり。**d．outcome** が適切。

C. That's when my creative <u>confidence</u> grew.「それがきっかけで私の創造的な<u>自信</u>が育った」　直前の内容がヒント。自分が目指していたプロデューサーたちに意見を求められ自信がついてきた，ということ。**c．confidence** が適切。

D. I have a competitive streak to win and a <u>passion</u> to create「私には勝利への競争心と創造することへの<u>情熱</u>がある」　and で結ばれているので，a competitive streak to win と近い内容にする。**e．passion** が適切。streak「筋，しま，（性格などの）傾向」

E. I lead with one core <u>principle</u>.「私は1つの基本<u>方針</u>で導きます」　聞き手の「ご自身のリーダーシップのスタイルをどのように説明しますか？」という問いに対する答えを完成する。**f．principle** が適切。

問6

I had to <u>let some of them go</u>「私は彼らのうちの数人を解雇しなければならなかった」

　a．「彼らがリラックスして行動することを許す」

　b．「彼らを解雇する」

　c．「彼らの見た目や服装を気にしない」

　d．「彼らがアイデアや態度について忘れるように主張する」

　e．「彼らに早く家に帰る許可を与える」

let O go「O を解雇する」　b. dismiss them from their jobs が近い意味。
Dubuc の 7 回目の発言（*ll*. 44-46）に着目。自分は競争心が強く，自分のチームは
他よりも優秀であってほしいと願っているが，そのような環境には合わない人もい
る，という内容から推測可能。

問 7

下線部(イ)をそのまま和訳すると「あなたのリーダーシップのスタイルはどのように
進化してきましたか？」となる。

　a.「リーダーシップのスタイルについて教わったことはどの程度，実際に役立ち
　　ますか？」
　b.「過去において，リーダーシップのスタイルの点でどのような間違いをしまし
　　たか？」
　c.「長い年月を経て，どのような形であなたのリーダーシップのスタイルは発展
　　しましたか？」
　d.「新世代のビジネスリーダーたちにリーダーシップのスタイルについて何を語
　　りますか？」
　e.「あなたのリーダーシップのスタイルは常に同じ考えに基づいていますか？」

How ≒ In what ways や evolve ≒ develop がヒント。**c が近い意味**。

問 8

Anyone can have an opinion（about）（what）（is）（wrong）（with）
（something）.「誰でもあることについて何が悪いのかに関して意見を持つことはで
きます」

opinion 以下が副詞句としてつながるように about ＋ 間接疑問文の形にする。What
is wrong with 〜？で「〜はどうしたのか（何が悪いのか）？」の意味（⇨ **CHECK 7-18**）。
Something is wrong with 〜.「〜はどこか具合が悪い」も覚えておこう。

問 9

A lot of it is intuition. が「採用を決めるときにどのようにしますか？」という聞
き手の問いに対する答えであることをふまえる。

　a.「理性より直観力を用いること」
　b.「良いことが起こることを期待すること」
　c.「事実に基づいて決定すること」
　d.「年齢や経験を検討すること」
　e.「取締役全員から承認を得ること」

9 回目の発言（*ll*. 62-72）から，Dubuc が評価する部下は，行動力のある人，建設
的で，現状を改善し，問題解決ができる人であることがわかる。そうした人を雇う
ときに intuition「直観（論理に頼らず対象の本質を見抜くこと）」によって決めて
いるというつながりをとらえる。**a. using instinct rather than reason が適切**。

instinct「本能」には「直観（力）」の意味もあることに注意。

問10

「ご自身はどの陣営にいるのですか？」という聞き手の質問に対する答えを選ぶ。

a．「わかりません。そんなことは考えてみたこともありません」

b．「私は確かに思考型の人間です。私は全てのデータをチェックし綿密に計画することが好きなのです」

c．「私は感性型の人間です。私はドラマが好きです。たぶん女優になるべきでした」

d．「たぶん３つの全てです。しかし私はチームワークと活動的であることを好みます。だから私はむしろ実行型の人間ですね」

e．「私はかつては感性型の人間でした。しかし上司として，思考型の人間にもならなければなりません」

Dubuc の10回目の発言の第２文（*ll.* 74-77）に着目。３つのタイプの人間——思考型の人間，実行型の人間，感性型の人間——を示し，チームで活動するには３つのタイプの人間の構成比について考慮するとある。また，２回目の発言（*ll.* 10-14）には，学生の頃勉強よりも課外活動や社会的なことに興味があり，教室にいるよりもチームで作業をすることが得意だったとある。これらのことから，**d** がふさわしいと考える。

問1．c　問2．e　問3．d　問4．a
問5．A—b　B—d　C—c　D—e　E—f
問6．b　問7．c
問8．1—a　2—d　3—b　4—f　5—e　6—c
問9．a　問10．d

実戦問題❸

目標解答時間 20分　**目標正答数** 11/14問

2023年度　経済・社会学部Ａ方式Ⅰ日程・現代福祉学部Ａ方式　〔Ⅳ〕

つぎのインタビューを読んで下の問いに答えなさい。

Would you speak, read, and understand English better if you actually thought in English?　Dr. Aneta Pavlenko, Professor of Applied Linguistics at Temple University, Philadelphia, says that to truly master a language, and to think in it, you need to learn to pay attention to the world in new ways.

Interviewer:　　　What does it mean to think in a foreign language?

Aneta Pavlenko:　<u>Researchers generally differ from normal people here.</u>(ア) Normal people often think that it means you can <u>articulate</u>(イ) thoughts in that language, maybe talk to yourself and form sentences quickly without having to translate.　When people hear the words of another language in their head, they may believe they are thinking in that language.　But this is ┃ ウ ┃ .　To really think in that language requires that we start paying attention in new ways.　We have to change the way we distinguish things because things are grouped in different categories in different languages, and the way we see and understand events differs across languages.

Interviewer:　　　Can you give us an example?

Aneta Pavlenko:　In English, you can talk about things as they're happening, that is, as they progress: "I see a woman walking." "I see children playing." <u>You cannot, however, say the same thing in German.</u>(エ)　Researchers at the University of Heidelberg have been comparing this

difference [A] English and German through the use
of eye-tracking equipment. They found that German
speakers talk about goal-oriented events. When German
speakers look at a woman walking, they look at the
outcome: "She is walking to the house." For English
speakers, however, it doesn't matter where the woman is
walking to. So when German speakers are learning
English, they have to learn to not think about end points.
They need to learn to break up events in a detailed way,
rather than discussing them as a whole like in German.

Interviewer: Would you say that thinking in your second language is
one of the keys to fluency?

Aneta Pavlenko: No, I would not. Fluency is the ability to quickly recall
words and to string them [B] . That's not the
same as thinking. It's possible to speak fluently but to
continue thinking in the categories of your native
language. You may not always communicate well, but
you will have basic fluency and be able to get daily tasks
done without changing much [C] the way you see
and understand the world.

Interviewer: Is it really possible to think effectively in another
language?

Aneta Pavlenko: Absolutely! You see this in Germany where you have
people who immigrated to Germany as teenagers or
adults and became bilingual writers in German, like
Yoko Tawada who is Japanese-German, or Alina Bronsky
who is Russian-German and has written some prize-
winning books. They (1) in (2)(3)
(4)(5) and appealing to German audiences.
(オ)
There is even an award now for the best non-native-

speaker writer in German.　So it is definitely possible.　55
There are also non-native speakers who have become
famous English writers, which means that they
communicate in ways that are completely English-like.

Interviewer:　　At what point in the learning process do we start to
think in a foreign language?　60

Aneta Pavlenko:　That depends on how much exposure to an interaction
you have in the language.　It could be anything from six
months to two years if you are living in the country
where the language is spoken.　If you're in your native
country, that does not have to limit your opportunities　65
for interacting ⬚ D ⬚ others.　We now have amazing
technology that links us to the world.　We can watch
movies and TV shows in the language on streaming sites
or talk to native speakers of the language on social
media.　70

Interviewer:　　What do you think of the idea that our language frames
the way we perceive the world?　Does changing our
language change our view of the world?

Aneta Pavlenko:　That idea has always been too simplistic because there
(カ)
are many different ways of seeing the world, and many of　75
them do not depend on language.　The more
contemporary view is not that language makes us see
things, but that we use language as a tool to talk about
the things that we need to talk about.　But when we use
a language on an everyday basis, of course, that does　80
train us to pay attention to certain things ⬚ E ⬚ other
things.　For example, if you are Turkish and are talking
about something that happened, you have to make clear
whether you saw the event yourself or whether someone

85　told you about it. So, in that way, you can say that our languages train us to pay attention to certain ┃ キ ┃ , and when we learn a new language that means we need to start paying attention to different things. So it's not that the second language will ever make you think

90　differently, but <u>you will need to think differently if you</u> _(ク) <u>want to master that language.</u>

Interviewer: Is this different way of thinking something that happens naturally?

Aneta Pavlenko: Yes. It happens over time, mostly unconsciously. We

95　should stop thinking too much about perfecting languages because even a little bit of knowledge is a really good thing! It can be very useful to know a little bit of another language and a little bit of another way of seeing the world.

Adapted from Rita Forbes, "Thinking in English: Interview with Dr. Aneta Pavlenko", *Spotlight Magazine*, 2016.

Thinking in English: Interview with Aneta Pavlenko, Spotlight April 2016, ZEIT Sprachen GmbH © Spotlight, 04/2016, www.spotlight-online.de

問1）下線部(ア) <u>Researchers generally differ from normal people here.</u> の意味として，インタビューの内容に合う最も適切なものを，つぎのa〜dの中から一つ選び，その記号を解答欄にマークしなさい。

a. Normal people believe it is important to think differently in a foreign language, but researchers do not think so.

b. Thinking in a foreign language is easier for researchers than it is for normal people.

c. Researchers and normal people do not share the same idea of what it means to think in a foreign language.

d．Thinking in a foreign language is something researchers do more often than normal people.

問2）下線部(イ)articulate の意味として最も適切なものを，つぎのa～dの中から一つ選び，その記号を解答欄にマークしなさい。

a．to express yourself

b．to pronounce correctly

c．to speak very loudly

d．to repeat what you have heard

問3）空欄　ウ　に入る最も適切なものを，つぎのa～eの中から一つ選び，その記号を解答欄にマークしなさい。

a．misleading　　　b．interesting　　　c．accurate

d．disturbing　　　e．unusual

問4）下線部(エ)You cannot, however, say the same thing in German. の理由として，インタビューの内容に合う最も適切なものを，つぎのa～dの中から一つ選び，その記号を解答欄にマークしなさい。

a．Germans tend to pay more attention to events than to people.

b．Germans think that it is rude to talk about what other people are doing.

c．Germans focus on the result rather than the process that leads to the result.

d．Germans have difficulty learning English verbs that describe progress.

問5）空欄　A　～　E　に入る最も適切な単語を，つぎのa～eの中からそれぞれ一つ選び，その記号を解答欄にマークしなさい。ただし，各単語は一度のみ使えるものとする。

a．with　　　b．about　　　c．together

d．over　　　e．between

問6）下線部(オ) They （ 1 ） in （ 2 ）（ 3 ）（ 4 ）（ 5 ） and
appealing to German audiences. の（ 1 ）～（ 5 ）に入る最も適切
な単語を，つぎのa～fの中からそれぞれ一つ選び，その記号を解答欄に
マークしなさい。ただし，各単語は一度のみ使えるものとする。また選択
肢には不要なものが一つある。

　　a．is　　　　　　　　b．write　　　　　　　c．German
　　d．where　　　　　　e．understandable　　f．that

問7）下線部(カ) simplistic の意味として最も適切なものを，つぎのa～dの中か
ら一つ選び，その記号を解答欄にマークしなさい。

　　a．making something that is really challenging to do very boring
　　b．treating a complex idea as if it were not so complex by removing
　　　important points
　　c．breaking something that is complicated into smaller parts so that it
　　　is easier to explain
　　d．using a tool to help make a difficult idea more easily understood

問8）空欄　キ　に入る最も適切なものを，つぎのa～eの中から一つ選び，
その記号を解答欄にマークしなさい。

　　a．outlines　　　　　b．conversations　　　c．books
　　d．grammar　　　　　e．details

問9）下線部(ク) you will need to think differently if you want to master that
language の理由として，インタビューの内容に合う最も適切なものを，
つぎのa～dの中から一つ選び，その記号を解答欄にマークしなさい。

　　a．You need to be aware that your way of thinking will change in a
　　　short period of time.
　　b．Observing certain grammatical points will come naturally when you
　　　are learning a new language.

c．When you effectively convey your thoughts in another language, your brain will physically change.

d．When learning a new language, you have to focus on different things than you would in your first language.

問10）インタビューの内容に合う最も適切なものを，つぎの a〜d の中から一つ選び，その記号を解答欄にマークしなさい。

a．Thinking in a language involves more than just hearing the words in your head.

b．Language learners should first say the words in their head before they speak them out loud.

c．The way that we see the world around us is dependent on the language that we speak.

d．It is not possible to speak a second language fluently without being able to think in it.

全訳

≪外国語で考えること≫

　もし実際に英語で考えれば，もっと上手に英語を話したり，読んだり，理解したりするだろうか？　フィラデルフィアのテンプル大学の応用言語学教授であるアネタ=パヴレンコ博士は，言語を本当にマスターし，その言語で考えるためには，新しいやり方で世界に注意を向けるようになる必要があると言う。

聞き手：外国語で考えるというのはどのようなことを意味するのですか？

アネタ：研究者は，一般的に普通の人達とここで違います。普通の人達は，それはその言語で考えをはっきりと述べ，ひょっとすると独り言を言い，翻訳する必要もなく文章を素早く作ることができることを意味する，としばしば考えます。人々は，他の言語の単語が頭の中で聞こえるときに，その言語で考えているのだと信じているかもしれません。しかしこれは誤解を招きやすいのです。その言語で本当に考えるためには，新しいやり方で注意を向け始める必要があります。事象は言語によって異なったカテゴリーに分類されているので，私達は事象を識別する方法を変えねばなりません。また，私達が出来事を見て理解するやり方も言語によって異なっています。

聞き手：例を示してもらえますか？

アネタ：英語では，事象が起こっているとき，すなわちそれらが進展しているときに，それらについて語ることができます。例えば「私は女性が歩いているのが見える」「私は子ども達が遊んでいるのが見える」などです。しかし，ドイツ語では同じことは言えません。ハイデルベルグ大学の研究者達は，視線計測装置を用いて，英語とドイツ語のこの違いを比較しています。彼らの発見によると，ドイツ語の話し手は目的のはっきりした出来事について語ります。女性が歩いているのをドイツ語の話し手が見るとき，結末を見るのです。ですから「彼女は家に向かって歩いている」となります。しかし，英語の話し手にとってはその女性がどこに歩いて行くのかは重要ではありません。それでドイツ語の話し手が英語を学んでいるときは，出来事の終了点については考えないようにならなければなりません。彼らは，ドイツ語のように全体として出来事について論じるよりもむしろ，出来事を詳細なやり方で分割するようになる必要があります。

聞き手：第2言語で考えることは，流暢さへの鍵の一つだと言えますか？

アネタ：いいえ，言えないでしょうね。流暢さとは，素早く単語を思い出し，それらを繋ぎ合わせる能力のことです。それは考えることと同じではありません。流暢に話すが，自分の母語のカテゴリーで考え続けることは可能なのです。コミュニケーションがいつもうまくいくとは限らないかもしれませんが，世界の見え方や理解の仕方をあまり変えることなく，基本的な流暢さを身につけ，毎日の仕事を終わらせることができるようになるでしょう。

聞き手：他の言語で，効果的に考えることは本当に可能でしょうか？

アネタ：もちろんです！　このことはドイツで確認できます。ドイツには10代で，あるいは成人してからイツに移住し，ドイツ語でバイリンガル作家になっ

　　　　　た人々がいます。例えば，日系ドイツ人の多和田葉子やロシア系ドイツ人
　　　　　のアリーナ＝ブロンスキーです。彼らは何冊かの受賞本を執筆しています。
　　　　　こうした人々は，ドイツ人の読者に理解しやすく魅力的なドイツ語で書い
　　　　　ています。今では，ドイツ語を母国語としない最優秀作家に贈られる賞も
　　　　　あるのです。ですから，間違いなく可能です。有名な英語の作家になった
　　　　　英語を母国語としない人々もいます。こうしたことは，彼らが完全に英語
　　　　　的な方法でコミュニケーションをとっていることを意味しているのです。
聞き手：学習の過程のどの段階で，私達は外国語で考え始めるのでしょうか？
アネタ：それは，その言語でのやり取りにどの程度さらされるかによって異なりま
　　　　　す。もしその言語が話されている国に住んでいるなら，かかるのは６カ月
　　　　　から２年あたりでしょう。母国にいても，そのことが外国語を話す他者と
　　　　　の交流の機会を制限するとは限りません。今や私達には世界と私達を繋ぐ
　　　　　素晴らしい技術があります。私達は配信サイトで映画やテレビ番組をその
　　　　　言語で見ることができます。またソーシャルメディア上でその言語を母語
　　　　　とする話者と話すこともできます。
聞き手：私達の言語が私達の世界を認識する方法の枠組みを形成する，という考え
　　　　　方についてどう思いますか？　使用する言語を変えることは，私達の世界
　　　　　観を変えるのでしょうか？
アネタ：そうした考えはいつも単純化しすぎたものです。なぜなら世界の見え方は
　　　　　多様です。そしてそれらの多くは言語に依存していません。より現代的な
　　　　　見方をすると，言語が私達に事象を見させるのではなく，私達が語る必要
　　　　　がある事象について語るためのツールとして言語を使用するのです。しか
　　　　　しもちろん私達は日常的に言語を使用し，そのときに他の事象よりも特定
　　　　　の事象に対して注意を向けるように正に訓練されます。例えば，仮にトル
　　　　　コ人で，起こったことについて語っているなら，自分自身がその出来事を
　　　　　見たのか，誰かがそれを伝えたのかを明確にしなければなりません。その
　　　　　ようにして，私達の言語が特定の細部に注意を向けるように私達を訓練す
　　　　　るのだと言うことができます。そして，私達が新しい言語を学ぶとき，そ
　　　　　のことが意味するのは，私達は異なった事象に注意を向け始める必要があ
　　　　　るということです。第２言語が異なる考え方を強いるのではなく，その言
　　　　　語をマスターしたいのなら異なった考え方をする必要があるだろうという
　　　　　ことなのです。
聞き手：この異なった思考方法は，自然に発生するものですか？
アネタ：そうです。それは徐々に，ほとんど無意識の間に起こります。私達は，言
　　　　　語を完全にマスターすることについて考えすぎるのをやめるべきです。な
　　　　　ぜなら，ほんの少しの知識でさえ本当によいことなのですから！　少しだ
　　　　　け他の言語を知り，少しだけ世界を見る別の方法を知ることは，非常に有
　　　　　益なことがあるのです！

● 語句・構文 ··

☐ *l.*15　the way we distinguish things「物事の区別の仕方」　the way S V「〜の仕方」
（⇨ CHECK 7-3 ）

☐ *l.*17　category「分類上の区分，カテゴリー，範疇」　もとは哲学の用語。

☐ *l.*20　as they're happening「それら（事象）が起こっているときに」　この as は〈時・
同時〉を表す（⇨ CHECK 7-1 ）。

☐ *l.*21　see O *doing*「Oが〜しているのが見える」（⇨ CHECK 5-1 ）

☐ *l.*26　eye-tracking equipment「視線計測装置」　瞼の動きや瞳孔などを検知し何を見て
いるかを追跡するセンサー装置。マーケティングや心理分析などに用いる。

☐ *l.*27　goal-oriented「目的のはっきりした」

☐ *l.*30　it doesn't matter where 〜「どこへ〜なのかは重要ではない」

☐ *l.*32　learn to not *do*「〜しないようになる」＝learn not to *do*

☐ *l.*34　as a whole「全体として」

☐ *l.*36　fluency「流暢さ」

☐ *l.*42　get O *done*「Oを〜された状態にしてしまう」〈完了〉を表す（⇨ CHECK 5-5 ）。

☐ *l.*48　immigrate「（外国から）移住してくる」　*cf.* emigrate「（外国へ）移住する」

☐ *l.*61　depend on how much 〜「どの程度〜なのか次第である」

☐ *l.*68　on streaming sites「配信サイトで」

☐ *l.*72　perceive the world「世界を認識する」

☐ *l.*77　contemporary「現代の，同時代の」

☐ *l.*77　not that 〜，but that …「〜ということではなく，…ということ」

☐ *l.*77　make O *do*「Oに〜させる」（⇨ CHECK 5-3 ）

☐ *l.*80　on an everyday basis「日常的に」

☐ *l.*80　does train us to pay attention「注意を向けるように正に私達を訓練する」　does
は強調の助動詞。

☐ *l.*83　make clear whether S V「〜かどうかを明らかにする」

☐ *l.*94　over time「時がたつにつれて，そのうちに」

解　説

問1） 下線部の「研究者は普通の人とは違う」は聞き手の問いかけ「外国語で考える
ことはどのようなことを意味するか」に対する答えの導入部である。アネタは1番
目の発言の第3文（When people …）で「普通の人々は，他の言語の単語が頭の
中で聞こえるとき，その言語で考えていると信じている」と述べた後に，第5文
（To really …）で「その言語で本当に考えるには，新しいやり方で注意を向け始
める必要がある」と研究者としての意見を述べている。したがって，c.「**研究者
と普通の人々は外国語で考えることが何を意味するかについて同じ考えを共有して
いない**」が**最も適切**である。a.「普通の人々は，外国語で異なった考え方をする
ことが重要であると信じているが，研究者はそうは思わない」は普通の人々と研究
者が逆である。b.「外国語で考えることは，普通の人々よりも研究者にとって容
易である」とd.「外国語で考えることは，普通の人々よりも研究者が頻繁に行う
ことである」は本文に言及がない。

問2） you can <u>articulate</u> thoughts in that language は聞き手の質問（問1の解説参
照）に対する答えとなる説明の一部である。maybe talk to yourself and form
sentences quickly without having to translate「もしかすると（その言語で）独り
言を言ったり，翻訳しなくても文章を作ることができる」と補足説明が続くことか
ら，下線部は「述べる」の意味であると推測できる。したがって，a.「**自分の考
えを述べること**」が**最適**である。なお articulate「～をはっきりと述べる」は覚え
ておいた方がよい単語である。その他の選択肢の意味は以下の通り。
b.「正しく発音すること」　c.「とても大きな声で話すこと」　d.「聞いたこと
を繰り返すこと」

問3） 空欄を含む文は直前の文（When people hear …）と譲歩の関係である
（may ～, but …「なるほど～だが，しかし…」）。「他の言語の単語が頭の中で聞
こえるときにその言語で考えていると人々は信じるかもしれない」に対して，a.
misleading を補うと，「しかしこれは誤解を招く」となり，後続の文（To really
think …）の「注意の向け方を新しくする必要がある」に接続する。b.「面白い」
c.「正確な」は譲歩の関係で接続しない。d.「心をかき乱す」e.「普通でな
い」は後続の内容に接続しない。

問4） 先行する I see a woman walking. を受けて「しかし同じことをドイツ語では
言えない」というつながりである。アネタは2番目の発言の第6文（When
German …）で「ドイツ語を話す人々は女性が歩いているのを見るときに結末に注
目するので，She is walking to the house.『彼女は家に向かって歩いている』と表
現するのである」とその理由を述べている。これを言い換えたものとして**最適なの
は**，c.「**ドイツ人は，結果につながる過程よりも結果に焦点を置く**」である。そ

の他の選択肢の意味は以下の通り。

　ａ．「ドイツ人は人々よりも出来事に注意を払う傾向がある」

　ｂ．「ドイツ人は他人がしていることについて話すことは無礼だと思っている」

　ｄ．「ドイツ人は進行を表す英語の動詞をなかなか習得できない」

いずれも同じことをドイツ語では言えない理由としてふさわしくない。

問5）

Ａ． 空欄の直前は difference で，直後に English and German と続く。**ｅ．between** を補い，difference between A and B「A と B の違い」の形にする。

Ｂ． 空欄を含む文の to quickly recall words and to string them に着目。**ｃ**を補い，string them <u>together</u>「それらを繋ぎ合わせる」とする。この場合，them は「思い起こした単語」である。なお，〈to＋副詞＋原形動詞〉の形を分割不定詞という。

Ｃ． 空欄の前の without changing much に着目。直後は the way で名詞であるから，前置詞が入るとわかる。much は強調の副詞である。**ｂ**を補うと，without changing much <u>about</u> the way you see and understand the world「世界の見え方や理解の仕方をめぐってあまり変わることなく」となる。without と much で部分否定の意味合いである。the way Ｓ Ｖ「〜の仕方」（⇨**CHECK 7-3**）

Ｄ． 空欄の直前の interacting に着目。**ａ**を補い，your opportunities for interacting <u>with</u> others「他者と交流するための機会」とする。interact with 〜で「〜と交流する」の意味。

Ｅ． 空欄の直前の certain things に着目。直後は other things であるから，比較していると推測できる。**ｄ**を補うと，pay attention to certain things <u>over</u> other things「他の事象よりも特定の事象に対して注意を向ける」となる。この over は「〜と比べて」の意味。

問6） They (write) in (German) (that) (is) (understandable) and appealing to German audiences.「彼らはドイツ人の読者にとって理解可能で魅力的なドイツ語で書く」 that が主格の関係代名詞で先行詞が German であることに気づくかがポイント。is に続く補語は understandable and appealing である。したがって，順に ｂ，ｃ，ｆ，ａ，ｅが正解となる。

問7） That idea has always been too <u>simplistic</u>「そのような考えは常にあまりにも単純化しすぎている」 simplistic は「あまりにも単純な，短絡的な」の意味だが，because 以下に「世界についての異なった見方がたくさんある」と理由が示されていることから推測可能である。**ｂ．「複雑な考えを，重要な点を取り除くことによって，まるでそれほど複雑ではないように処理すること」が適切**であると判断する。ｃ．「説明しやすくするために，複雑なものをより小さな部分に分解すること」は分解することは単純化することではないので不可。ａ．「非常にやりがいのあるものをとても退屈なものにすること」，ｄ．「難しい考えをより容易に理解できるよう

にするための道具を使用すること」はいずれも単純化しすぎているという意味とは無関係な内容である。

問8） 空欄を含む文の So, in that way「だからそのようにして」に着目。in that way の内容は直前の文（For example, …）のトルコ人の例で把握できる。「トルコ人が出来事について語るときは自分で見たのか人から聞いたのかを明確にする必要がある」とある。単に出来事について語るよりも詳しい伝え方である。**e を補い**、our languages train us to pay attention to certain details「私達の言語は特定の細部に注意を向けるように私達を訓練する」とする。ａ.「輪郭」　ｂ.「会話」　ｃ.「本」　ｄ.「文法」　いずれも本文の流れに無関係である。

問9） 下線部をそのまま和訳すると「その言語をマスターしたいなら異なった考え方をする必要がある」となる。but に先行する So it's not … に着目。not *A* but *B* の形で，第2言語が学習者の考え方を変えるのではなく，学習者が（自ら）考え方を変える必要があるというつながりである。下線部は冒頭の文章の第2文（Dr. Aneta Pavlenko, …）の to truly master a language, … you need to learn to pay attention to the world in new ways に符合する内容であるから，to think differently と to pay attention to the world in new ways は関連があると見当がつく。なぜ考え方を変えなければいけないのか。ドイツ語（アネタの2番目の発言）やトルコ語（下線部直前）の例からわかるように，ある言語を使用する際には，その言語特有の事象の認識の仕方，出来事の理解の仕方からくる，特定の細部（行為の目的・伝聞なのか自身の認識なのかなど）に注目することが必要であり，それらは母語のものとは違うからである。以上から，**ｄ.「新しい言語を学んでいるときは母語の場合とは異なることに集中しなければならない」が理由として最も適切**であると判断する。その他の選択肢の意味は以下の通り。

ａ.「あなたは自分の考え方が短時間で変わることを自覚する必要がある」

ｂ.「新しい言語を学んでいるとき何らかの文法的ポイントについて述べることは自然に行われるだろう」

ｃ.「他の言語で自分の考えを効率的に伝えているときに，あなたの脳は物理的に変化するだろう」

いずれも，not ～ but … の形でつながる内容ではなく，インタビューの中で言及されていない。

問10)

ａ.「ある言語で考えることは，それらの単語がただ頭の中で聞こえること以上のことを含んでいる」

インタビューを紹介する冒頭の文章の第2文の and to think … in new ways に着目。（マスターしようとしている）言語で考えるためには新しいやり方で世界に注意を向ける必要があると述べられており，これはアネタの1番目の発言の第

　5文（To really think …）および最終文（We have …）で詳しく説明されている。
したがって，インタビューの内容に合致する。

b．「言語の学習者は，単語を大声で言う前に最初に頭の中でそれを言うべきである」

　本文に言及なし。

c．「私達の周りの世界の見方は，私達が話す言語に依存している」

　アネタの6番目の発言の第1文（That idea …）に着目。世界の見方は様々でた
くさんあり，その多くは言語に依存していない，とあるので合致しない。

d．「第2言語で流暢に話すことは，その言語で考えることができなければ，不可
能である」

　アネタの3番目の発言の第4文（It's possible …）に「（第2言語で）流暢に話し，
自分の母語のカテゴリーで考え続けることは可能である」とあるので合致しない。

以上より，aが正解。

問1）c　問2）a　問3）a　問4）c
問5）A−e　B−c　C−b　D−a　E−d
問6）1−b　2−c　3−f　4−a　5−e
問7）b　問8）e　問9）d　問10）a

長文読解・会話文表題一覧

第2章　長文読解

〈1〉環境・自然科学一般

〈2〉人間行動・心理・文化・社会一般

第3章　会話文

〈1〉日常会話

〈2〉読解型会話文

CHECK！

CHECK には，本書に収載された問題に関連する内容で注意すべき点や入試でよく問われる重要
事項をまとめています。

1 名詞に関する項目

CHECK 1-1 頻出不可算名詞
information「情報」/ advice「助言」/ progress「進歩」/ news「知らせ」/ weather「天
候」/ work「仕事」/ homework「宿題」/ fun「楽しみ」/ damage「損害」/ conduct「行
い」/ wisdom「知恵」/ equipment「備品」

CHECK 1-2 常に複数扱いの名詞（集合名詞）に注意！
同一種類の物・人の集まりを表す名詞を「集合名詞」というが，そのなかには形は単数でも
常に複数扱いをするものがある。
The police are seeking the suspect.「警察は容疑者の行方を追っている」
police「警察」/ people「人々」※ / clergy「聖職者」/ cattle「牛」
※ただし，The Japanese are a diligent people.「日本人は勤勉な民族である」の people
は「民族，国民」の意味で，普通名詞と同じ扱い。冠詞の a に注意。

CHECK 1-3 case は頻出多義語！
① That's not the case.「それは事実ではない」（＝That's not true.）
② The child has a case of measles.「その子には麻疹の症状がある」
③ There were three emergency cases last night.「昨夜は急患が 3 人いた」
④ State your case.「言い分を述べなさい」

CHECK 1-4 〈期間〉を表す名詞はまとめて覚えよう！
decade「10年」　　　　century「100年」　　　　millennium「1,000年」

CHECK 1-5 名詞構文の考え方を理解しよう！
動詞や形容詞が名詞化されて文の中に組み込まれた表現を「名詞構文」という。
①《動詞→名詞》
　We are hoping that you will recover quickly.
　　＝We are hoping for your quick recovery.
　「あなたが早くよくなることを願っています」
②《形容詞→名詞》
　We are disappointed that he is reluctant to join us.
　　＝We are disappointed at his reluctance to join us.
　「彼が私たちに加わることをしぶっていることに失望しています」

CHECK 1-6 〈of＋抽象名詞〉と形容詞

of importance＝important「重要な」　　　of use＝useful「役に立つ」

of value＝valuable「価値がある」　　　　of help＝helpful「役に立つ」

of worth＝worthy「価値がある」　　　　of learning＝learned「学問のある」

of culture＝cultured「教養のある」　　　of sense＝sensible「分別のある」

of courage＝courageous「勇気のある」　　of promise＝promising「有望な」

CHECK 1-7　temper の意味に注意！

① He often loses his temper.「彼はよく腹を立てる」

② He has been in a temper for days.「彼はここ数日いらだっている」

※①の temper は「平静な気分，落ち着き」，②の temper は「立腹，かんしゃく」の意味。
　逆の意味になる点に注意。

2　代名詞に関する項目

CHECK 2-1　不定代名詞の基本用法

① 可算名詞と共に用いるもの

both of the ～　　「（２つの，２人の）～のうちの両方」

either of the ～　　「（２つの，２人の）～のうちのどちらか一方」

neither of the ～　「（２つの，２人の）～のうちのどちらも…ない」

many of the ～　　「～のうちの多く」　　　each of the ～　「～のうちのそれぞれ」

a few of the ～　　「～のうちのいくつか」

② 不可算名詞と共に用いるもの

a little of the ～　「～のうちの少量」　　　much of the ～　「～のうちの多く」

③ 可算名詞と不可算名詞の両方で用いるもの

all of the ～　　　「～のすべて」　　　　　most of the ～　「～のうちのほとんど」

none of the ～　　「～のうちのどれも…ない，～のうちの誰も…ない」

some of the ～　　「～のうちのいくらか」

any of the ～　　　「［肯定文で］～のうちのどれでも，［否定文で］～のうちのどれも（…
　　　　　　　　　　ない）」

※なお，every は形容詞なので every of the ～ という表現はない。

CHECK 2-2　most と almost の違いに注意！

① Most people agreed to the plan.「たいていの人がその計画に賛成した」

② Most of the people agreed to the plan.「それらの人々の大半がその計画に賛成した」

③ Almost everyone agreed to the plan.「ほとんど誰もがその計画に賛成した」

※①の Most は形容詞。②の Most は代名詞。〈most of＋the など＋名詞〉の場合，of に続
　く名詞に the, one's, this, that, these, those のいずれかがつく点に注意。　③の
　Almost は副詞だが，everyone, nobody などの every, no の部分を修飾することができる。

CHECK 2-3　注意すべき one の用法

① I lost my umbrella. I have to buy one.　　（×）　I have to buy it.
　「傘をなくしました。1本買わなければなりません」
② Do you like pears？ Yes, I like them.　　（×）　Yes, I like ones.
　「洋ナシは好きですか」「はい。好きです」
③ The movies are fine ones.
　「それらの映画は良い映画だ」
④ This is his telescope. That is mine.　　（×）　That is my one.
　「これは彼の望遠鏡だ。あれが僕のだ」

※①one は〈a＋前出の可算名詞〉で表すことができる。it は〈the＋前出の名詞〉で表すことができる。②先行する名詞が総称的に用いられている場合は，one(s) で受けない。③one(s) は形容詞（相当語句）で修飾できる。④所有格の代名詞や own の直後に one を置くことはできない。ただし，my new one のように，形容詞を間に置く場合は可。

3　形容詞に関する項目

CHECK 3-1　紛らわしい形容詞を整理しよう！

artistic「芸術的な」
artificial「人工的な」
arty「芸術家気取りの」
artful「ずる賢い」

considerate「思いやりのある」
considerable「かなりの」

continual「断続的な」
continuous「切れずに続いた」

economic「経済（学）上の」
economical「経済的な」
economy「安い，徳用の」

electric「電気の」
electronic「電子の」

imaginative「想像力に富む」
imaginary「架空の」
imaginable「想像できる」

industrial「産業の」
industrious「勤勉な」

literal「文字の」
literate「読み書きができる」
literary「文学の」

respectable「高い地位にある」
respectful「礼儀正しい」
respective「それぞれの」

regrettable「遺憾な」
regretful「残念に思っている」

sensitive「敏感な」
sensible「分別のある」
sensational「人騒がせな」
sensory「感覚の」

successful「成功した」
successive「連続の」

variable「変わりやすい」
various「さまざまな」

CHECK 3-2　〈It is ～ of＋人＋to *do*〉の形に用いられる性質形容詞

プラスの意味	マイナスの意味
kind, sweet, good, nice「優しい」	unkind「不親切な」　wrong「悪い」
considerate「思いやりのある」	wicked「意地の悪い」　cruel「残酷な」
honest「正直な」	dishonest「不正直な」　mean「卑怯な」 nasty「汚い」
generous「寛大な」	selfish「利己的な」
wise「賢い」　smart「頭のよい」 clever「利口な」	foolish, stupid, silly「愚かな」
polite「礼儀正しい」	impolite, rude「無礼な」
brave「勇敢な」	cowardly「臆病な」
careful「注意深い」	careless「不注意な」
sensible, reasonable「分別のある」	rash「無鉄砲な」

CHECK 3-3　他動詞から転用された分詞形容詞を覚えよう！

過去分詞	現在分詞
surprised「驚いた」	surprising「驚くべき」
astonished「びっくりした」	astonishing「びっくりさせるような」
startled「びっくりした」	startling「びっくりさせるような」
amazed「びっくりした」	amazing「びっくりさせるような」
astounded「びっくりした」	astounding「びっくりさせるような」
excited「興奮した」	exciting「興奮させる」
disappointed「がっかりした」	disappointing「がっかりさせるような」
depressed「気落ちした」	depressing「気が滅入るような」
discouraged「がっかりした」	discouraging「がっかりさせるような」
embarrassed「当惑して」	embarrassing「まごつかせるような」
disturbed「かき乱されて」	disturbing「心をかき乱すような」
confused「混乱した」	confusing「混乱させるような」
disgusted「むかついた」	disgusting「むかつくような」
pleased「喜んだ」	pleasing「楽しい」
amused「おもしろがっている」	amusing「おもしろい」
interested「興味を持って」	interesting「興味深い」
satisfied「満足した」	satisfying「満足させるような」
bored「うんざりした」	boring「うんざりさせる」
tired「疲れた，うんざりした」	tiring「疲れさせる，うんざりするような」
terrified「恐れて」	terrifying「恐ろしい」
horrified「ぞっとした」	horrifying「ぞっとするような」
annoyed「いらいらして」	annoying「いらいらさせるような」
irritated「いらいらして」	irritating「いらいらさせるような」
convinced「確信〔納得〕した」	convincing「説得力のある」

4　動詞・助動詞に関する項目

CHECK 4-1　自動詞と他動詞の混同に注意！

●自動詞と混同しやすい他動詞

① contact「～と連絡をとる」　　　　　× contact with ～

② address「～に話しかける」　　　　　× address to ～

③ discuss「～を論じる」　　　　　　　× discuss about ～

④ mention「～のことを言う」　　　　× mention about ～

⑤ reach「～に着く」　　　　　　　　　× reach to ～

⑥ approach「～に近づく」　　　　　　× approach to ～

⑦ accompany「～について行く」　　　× accompany with ～

⑧ obey「～に従う」　　　　　　　　　× obey to ～

⑨ resemble「～に似ている」　　　　　× resemble to ～

⑩ marry「～と結婚する」　　　　　　× marry with ～（「～と調和する」という意味になる）

⑪ oppose「～に反対する」　　　　　　× oppose to ～

⑫ enter＋場所「～に入る」　　　　　× enter into＋場所

⑬ join「～に参加する」　　　　　　　× join to ～（join in ～ は可）

●他動詞と混同しやすい自動詞

① apologize to ～「～に謝罪する」　× apologize ～

② graduate from ～「～を卒業する」× graduate ～

③ object to ～「～に反対する」　　× object ～

④ reply to ～「～に返事をする」　× reply ～

CHECK 4-2　混同しやすい動詞の活用形に注意！

	原形	意味	過去形	過去分詞	現在分詞
①	lie（自）	「横たわる」	lay	lain	lying
②	lie（自）（他）	「嘘をつく」	lied	lied	lying
③	lay（他）	「横たえる」	laid	laid	laying
④	underlie（他）	「～の基礎となる」	underlay	underlain	underlying

CHECK 4-3　動名詞を目的語にとる動詞

以下の動詞は動名詞を目的語にとり，不定詞を目的語にとらない。単語の頭文字の語呂合わせで UNICEF・CAMPS・Q・DAROGA（ユニセフ・キャンプス・キュー・ダローガ）と覚えよう！

U	understand O('s) *doing*「O が〜するのを理解する」		
N	necessitate「必要とする」		
I	imagine「想像する」		
C	complete「完成する」	consider / contemplate「〜しようと思う」	
	confess「告白する」		
E	enjoy「楽しむ」	evade「避ける」	escape「免れる」
F	finish「終える」	fancy「想像する」	forbid「禁止する」
C	cannot help「〜せざるを得ない」		
A	advise「勧める」	appreciate「感謝する」	
M	mind「気にする」	miss「〜しそこなう」	
P	practice「練習する」	permit「許す」	
	put off / postpone「延期する」		
S	stop「やめる」	suggest「提案する」	
Q	quit「やめる」		
D	deny「否定する」	delay / defer「延期する」	detest「大嫌いである」
A	allow「許す」	anticipate「予期する」	
R	risk「あえて〜する」	recall「思い出す」	resist「抵抗する」
O	oppose「反対する」		
G	give up「あきらめる」		
A	avoid「避ける」	admit「認める」	

CHECK 4-4　V O from *doing* 型をとる動詞

prevent「O が〜するのを妨げる」　　　　keep「O に〜させないようにする」
stop「O が〜するのを止める」　　　　　hinder「O が〜するのを妨げる」
deter「O に〜するのを思いとどまらせる」　discourage「O に〜するのをやめさせる」
block「O が〜するのを妨げる」　　　　　disable「O に〜できなくさせる」
dissuade「O に説得して〜するのを思いとどまらせる」
prohibit / ban / bar / inhibit / forbid「O が〜するのを禁止する」

　　　　　　　　　　　　　　（forbid は V O to *do* の文型をとることができる）

CHECK 4-5 ＳＶＯ to *do* の文型をとる動詞を覚えよう！

advise「〜するように忠告する」　　　allow「〜することを許す」
ask「〜することを頼む」　　　　　　beg「〜するように懇願する」
bring「〜するようにさせる」　　　　cause「〜する原因となる」
command「〜するよう命令する」　　　compel「無理やり〜させる」
convince「説得して〜させる」　　　　desire「〜してほしいと願う」
direct「〜するよう指図する」　　　　dispose「〜する気にさせる」
drive「〜するように駆り立てる」　　　enable「〜することを可能にする」
encourage「〜するように勇気づける」　expect「〜することを期待する」
forbid「〜することを禁止する」　　　force「〜することを強制する」
get「〜してもらう」　　　　　　　　help「〜するのを手伝う」
implore「〜することを懇願する」　　　induce「〜する気にさせる」
instruct「〜するよう指図する」　　　intend「〜させるつもりである」
invite「〜するよう求める」　　　　　lead「〜する気にさせる」
leave「任せて〜してもらう」　　　　mean「〜させるつもりである」
need「〜することを要求する」　　　　oblige「余儀なく〜させる」
order「〜するよう命令する」　　　　permit「〜することを許す」
persuade「説得して〜させる」　　　　recommend「〜することを勧める」
request「〜することを頼む」　　　　require「〜することを要求する」
tell「〜するように言う」　　　　　　tempt「〜する気にさせる」
urge「〜するよう説得する」　　　　　want「〜してほしいと思う」
warn「〜するように警告する」　　　　wish「〜してほしいと思う」

CHECK 4-6 help O (to) *do*「O が〜するのを手伝う」——頻出！

① He helped her (to) finish the work.
　　「彼は彼女がその仕事を終えるのを手伝った」
　　≒② She was helped to finish the work by him.
　　なお，help (to) *do*「〜するのに役立つ」も頻出である。
③ His word helped (to) relieve her sorrow.
　　「彼の言葉は彼女を悲しみから解放するのに役立った」
※②のような受動態の文では to *do* となる（to の省略は不可である点に注意）。
　①や③では to *do* の to は省略できる。to が用いられず，help の直後に原形不定詞が続く
　表現に違和感を覚える受験生がいるが慣れておきたい。

CHECK 4-7　that 節内が仮定法現在となる動詞を整理しよう！

主節の動詞が〈命令・要求・提案〉などを表す場合，that 節中の動詞は仮定法現在つまり〈原形〉になる。イギリス用法では〈should＋原形〉となる。

　He demanded that he (should) be given a refund.「彼は払い戻しを要求した」

出題傾向を考慮して分類すると以下のようになる。

● SVOC（C＝to do）の文型にもなる動詞

　① 〈V＋that＋S＋動詞の原形〉：advise / command / desire / direct / entreat / forbid / implore / intend / order / persuade / recommend / require / urge

　　　The physician advised that he (should) give up smoking.

　　　　（＝The physician advised him to give up smoking.）

　　　「医者は彼に禁煙するようにと忠告した」

　② 〈of＋人〉が加わる場合がある動詞：ask / beg / request

　　　He asked of her that his name (should) be withheld.

　　　　（＝He asked her to withhold his name.）

　　　「彼は名を伏せておいてほしいと彼女に頼んだ」

● SVOC（C＝to do）の文型をとらない動詞

　① 〈to＋人〉が加わる場合がある動詞：propose / suggest

　　　He proposed to us that we (should) start at once.

　　　　（×He proposed us to start at once.）

　　　「彼はすぐに出発すべきだと提案した」

　② 〈of＋人〉が加わる場合がある動詞：demand

　　　His wife demanded of him that he (should) stop working overtime.

　　　　（×His wife demanded him to stop working overtime.）

　　　「彼の妻は彼に残業をしないでと頼んだ」

　③ その他：insist

　　　He insisted that she (should) come home early.

　　　　（×He insisted her to come home early.）

　　　「彼は彼女が早く帰宅するように強く要求した」

　※ not を用いる表現に注意すること。

　　　He insisted that exceptions not be made.

　　　「彼は例外を作らないようにと要求した」

CHECK 4-8　動詞を中心とする熟語の同意表現

① bring ～ about / bring about ～「～を引き起こす」≒cause, give rise to ～, lead to ～, result in ～

② bring ～ up / bring up ～「～を育てる」≒raise, rear

③ call ～ off / call off ～「～を中止する」≒cancel

④ carry ～ out / carry out ～「～を実行する」≒conduct, execute, perform

⑤ come about「起こる」≒happen

⑥ come across「偶然に見つける」≒ happen to find

⑦ come by ～「～を手に入れる」≒get, obtain, gain

⑧ come up with ～「～を思いつく」≒ hit on ～, strike on ～, think of ～

⑨ depend on ～「～に頼る」≒count on ～, rely on ～, look to ～, turn to ～

⑩ do away with ～「～を廃止する」≒abolish

⑪ do without ～「～なしで済ます」≒dispense with ～, go without ～, make do without ～

⑫ give ～ in / give in ～「～を提出する」≒hand ～ in / hand in ～, submit, turn ～ in / turn in ～

⑬ give in to ～「～に屈服する」≒submit to ～, surrender to ～, yield to ～

⑭ look after ～「～の世話をする」≒look to ～, take care of ～, see after〔to〕～, attend (on) ～

⑮ make ～ up / make up (for) ～「～を埋め合わせる」≒compensate (for) ～, cancel, offset, set ～ off / set off ～

⑯ put ～ off / put off ～「～を延期する」≒defer, delay, postpone

⑰ put up with ～「～に耐える」≒bear, endure, stand, tolerate

⑱ take after ～「～に似ている」≒resemble

⑲ take part in ～「～に参加する」≒ join

⑳ turn ～ down / turn down ～「～を拒絶する」≒refuse, reject

㉑ turn out (to be) ～「～であると判明する」≒ prove (to be) ～

CHECK 4-9　「貸す」・「借りる」は無料・有料を基準に整理しよう！

無料
- lend　「貸す」
- borrow「借りる」
- use　「借りる（その場で使う）」

有料
- rent　「（土地・部屋・家・車・機器などを）貸す・借りる」
- lease　「（土地・部屋・家・車・機器などを）貸す・借りる」
- let　「（土地・家屋などを）貸す」［イギリス用法］
- hire　「（車・部屋・衣服などを一時的に）貸す・借りる」［イギリス用法］

※(1) rent, lease, hire には「賃貸する」と「賃借りする」の両方の意味がある。

(2) hire を「貸す」の意味で用いる場合は，hire ～ out / hire out ～ の形にする。

CHECK 4-10 spare の用法──第 4 文型⇔第 3 文型の書きかえに注意！

Could you spare me a little time？「少しお時間をいただけますか？」
    S   V   O   O

＝Could you spare a little time for me？
     S   V   O   M

cf. His visit spared me the trouble of calling him.
            V   O

「彼が来てくれたので，電話しなくてよくなった」

   ＝His visit spared me from calling him.
             V   O   M

CHECK 4-11 「時間がかかる」という意味のさまざまな表現

① It took him three years to paint this large picture.
　「彼がこの大作を描くのに 3 年もかかってしまった」

② It took three years for him to paint this large picture.
　「彼がこの大作を描くのに 3 年かかった」

③ He took three years to paint this large picture.
　「彼はこの大作を描き上げるのに 3 年かけた」

※①は「苦労した」ことを意味として含む。②は「客観的事実」として 3 年かかったという
　意味。③は「意図的に」 3 年を費やしたという意味を含む。

CHECK 4-12 4 つの miss の意味を覚えよう！

① I miss you very much.「あなたがいなくてとても寂しい」

② Hurry up, or you will miss the bus.「急ぎなさい。さもないとバスに乗り遅れますよ」

③ I missed Act 1.「私は第 1 幕を見逃した」

④ She barely missed a serious accident.「彼女はかろうじて重大事故を免れた」

CHECK 4-13 頼みごとをする場合の表現──書きかえに注意

名詞 favor「親切な行為」は頼みごとをする際の表現に用いられる。

① May I ask you a favor？「お願いがあるのですが」
　　≒② May I ask a favor of you？ / May I ask you for a favor？
　　≒③ Will you do me a favor？
　　≒④ Will you do a favor for me？

※第 4 文型（SVOO）→第 3 文型（SVO）へ書きかえる場合，①→②（動詞が ask）と
　③→④（動詞が do）では，前置詞や語順の違いに注意。

CHECK 4-14 V to do の形をとる動詞と書きかえ表現

① She failed to appear.「（予想に反して）彼女は現れなかった」
　　≒She did not appear after all.
② I managed to solve the problem.「何とかその問題を解くことができた」
　　≒I finally succeeded in solving the problem.
③ Please don't hesitate to ask me.「遠慮なくお尋ねください」
　　≒Feel free to ask me.
④ He longed to return home.「彼は家に帰りたがっていた」
　　≒He had a longing to return home.
⑤ Would you care to go for a walk？「散歩はいかがですか」
　　≒Would you like to go for a walk？
※V to do の形をとるその他の動詞
　affect「～するふりをする」　　　　afford「～する余裕がある」
　agree「～することに同意する」　　aim「～することを目指す」
　ask「～させてほしいと頼む」　　　dare「思い切って～する」
　decide「～しようと決心する」　　　demand「～することを求める」
　desire「～したいと思う」　　　　　determine「～しようと決心する」
　endeavor「～しようと努める」　　　expect「～するつもりである」
　hope「～することを望む」　　　　　learn「～するようになる」
　mean「～するつもりである」　　　　offer「～しようと申し出る」
　plan「～するつもりである」　　　　promise「～すると約束する」
　resolve「～することを決心する」　　wish「～したいと願う」

CHECK 4-15 appreciate の使い方に注意！

① I would appreciate it if you could〔would〕give me a hand？
　　「手を貸していただけないでしょうか」
② I appreciate your kindness.「ご親切に感謝します」
　　≒Thank you for your kindness.
③ I would appreciate hearing from soon.「お返事お待ちしております」
※①it は if 節の内容を指す。②I appreciate you. のように〈人〉を目的語にしない。
　③appreciate は動名詞を目的語にとる。appreciate to do とはならない。

CHECK 4-16 「～せざるを得ない」という意味のさまざまな表現

① I can't help doing it.「そうせざるを得ない」
　　≒② I can't (help) but do it.
　　≒③ I have no choice〔alternative, option〕but to do it.
　　≒④ There is nothing for it but to do it.
※①この help は avoid「避ける」に近い意味。②help の省略に注意。
　②～④but の後の動詞の形に注意（**CHECK 8-6** 参照）。

CHECK 4-17 need —— 一般動詞と助動詞の違いに注意！

① He needs to tell us the truth.   （×） He <u>need</u> tell us the truth.
  （≒ He has to tell us the truth.）
  「彼は真実を語る必要がある」
② He didn't need to do that.   （×） He <u>needed</u> not do that.
  （≒ He didn't have to do that.）
  「彼はそうする必要はなかった」
※助動詞の need は疑問文・否定文で用いる（肯定の平叙文では用いない）。また，助動詞の need には過去形がない点に注意！

CHECK 4-18 should have *done* の２つの意味

① You should have told him the truth.「彼に真実を告げるべきだったのに」
② He should have arrived there by now.「彼は今頃はそこに到着しているはずだ」
※①は実現しなかったことを含意する。②は〈推量〉・〈期待〉を表す。

CHECK 4-19 仮定法と直説法のポイント

① If he is tired, he will go straight home.
  「疲れていれば彼はまっすぐ帰宅するだろう」
② If he were tired, he would go straight home.
  「疲れていれば彼はまっすぐ帰宅するだろうに」
   ≒③ As he is not tired, he will not go straight home.
      「疲れていないので彼はまっすぐ帰宅しないだろう」
④ If I were you, I would go straight home.   （×） If I am you, …
  「私があなたならまっすぐ帰宅するのに」
※①の条件節は五分五分の可能性を意味する。is, will go は直説法現在形。②の条件節は現在の事実に反する仮定。仮定法表現には，残念であるとか嬉しいなどの感情が含まれている。②と③は近い意味だが，③は事実だけを表す。④は助言をする場合に用いられる。私があなたになる可能性はないので，If I am you とは言わない。

CHECK 4-20 as if の盲点——仮定法と時制の一致に注意！

※仮定法は時制の一致をしないので，形が同じであっても表す「時間」が異なる場合がある。

主節 as if 節	直説法現在（話しているのは現在）	直説法過去（話しているのは過去〈昨日〉）
仮定法過去	① He speaks as if he <u>knew</u> everything. 「彼は何もかも知っているかのような口ぶりである」	② Yesterday he spoke as if he <u>knew</u> everything. 「昨日の彼は何もかも知っているかのような口ぶりだった」
仮定法 過去完了	③ He speaks as if he <u>had known</u> everything then. 「彼は当時何もかも知っていたかのような口ぶりである」	④ Yesterday he spoke as if he <u>had known</u> everything then. 「昨日の彼は当時何もかも知っていたかのような口ぶりだった」

①では「彼」の発言は現在行われ，「（現時点で）何も知らないのに何でも知っているかのように話す」という意味。

②では「彼」の発言は昨日行われ，「（昨日の時点で）何も知らないのに何もかも知っているかのように話した」という意味になる。①と②の knew はともに仮定法過去であるが，①では〈現在の事実に反すること〉，②では〈過去の事実に反すること〉を表す。

③のように主節の動詞が現在形で，as if 節の動詞が had known（仮定法過去完了）の場合，「そのときは何も知らなかったのに知っていたかのように今話している」という意味になる。つまり，この had known は〈過去の事実に反すること〉を表す。

④のように主節の動詞が過去形で，as if 節が had known（仮定法過去完了）の場合，「（昨日以前に）何も知らなかったのに知っていたかのように昨日話した」という意味になる。

　つまり had known は〈過去の一時点よりも前の事実に反すること〉を表す。紛らわしいので，常に主節の動詞に着目することが大切である。

CHECK 4-21 《動詞＋副詞》型の群動詞を覚えよう！

cut down「切り詰める」	give up「やめる」	hand in / turn in「提出する」
look up「調べる」	make out「理解する」	pay off「完済する」
put down「書き留める」	put off「延期する」	see off「見送る」
take off「脱ぐ」	take on「引き受ける」	try on「試着する」

CHECK 4-22 推量の助動詞の整理

●現在・未来の出来事に関する推量

（強）① must *do* / have to *do*「～するにちがいない」

⟺ cannot *do*「～するはずがない」

② will *do*「～するだろう」

③ should *do* / ought to *do*「～するはずだ」

⟺ should not *do* / ought not to *do*「～しないはずだ」

④ may *do*「～するかもしれない」

（弱）⑤ might *do*「～するかもしれない」

確信の度合い

違いに注意！

It cannot take long.「そんなに長くかかるはずがない（かかるわけがない）」

It should not take long.「そんなに長くはかからないはずだ」

It may not take long.「そんなに長くはかからないかもしれない」

●過去の出来事に関する推量

（強）① must have *done*「～したにちがいない」

⟺ cannot have *done*「～したはずがない」

② will have *done*「（過去において）～したのだろう」

③ should have *done* / ought to have *done*「～したはずだ」

④ may have *done*「～したかもしれない」

（弱）⑤ might have *done*「～したかもしれない」

確信の度合い

※ would については②と③の間，あるいは should / ought to と同程度と考えるとよい。

5 第5文型に関する項目

> **CHECK 5-1** 知覚動詞の基本を理解しよう！
>
> ① I heard <u>someone</u> <u>call</u> my name.「誰かが私の名前を呼ぶのが聞こえた」
>   O Ⓢ C Ⓥ
>
> ② I heard <u>someone</u> <u>calling</u> my name.「誰かが私の名前を呼んでいるのが聞こえた」
>   O Ⓢ C Ⓥ
>
> ③ I heard <u>my name</u> <u>called</u> by someone.「誰かに名前が呼ばれるのが聞こえた」
>   O Ⓢ   C Ⓥ
>
> ※ O は C に対して，意味上の主語（Ⓢ）である点に注意。①と②は，「誰か」が「呼ぶ」のであるから，ⓈとⓋ（意味上の動詞）は〈能動〉の関係。①の場合，C（Ⓥ）は O（Ⓢ）の動作の〈全部〉を表すのに対して，②の場合は，C（Ⓥ）は O（Ⓢ）の動作の〈一部〉を表す。このように動作の〈全部〉を表す場合は原形，〈一部〉を表す場合は現在分詞を用いる。③の場合，「名前」は「呼ばれる」のであるから，ⓈとⓋは〈受動〉の関係。この場合は過去分詞を用いる。このような形をとる知覚動詞には see「見える」，hear「聞こえる」，feel「感じる」などがある。

> **CHECK 5-2** keep O C のポイント── O と C の関係に着目 !!
>
> ① <u>He</u> <u>kept</u> <u>the stove</u> <u>burning</u>.「彼はストーブを焚き続けた」
>   S   V   O   C
>   ※ O と C の関係は〈能動〉なので，C は現在分詞となる。
>
> ② <u>He</u> <u>kept</u> <u>the door</u> <u>closed</u>.「彼はドアを閉めたままにしておいた」
>   S   V   O   C
>   ※ O と C の関係は〈受動〉なので，C は過去分詞となる。

> **CHECK 5-3** 使役動詞を整理しよう！
>
> いずれも O と C の関係はⓈ（意味上の主語）とⓋ（意味上の動詞）となっている。
>
> ① 〈受益〉I had <u>him</u> <u>rewrite</u> <u>the letter</u>.「私は彼に手紙を書き直してもらった」
>   O Ⓢ C Ⓥ   Ⓞ
>   ▶ get を用いると，C は《to do》になる。
>   ≒I got him <u>to rewrite</u> the letter.
>   ※ get は「（説得して）～させる」の意。これに対して，have は目上の者が目下の者に「～させる」場合に用いる。
>
> ② 〈許可〉My boss let <u>me</u> <u>leave</u> <u>my seat</u>.「上司は私の離席を許した」
>   O Ⓢ C Ⓥ   Ⓞ
>   ▶ allow や permit を用いると，C は《to do》になる。
>   ＝My boss allowed〔permitted〕me <u>to leave</u> my seat.
>
> ③ 〈強制〉He made <u>them</u> <u>do</u> <u>the work</u>.「彼は彼らにその仕事をさせた」
>   O Ⓢ C Ⓥ   Ⓞ
>   ▶ force, compel, oblige を用いると，C は《to do》になる。
>   ＝He forced〔compelled; obliged〕them <u>to do</u> the work.
>
> ④ 〈原因〉What has made <u>you</u> <u>think</u> so?「どうしてそう考えたのですか？」
>   O Ⓢ C Ⓥ Ⓜ
>   ▶ cause を用いると，C は《to do》になる。
>   ＝What has caused you <u>to think</u> so?

CHECK 5-4 have O C の C の使い分けに注意！

① You had better have the software installed.
        O   C
 「そのソフトはインストールしてもらったほうがよい」 ※OとCは〈受動〉の関係。

② He had a repairer fix the monitor screen.
    O C
 「彼は修理サービス員にモニターを修理してもらった」 ※OとCは〈能動〉の関係。

③ He had the computer working.
    O   C
 「彼はコンピュータを立ち上げておいた」 ※OとCは〈能動〉の関係。

※①と②は基本表現。②は料金を払って仕事をしてもらったり，サービスを受けたりする場合によく用いる。③は盲点となる表現。〈have＋物＋*done*〉の公式を安易にあてはめるのではなく，OとCの関係を見極めることが大切。

CHECK 5-5 3つの〈have〔get〕O *done*〉

① He had〔got〕his pocket picked in the bus.〈被害〉
 「彼はバスの中でポケットのものをすられた」

② I had〔got〕my hair trimmed yesterday.〈受益〉
 「私は昨日，散髪してもらった」

③ She had〔got〕her assignment finished before supper.〈完了〉
 ＝She finished her assignment before supper.
 「彼女は夕食前に宿題を終えていた」

CHECK 5-6 S V O to *do* の文型の構造を理解しよう！

Computers enable us to do complicated calculations in a short time.
※us は to do の意味上の主語なので，この文は次のように書きかえられる。
 ＝Because of computers, we can do complicated calculations in a short time.
 「コンピュータのおかげで，我々は短時間で複雑な計算をすることができる」

CHECK 5-7 force O C の形に注意！

① He forced me to open the door.「彼は無理やり私にドアを開けさせた」
② He forced the door open.「彼はドアをこじ開けた」
※①の open は動詞。②の open は形容詞。下線部はともに文の C を構成している。

CHECK 5-8 leave O C と keep O C

① Don't leave the door open.「ドアを開けっ放しにしてはいけません」
② Please keep the door open.「ドアを開けたままにして下さい」
※ leave は「放置する」，keep は「（意図的に）保つ」の意味。この open は形容詞。

6　準動詞に関する項目

CHECK 6-1　4つの形容詞的用法の不定詞の違いに注意！

① He has <u>no friends</u> <u>to help</u> him.「彼には助けてくれる友達がいない」
　　　　　　　A　　　B
　※Aは不定詞Bの主語になっている。

② He has <u>no work</u> <u>to do</u> today.「今日，彼はするべき仕事がない」
　　　　　　A　　B
　※Aは不定詞Bの目的語になっている。

③ He has <u>no relatives</u> <u>to depend on</u>.「彼には頼れる親戚がいない」
　　　　　　　A　　　　　B
　※Aは不定詞句Bの前置詞 on の目的語になっている。

④ He has <u>no ability</u> <u>to do</u> the work.「彼にはその仕事をする能力がない」
　　　　　　A　　B
　※Aと不定詞Bは同格的関係になっている。名詞的用法と考える場合もある。

CHECK 6-2　不定詞の副詞的用法──6つの用法

① <u>To study</u> abroad, he studied English harder than ever before.〈目的〉
　「留学するために，彼は今までよりもいっそう熱心に英語を勉強した」

② <u>To hear</u> him speak English, you would take him for an Englishman.〈仮定〉
　「彼が英語を話すのを聞けば，彼をイギリス人だと思うだろう」

③ I am glad <u>to hear</u> that.〈感情の原因〉
　「それを聞いてうれしい」

④ You must be a fool <u>to do</u> such a thing.〈判断の根拠〉
　「そんなことをするなんて，あなたは愚か者にちがいない」

⑤ My uncle went to New York in 1960, never <u>to return</u>.〈結果〉
　「私のおじは1960年にニューヨークに渡り，二度と戻ることはなかった」

⑥ The book is easy <u>to understand</u>.〈形容詞・副詞の限定〉
　「その本は理解しやすい」
　　≒It is easy <u>to understand</u> the book.（名詞的用法）
※文頭に置くことができるのは，①〈目的〉と②〈仮定〉だけ！

CHECK 6-3　It is ～ for A to do──2通りの訳し方

① He's in trouble. It is necessary for <u>him</u> to give him a helping hand.
　「彼は困っている。手を貸してやることは彼には必要なことだ」

② You're more efficient than I. It is better for <u>you</u> to give him a helping hand.
　「私よりあなたのほうが有能だ。あなたが彼に手を貸してやるほうがよい」

※②の下線部の you は to give の意味上の主語だが，①の him は to give の意味上の主語
（動作主）ではない。

CHECK 6-4 〈too ～ to *do*〉と〈so ～ that S V〉の盲点！

① This problem is too difficult to solve.

② This problem is so difficult that we can't solve it.

③ This problem is too difficult for us to solve (it).

※①の solve の後に it は不要だが，②に it がないのは誤り。③のように意味上の主語がある
　場合は，it はあってもなくてもよい。なお，訳し方は次の２通りがあるので注意しよう。

　　{ (1)「この問題は難しくて私たちには解けない」〈結果〉
　　{ (2)「この問題は私たちが解くには難し過ぎる」〈程度〉

CHECK 6-5 to *doing* を含む表現――頻出 ‼

① look forward to *doing*　　　　　「～するのを楽しみに待つ」

② What do you say to *doing*?　　　「～してはどうですか？」

③ be used〔accustomed〕to *doing*　「～することに慣れている」

④ with a view to *doing*　　　　　「～する目的で」

⑤ object to *doing*　　　　　　　　「～することに反対する」

⑥ be opposed to *doing*　　　　　　「～することに反対している」

⑦ When it comes to *doing*　　　　「～する段になると」

⑧ come〔go〕near to *doing*　　　　「今にも～しそうになる」
　　＝come close to *doing*

⑨ in addition〔to add〕to *doing*　「～することに加えて」

⑩ come around to *doing*　　　　　「ようやく～するようになる」

CHECK 6-6 〈used to *do*〉と〈be used to＋名詞・動名詞〉の違いに注意！

●used to *do*

① He used to visit the museum every Sunday. 〈過去の習慣〉
　「彼は毎週日曜日，その博物館を訪れたものだった」

② There used to be a theater around here. 〈過去の状態〉
　「以前この辺りに劇場があった」

●be used to＋名詞・動名詞「～に慣れている」

③ They are used to getting up early. 「彼らは早起きに慣れている」
　　＝They are accustomed to getting up early.

④ I am not used to this kind of business. 「私はこの種の仕事に不慣れです」
　　＝I am unused to this kind of business.

※③・④の used は形容詞，to は前置詞。

CHECK 6-7 in *doing* の in の省略に注意！

① I had no difficulty (in) finding the post office. 「郵便局はすぐに見つかった」

② She spent an hour (in) fixing the bicycle. 「彼女は１時間かけて自転車を修理した」

③ He is busy (in) preparing for the exam. 「彼は試験の準備で忙しい」

CHECK 6-8　よく出る慣用的分詞構文

judging from ～	「～から判断すると」
generally speaking	「一般的に言えば」
frankly speaking	「率直に言えば」
talking of ～	「～と言えば」
weather permitting	「天気がよければ」
that being the case	「そのようなわけなので」
all things considered	「あらゆることを考慮に入れると」

CHECK 6-9　分詞の形容詞的用法と動名詞の形容詞的用法の違いに注意！

① a sleeping cat「眠っている猫」（分詞の形容詞的用法）

② a sleeping car「寝台車」（動名詞の形容詞的用法）

※①は cat と sleeping が S・V の関係。つまり，A cat is sleeping. とすることができるが，②は A car is sleeping. とすることはできない。また，②は a car for sleeping「眠るための車」→「寝台車」とすることができるが，①は a cat for sleeping とすることはできない。

CHECK 6-10　現在分詞か動名詞か？──2 通りの解釈

同じ〈名詞＋*doing*〉でも 2 通りの解釈ができることがある。それぞれきちんと文法的に説明できるようにしておこう。

due to electrons <u>escaping</u> from the filament

①「フィラメントから流出する電子のためである」

②「フィラメントから電子が流出するためである」

※①の場合，escaping は現在分詞の形容詞的用法。electrons は被修飾語で，現在分詞 escaping の意味上の主語でもある。②の場合，escaping は動名詞で，前置詞 to の目的語であり，electrons は動名詞 escaping の意味上の主語。

CHECK 6-11　現在分詞の形容詞的用法と不定詞の形容詞的用法の違いに注意！

① Look at the person <u>coming</u> up.「近づいてくる人を見なさい」

② He has a lot of friends <u>to advise</u> him.「彼には助言してくれる友人が大勢いる」

③ He was the first person <u>to come</u> here.「彼はここに来た最初の人です」

※①～③は，被修飾語の名詞がそれぞれの準動詞の意味上の主語になっている。

　①は，現在分詞の形容詞的用法。「近づく」という動作は進行中。

　②は，現在助言しているのではなく，「（何かあったら）助言してくれる」の意味。

　③は，「来る」という動作が完了している点に注意。

CHECK 6-12 完了不定詞の注意すべき用法

① 主節と従属節の時制が同じ場合

  (1) It <u>appears</u> that he <u>is</u> gentle.「彼は優しそうだ」

    →He appears <u>to be</u> gentle.

  (2) It <u>appeared</u> that he <u>was</u> gentle.「彼は優しそうだった」

    →He appeared <u>to be</u> gentle.

② 主節と従属節の時制が異なる場合

  (1) It <u>is</u> said that he <u>was</u> somewhere in London those days.

    「彼は当時ロンドンのどこかにいたと言われている」

    →He <u>is</u> said <u>to have been</u> somewhere in London those days.

  (2) It <u>is</u> said that he <u>has been</u> somewhere in London since last year.

    「彼は去年からずっとロンドンのどこかにいると言われている」

    →He <u>is</u> said <u>to have been</u> somewhere in London since last year.

  (3) It <u>was</u> said that he <u>had been</u> somewhere in London till then.

    「彼はそのときまでロンドンのどこかにいたと言われていた」

    （彼がロンドンのどこかにいたのは，言われていた時点より前）

    →He <u>was</u> said <u>to have been</u> somewhere in London till then.

※②のように「主節と従属節の時制が異なる場合」は，〈完了不定詞〉が用いられる。同じ
  to have *done* の形でも，that 節で書きかえる場合は，時制が異なるので注意しよう。

CHECK 6-13 準動詞を否定する not の位置に注意！

準動詞（分詞・動名詞・不定詞）を否定する not はその直前に置く。

① <u>Not</u> knowing who he was, I didn't speak to him.

  「彼が誰だかわからなかったので，話しかけなかった」

② He is disappointed at <u>not</u> being invited.

  「彼は招待されていないことを残念がっている」

③ He pretended <u>not</u> to be listening.「彼は聞いていないふりをした」

CHECK 6-14 There is S *doing* と There is S *done*

① There were some people <u>working</u> there.「そこで数人が作業をしていた」

② There were some people <u>injured</u> in the accident.「その事故で数人の負傷者が出た」

③ There were some people <u>ill</u>.「病気の人々が数人いた」

※それぞれ〈存在〉と〈状態〉を同時に表す。

  ①は some people were working，②は some people were injured，③は some people
  were ill と書きかえるとわかりやすい。

  ③で用いる形容詞は一時的状態を表す。恒常的性質を表す形容詞は用いない。

  例　（×）　There are some people <u>tall</u>.

CHECK 6-15 be＋to 不定詞──6つの用法

① 〈予定〉≒be going to *do* / be scheduled to *do* / be due to *do*

He is to arrive at Narita today.「彼は今日，成田に到着予定です」

He was to have started yesterday.

「彼は昨日出発する予定だったのですが（出発できませんでした）」

※was / were to have *done* は「～する予定だったが，できなかった」という意味。

② 〈義務〉≒must *do* / should *do* / be bound to *do*

You are to observe the rule.「規則を守るべきです」

③ 〈可能〉受け身の否定文になることが多い。

He was nowhere to be seen.「彼はどこにもいなかった」

④ 〈運命〉過去時制で用いることが多い。≒be destined to *do* / be condemned to *do*

They were to meet again there.「彼らはそこで再会する運命だったのだ」

⑤ 〈意図・願望〉if 節の中で用いる。≒intend to *do* / want to *do*

主節には「～するべき」といった意味の助動詞が用いられる。

If you are to succeed, you must try harder.「成功するつもりなら，もっと頑張れ」

⑥ 〈目的〉不定詞の副詞的用法の〈目的〉と混同しないこと。

The letter was to announce their marriage.

「その手紙は彼らの結婚を知らせるためのものでした」

CHECK 6-16 All S have to do is ～

① All you have to do is（to）wait here.

＝② You only have to wait here.

＝③ You have only to wait here.

　　「ここで待っているだけでよい」

④ All you are doing is spoiling the whole.

　　「あなたがやっていることは全体を台なしにすることにすぎない」

※①は All（that）you have to do「あなたがしなければならないすべてのこと」と〈目的格〉の関係代名詞を補って考える（that は通例，省略）。to wait の to の省略は，その直前に do, does, did がある場合に限られる。④の spoiling を（to）spoil にはできない点に注意。

CHECK 6-17 need *doing* と need to be *done*

① The door needs <u>repairing</u>. 「そのドアは修理する必要がある」

　　≒② The door needs <u>to be repaired</u>.　　（×）The door needs to repair.

③ The children need taking care <u>of</u>. 「その子供たちは面倒を見てもらう必要がある」

　　≒④ The children need <u>to be taken care of</u>.

　　（×）The children need to take care of.

※①の主語 The door は repairing の意味上の目的語でもある（repairing the door の関係が成立する）。②の主語の The door は to be repaired の意味上の主語でもあるので受動の関係が成立している。③の主語 The children は前置詞 of の意味上の目的語でもある（taking care of the children の関係が成立する）。④の主語の The children は to be taken care of の意味上の主語であるので受動の関係が成立している。それぞれ誤文となるケースに注意。同様な用法で用いられる語に，want「〜を必要とする」，require「〜を必要とする」，deserve「〜の価値がある」などがある。

7 接続詞・関係詞に関する項目

CHECK 7-1 接続詞の as ──《比・譲・時・限定・理・様》と覚えよう！

① 〈比例〉「～するにつれて」

　As we go up, the air grows cooler.「上に行くにつれて，空気が冷たくなる」

② 〈譲歩〉「～だけれども」

　Child as he is, he knows better.「彼は子供だけれども，分別がある」

　※直前の名詞に冠詞をつけない点に注意！

③ 〈時〉「～するとき」

　He was trembling as he listened to the news.

　「ニュースを聞きながら彼は震えていた」

④ 〈限定〉「～のような」

　He told me about Kyoto as he knew it ten years ago.

　「10年前に知っていたような京都について，彼は私に話してくれた」

　※この as は形容詞節を導く。

　His criticisms, as I remember, were highly esteemed.

　「私が記憶する限り，彼の批評は高く評価されていた」

　※この as は副詞節を導く。

⑤ 〈理由〉「～なので」

　As I was late, he got angry.「私が遅れたので，彼は腹を立てた」

　　＝Late as I was, he got angry.

　※②との違いに注意！

⑥ 〈様態〉「～するように」

　Dance as I do.「私がするように踊りなさい」

　　＝Dance the way I do.

　　＝Dance like I do.

CHECK 7-2 〈譲歩〉の as と though の用法

① Young as he is, he is very wise.「若いけれども彼はとても賢い」

　　＝Young though he is, he is very wise.

　　　※この位置では普通，although は用いない。

　　＝Though〔Although〕he is young, he is very wise.

　　　※この位置で As を用いると，〈譲歩〉の意味にはならない。

② Boy as he is, he is brave.「少年だが彼は勇敢だ」

　※名詞に冠詞が不要！

CHECK 7-3　注意すべき the way の用法

① I want you to do the job <u>the way</u> I do.
　　＝I want you to do the job <u>as</u> I do.
　「私がするようにその仕事をしてほしい」

② The Internet has changed <u>the way</u> (in which) we communicate.
　「インターネットはコミュニケーションの方法を変えた」

※①の the way は副詞節を導く接続詞用法。I want you to do the job (in) the way (in which) I do. と補って考えるとわかりやすい。
　②の the way は名詞で，which の先行詞。

CHECK 7-4　as far as と as long as の違いに注意！

●as far as：距離・程度の限度・制限・範囲などを表す。
　　As far as I can judge, he is right.「私の判断できる限りでは，彼は正しい」
　　［頻出表現］
　　as far as the eye can see「見渡す限り，目の届く限りでは」
　　as far as S is concerned ＝ as far as S goes「S に関する限り」
　　as far as I know「私が知っている限りでは」
　　as far as S can「S のできる限り」

●as long as：時間の限度・制限・範囲などを表す。
　① As long as I am here, I'll have to help them.
　　「ここにいる限り，彼らを手伝わねばならない」
　　※この as long as は while に近い。
　② Any kind of drink will do as long as it is cold.「冷たければ何でもよい」
　　※この as long as は only if に近い。

CHECK 7-5　接続詞の as から転用された関係代名詞の as に注意！

① The professor, <u>as</u> he seemed to be, smiled at me.
　「その教授——そう見えたのだが——は，私にほほ笑みかけた」
　※この as は，The professor を先行詞とし，節中で補語となる用法。

② <u>As</u> is often the case with him, he was late for school this morning.
　「彼にはよくあることだが，今朝も彼は学校に遅刻した」
　※この As は，後続の主節の内容を先行詞とし，従属節中で主語となる用法。

CHECK 7-6　〈逆接〉を表す接続詞・接続副詞に注意！

長文読解で英文を読む際には but, yet「けれども」, still「それでも」, however「しかしながら」, nevertheless（≒nonetheless）「それにもかかわらず」など〈逆接〉を表す接続詞や接続副詞に注意しよう。これらの語の後に重要な主張が書かれていることが多く，問題を解く上で有効な手がかりとなる。

CHECK 7-7 not only A but also B の書きかえ表現

① He speaks <u>not only</u> French <u>but（also）</u> German.
　「彼はフランス語だけではなくドイツ語も話す」
　　　≒② He speaks German <u>as well as</u> French.
　　　　「彼はフランス語と同様にドイツ語も話す」
　　　≒③ <u>In addition to</u> French, he speaks German.
　　　　「彼はフランス語に加えてドイツ語も話す」
※① not only A but（also）B「A だけでなく B も」の also は省略可能。only は just, merely, simply などで置きかえ可能。また，but also B は but B too や but B as well などで置きかえ可能。
　② B as well as A「A と同様に B も」
　③ in addition to ～「～に加えて」の同意表現に，to add to ～, besides などがある。

CHECK 7-8 〈対比・譲歩〉を表す and の用法

① He is shy <u>and</u> his brother is sociable.
　　　＝He is shy, <u>while</u> his brother is sociable.
　「彼は人見知りするが，弟は社交的だ」
② They promised to help us <u>and</u> didn't.
　　　＝They promised to help us, <u>but</u> they didn't.
　「彼らは援助してくれると約束したが，援助してくれなかった」
※単純に「そして」と訳すと不自然な感じがするので，〈対比・譲歩〉の用法だと気がつくはず。and にはいろいろな意味があるので注意することが大切。but で置きかえて自然につながれば，この用法と考えてよい。

CHECK 7-9 if が導く節内の時制に注意！

●副詞節と名詞節の違いに注意！
　① If you <u>ask</u> him, he will help you.
　　「彼に頼めば助けてくれるよ」
　　※この If は副詞節を導く。
　② I want to know <u>if</u> he <u>will come</u> tomorrow.
　　「彼が明日，来るかどうか知りたい」
　　※この if は名詞節を導く。
●条件節内でも will が用いられる場合に注意！
　① If he <u>will listen</u> to me, I will help him.
　　「私の言うことを聞くなら彼を助けてやろう」
　　※この will は条件節の主語の〈意志〉を表す。
　② If you <u>will wait</u> here, I will call a person in charge.
　　「ここでお待ちいただければ，担当の者を呼んでまいります」
　　※丁寧な依頼の表現。

CHECK 7-10 同格の that 節を従える名詞

that 節には前の名詞の内容を説明する用法がある（同格の that 節）。〈名詞＋that 節〉で「～という…（名詞）」となる。よく用いられる名詞に以下のようなものがある。

agreement「協定，合意」/ appeal「訴え」/ assumption「仮定」/ awareness「意識」/ belief「信念」/ certainty「確かな事実」/ chance「見込み」/ conclusion「結論」/ condition「条件」/ decision「決定」/ discovery「発見」/ doubt「疑い」/ effect「趣旨」/ evidence「証拠」/ fact「事実」/ fear「恐れ」/ ground「理由」/ hope「希望」/ idea「考え」/ information「情報」/ impression「感じ」/ knowledge「知識」/ likelihood「見込み」/ message「伝言」/ news「知らせ」/ opinion「意見」/ possibility「可能性」/ probability「見込み」/ plan「計画」/ promise「約束」/ proof「証拠」/ proposal「申し出」/ question「疑問」/ realization「理解」/ reason「理由」/ report「報告」/ resolution「決心」/ rumor「うわさ」/ story「うわさ」/ supposition「仮定」/ theory「説」/ thought「考え」

CHECK 7-11 for fear＋that 節と in case＋that 節の違いは時制が決め手 ‼

① Take your umbrella for fear (that) it will rain.
② Take your umbrella in case (that) it rains.
　「雨が降るといけないから傘を持っていきなさい」
※①，②とも，that 節中に should を用いると実現の可能性が低くなる。ただし，②は in case (that) it will rain〔would rain〕とはできない点に注意！

CHECK 7-12 関係代名詞 what の２つの用法──「もの・こと」と「状態」

① What he said is true.「彼が言ったことは真実だ」
　※ what he said は，the thing which he said で書きかえ可能。
② He is not what he used to be.「彼は以前の彼ではない」
　※ what he used to be は「かつての彼の状態」→「かつての彼」となる。

CHECK 7-13 注意すべき主格の関係代名詞の用法

The person who I thought was my acquaintance was quite a stranger.
「私が知人だと思った人はまったく見知らぬ人だった」
※２文に分けるとわかりやすい。
　⎰ The person was quite a stranger.
　⎱ I thought he was my acquaintance.
　he が who に置きかわり，２文が接続されたと考える。

CHECK 7-14 複合関係詞 whatever の用法

●複合関係代名詞

①副詞節をつくる場合

<u>Whatever</u> you think, he will have his own way. （Whatever は think の目的語）

「あなたがどう思おうとも彼は自分の思い通りにするよ」

　　＝<u>No matter what</u> you think, he will have his own way.

②名詞節をつくる場合

Do <u>whatever</u> you like. （whatever は like の目的語）

「何でも好きなことをしなさい」

　　＝Do <u>anything that</u> you like.

●複合関係形容詞

①副詞節をつくる場合

<u>Whatever</u> results follow, I will try. （Whatever は results を修飾）

「たとえどんな結果になろうとも私は試してみます」

　　＝<u>No matter what</u> results follow, I will try.

②名詞節をつくる場合

He gave me <u>whatever</u> help I needed. （whatever は help を修飾）

「彼は私が必要な手助けは何でもしてくれた」

　　＝He gave me <u>any</u> help <u>that</u> I needed.

CHECK 7-15 複合関係副詞——2つの意味に注意！

① 〈程度〉を表す however：形容詞・副詞を修飾する。

However <u>late</u> you are, please phone me without fail.

「どんなに遅くなっても，必ず私に電話してください」

　　＝No matter how <u>late</u> you are, please phone me without fail.

　　※ However you are <u>late</u> や No matter how you are <u>late</u> は誤りとなるので注意。

② 〈方法〉を表す however：動詞を修飾する。

However you may go, you must arrive at the station by noon.

「どんな方法で行くにせよ，正午までに駅に着くようにしなさい」

　　＝No matter how you may go, you must arrive at the station by noon.

CHECK 7-16 接続詞の where と関係副詞の where の使い分け

① Put back the dictionary <u>where</u> it was.

② Put back the dictionary at the place <u>where</u> it was.

　「辞書をもとの場所に戻しなさい」

※①の where は副詞節を導く接続詞。

　②の where は形容詞節を導く関係副詞。

CHECK 7-17 接続詞の when と関係副詞の when の使い分け

① You should not make a noise <u>when</u> you eat your soup.
「スープを飲むときは音を立てるべきではない」

② Now is the time <u>when</u> we must stop fighting.
「今こそ戦いをやめる時だ」

③ That is <u>when</u> she moved to this town.
「そんなことがあったのは彼女がこの町に引っ越してきた頃だ」

※①の when は副詞節を導く接続詞。

②の when は the time を説明する形容詞節を導く関係副詞。at which で置きかえることができる。

③の when は名詞節を導く関係副詞。That is（the time）when she moved to this town. と補って考えることもできる。

CHECK 7-18 間接疑問文——2つの形に注意

① Do you know who broke this toy？
「あなたは誰がこのおもちゃを壊したか知っていますか？」
—Yes, I do.「はい，知っています」/ No, I don't.「いいえ，知りません」

② Who do you think broke this toy？
「あなたは誰がこのおもちゃを壊したと思いますか？」
—I think Terry did.「テリーだと思います」

※①は Yes / No で答えることができる疑問文である。who broke this toy が know の目的語となっている。

②は疑問詞で始まるので，Yes / No で答えることはできない。I think ～ などと答える疑問文である。

なお，Do you know what a dumb question it is？ は間接疑問文のように見えるかもしれないが実は感嘆文が目的語となっていて，「それがいかにばかげた質問であるかわかっていますか」という意味になる。what と SV の間に〈冠詞＋形容詞＋名詞〉がある点に注意。

CHECK 7-19 補語となる関係代名詞の that と what の混同に注意！

① He is not the gentleman <u>that</u>〔which〕he used to be.「彼は以前のような紳士ではない」

② He is not <u>what</u> he used to be.「彼は以前の彼ではない」

※①も②も関係代名詞は関係詞節中では補語になっている。①と②は日本語にすると違いがよくわからないかもしれないが，②の what は名詞節をつくるので，①のように先行詞 the gentleman が不要である。したがって，He is not the gentleman what he used to be. は①と②を混同した誤った表現。なお，that の代わりに which を用いることもできる点に注意。

CHECK 7-20　unless と if not の違いに注意！

unless と if not は置き換えることができる場合が多いが，そうではないこともあるので注意しよう。

① I will go there unless it snows.

　「雪が降らない限りそこに行きます（雪の場合を除けばそこに行きます）」

② I will go there if it does not rain.「雨が降らなければそこに行きます」

③ He drives recklessly. We'll be surprised if he doesn't have an accident.

　「彼は無謀な運転をする。事故にあわなければ驚きますよ」

④ He drives recklessly.× We'll be surprised unless he has an accident.

※①は「雪が降らない場合にのみ行く，行かないことがあるとすれば雪が降ったときだけだ」という意味合い。unless は主節の内容を否定する唯一の条件を表す。②には①のような排他的な意味はない。④は直訳すると「彼が事故にあわない限り私たちは驚くだろう」となり不自然。

CHECK 7-21　whether と if の使い分けに注意！

whether と if は置き換えることができる場合が多いが，次の点に注意しよう。

① 直後に or not がくる場合は if を用いることができない。

　「彼は私たちに協力してくれるのかなあ」

　　　　○ I wonder whether or not he will help us.

　　　　× I wonder if or not he will help us.

② 《to＋動詞の原形》が続く場合は if を用いることができない。

　「彼は私たちに協力するかどうか決めかねている」

　　　　○ He hasn't decided whether to help us or not.

　　　　× He hasn't decided if to help us or not.

③ 《if＋S V》は文頭で主語にできない。

　「彼が私たちに協力してくれるかどうかは定かではない」

　　　　○ Whether he will help us or not is uncertain.

　　　　× If he will help us or not is uncertain.

④ 《if＋S V》を前置詞の目的語にできない。

　「私たちの成功は彼が協力してくれるかどうかによって決まる」

　　　　○ Our success depends on whether he will help us or not.

　　　　× Our success depends on if he will help us or not.

⑤ 《if＋S V》を同格節にすることはできない。

　「彼が私たちに協力してくれるかどうかは疑わしい」

　　　　○ There is some question whether he will help us or not.

　　　　× There is some question if he will help us or not.

CHECK 7-22 分詞から転用された接続詞

① given (that) S V「〜だとすれば」≒ providing〔provided〕≒ supposing ≒ assuming

　例：<u>Given</u> (that) the radius is 15 cm, find the circumference.
　　　「半径15cm として円周を求めよ」

② granting〔granted〕(that) S V「仮に〜だとしても」

　例：<u>Granting</u> it is true, I cannot hate her.「それが事実でも彼女を憎めない」

③ considering (that) S V「〜であることを考えれば」

　例：<u>Considering</u> he lacks experience, he is doing well.
　　　「経験の無いことを考えれば彼はよくやっている」

④ seeing (that) S V「〜であるからには」

　例：<u>Seeing</u> he has four children, he is probably over thirty.
　　　「子供が4人いることからすると彼は30歳を過ぎているだろう」

※前置詞のなかにも分詞から転用されたものがある（⇨ **CHECK 8-9** ）。

8　前置詞に関する項目

CHECK 8-1　〈差〉を表す前置詞 by の用法

① He is younger than I <u>by</u> four years.「彼は私より 4 歳年下だ」

② The temperature fell <u>by</u> five degrees.「気温が 5 度下がった」

③ I missed the last train <u>by</u> 3 seconds.「3 秒の差で最終電車に乗り遅れた」

CHECK 8-2　worth の用法をマスターしよう！

① This book is worth reading twice.「この本は 2 度読む価値がある」

　　×This book is worth to read twice.

　　×This book is worth being read twice.

　※ worth は前置詞なので，動名詞や名詞が目的語になる。不定詞は目的語にならない。
　　また，動名詞が目的語の場合，文の主語は動名詞の意味上の目的語でなければならない
　　ので，〈worth being *done*〉という形は誤りとなる。以下のようにして確かめるとよい。

　　　<u>This book</u> is worth reading twice. → reading this book（○）
　　　　　S 　　　　　　　　　　　　　　　　　 → being read this book（×）

② It is worth（while）reading this book twice.

　　≒It is worth while to read this book twice.

　※ It は形式主語で，reading this book twice や to read this book twice が真主語である。
　　while は「時間」という意味の名詞で，worth の目的語である。真主語が動名詞の場合，
　　while は省略可能である。

　　以下のような表現は誤りとなる。

　　×It is worth to read this book twice.

　　×This book is worth while reading twice.

③ Reading this book twice is worth while〔worthwhile〕.

　※ Reading this book twice が文の主語。worthwhile と綴ると形容詞になる。

CHECK 8-3　〈譲歩〉「～にもかかわらず」を表す（群）前置詞を覚えよう！

despite　　　　in spite of　　　for all　　　with all　　　notwithstanding

---

CHECK 8-4　〈理由〉「～のために」を表す群前置詞を覚えよう！

owing to ～　　because of ～　　on account of ～

due to ～　　　thanks to ～　　　on (the) ground(s) of ～

CHECK 8-5　〈付帯状況〉の with は 2 文に分けて意味をとるのがコツ！

He was reading <u>with</u> his sons playing with blocks beside him.

　＝He was reading, and his sons were playing with blocks beside him.

「彼は読書をしていた。そして，その傍らで息子たちは積木で遊んでいた」

CHECK 8-6　注意すべき but「〜する以外」の用法―― but to *do* と but *do* の使い分け

「彼に助言を求めるしかない」：but を用いて英語にすると以下のようになる。

●〈but to *do*〉を用いて

① I have no choice〔no option / no alternative / nothing〕but to ask him for advice.

② There is no help for it〔no choice / no option / no alternative / nothing for it〕but
to ask him for advice.　　　　　　　　　　　　　　　（help「他のやり方，救済法」）

●〈but *do*〉を用いて

③ I can do nothing but ask him for advice.

④ There is nothing to do but ask him for advice.

※③・④のように前に do, does, did があるときは，but to *do* ではなく but *do* となる。
but *do* を用いた例文として以下のものも覚えておこう。

He does nothing but read all day.「彼は一日中本ばかり読んでいる」

What can I do but〔besides〕complain？「文句を言う以外に何ができるだろうか？」

CHECK 8-7　分離の of

① He robbed me <u>of</u> my bag.　　　　　　　　（×）He robbed my bag.

　「彼は私からバッグを奪った」

② within three kilometers <u>of</u> the station　　（×）within three kilometers <u>from</u> the station

　「駅から3キロ以内のところに」

類例：deprive *A* of *B*「*A* から *B* を奪う」

　　　cure *A* of *B*「*A*（患者）の *B*（病気）を治療する」

　　　heal *A* of *B*「*A*（患者）の *B*（病気）を治す」

　　　clear *A* of *B*「*A*（場所）から *B* を片付ける」

　　　cleanse *A* of *B*「*A* から *B* を取り除く」

CHECK 8-8　beside と besides の違いに注意！

① She came up and sat <u>beside</u> him.「彼女がやってきて彼の隣に座った」

　　　　　　　　　　　（≒ by）

② She looked young <u>beside</u> my mother.「彼女は私の母に比べると若く見えた」

　　　　　　　　　　　（≒ compared with）

③ I have no friends <u>besides</u> him.「私には彼以外に友達がいない」

　　　　　　　　　　　（≒ but / except）

④ We need salt <u>besides</u> water.「水に加えて塩が必要だ」

　　　　　　　　　　　（≒ in addition to）

※③否定文の場合に，but または except で書き換えることができる。

CHECK 8-9 分詞から転用された前置詞

① given「～を考えると」≒ considering ≒ taking ～ into consideration〔account〕

　例：(1) Given her experience, she did well.

　　　　「彼女の経験を考えれば，彼女はよくやった」

　　　(2) Considering his age, he looks young.「彼は年のわりには若く見える」

② notwithstanding「～にもかかわらず」≒ in spite of ～≒ despite ≒ for〔with〕all ～

　例：Notwithstanding the doctor's advice, he didn't give up smoking.

　　　「医者が忠告したが彼は煙草を止めなかった」

③ following「～のあとで」≒ after

　例：Following the fall of yen, the stock prices went up.

　　　「円の下落に続いて株価が上がった」

④ regarding「～に関しては」≒ concerning ≒ as for ～≒ as to ～

　例：Regarding your question, I can't say anything now.

　　　「あなたの質問に関しては今は何も言えません」

⑤ including「～を含めて」

　例：All the members, including him, were against the plan.

　　　「彼を含めて会員の全員がその計画に反対した」

⑥ excluding「～を除いて」≒ excepting

　例：There were ten men, excluding him.「彼を除いて10人の男性がいた」

※接続詞のなかにも分詞から転用されたものがある（⇨ **CHECK 7-22** ）。

9　比較に関する項目

CHECK 9-1　重要同意表現——原級⇔比較級⇔最上級

No other mountain in Europe is <u>so high as</u> Mont Blanc.

「モンブランほど高い山はヨーロッパにはない」

=Mont Blanc is <u>higher than any other</u> mountain in Europe.

「モンブランはヨーロッパの他のどの山よりも高い」

=<u>No other</u> mountain in Europe is <u>higher than</u> Mont Blanc.

「モンブランより高い山はヨーロッパにはない」

=Mont Blanc is <u>the highest of all</u> the mountains in Europe.

「モンブランはヨーロッパのすべての山の中で一番高い」

CHECK 9-2　重要同意表現——「～というよりもむしろ…」

She is sleepy <u>rather than</u> tired.「彼女は疲れているというよりはむしろ眠いのだ」

=She is <u>rather</u> sleepy <u>than</u> tired.

=She is <u>not so much</u> tired <u>as</u> sleepy.

=She is <u>more</u> sleepy <u>than</u> tired.

=She is <u>less</u> tired <u>than</u> sleepy.

CHECK 9-3　「二者のうちで～なほう」と「…のうちで最も～な」の違いに注意！

① My elder brother is <u>the taller of the two men</u>.

「私の兄はその2人の男性のうちで背が高いほうです」

② My elder brother is <u>the tallest of the three men</u>.

「私の兄はその3人の男性のうちで最も背が高い」

※ of ～「～のうちで」が続くのは最上級とは限らないことに注意。①のように「二者のうちで」という場合は〈the＋比較級〉である。

CHECK 9-4　〈the＋比較級＋S´ V´, the＋比較級＋S V〉——頻出！！

〈the＋比較級＋S´ V´, the＋比較級＋S V〉で「～すればするほどますます…」となる。

① The more we get, the more we will want.「持てば持つほど，ますます欲しくなる」

　=② We will want (the) more, the more we get.

　=③ As we get more, we will want more.

※①の前半の節（従属節）に will を使うことは不可。②のように主節と従属節の順番が入れかわると，主節の語順が通常の語順になり，the も省かれることが多い。また，③のような書きかえも重要である。

CHECK 9-5 ２語以上で助動詞の働きをするもの

① had better「〜するほうがよい，［２人称で］〜しなさい」
② may well「〜するのももっともだ，たぶん〜だろう」
③ may〔might〕(just) as well「〜するほうがよい，〜してもよい」
④ would〔had〕rather「むしろ〜したい」
⑤ would〔had〕sooner「むしろ〜したい」
⑥ would〔had〕(just) as soon「むしろ〜したい」

CHECK 9-6 much less 〜 と much more 〜 の違いに注意！

① He can't ride a bicycle, <u>much less</u> a motorcycle.
  「彼は自転車に乗れない。ましてバイクなど言うまでもない」
    ＝He can't ride a bicycle, <u>let alone</u> a motorcycle.
② He can ride a motorcycle, <u>much more</u> a bicycle.
  「彼はバイクに乗れる。自転車など当たり前だ」
※否定文には much less，肯定文には much more を用いる。much の代わりに still などを
  用いることもある。また類似表現に，to say nothing of 〜, not to mention 〜, without
  mentioning 〜, not to speak of 〜 などがある。

10 特殊表現・語順に関する項目

CHECK 10-1 〈if S should 〜〉の盲点!

① Even if the sun (○) <u>were to rise</u> in the west, I would never change my mind.
     (×) <u>should rise</u>

 「たとえ太陽が西から昇っても,私は決して考えを変えません」

 ※ should はまったくあり得ないことには用いない。

② (○) <u>Should you not be able to come</u>, please let me know in advance.

 (×) <u>If you should not be able to come</u>

 「万一来られなくなったら,前もって知らせて下さい」

 ※ If 節内には否定語を用いない。<u>If you should be unable to come</u> なら可。

CHECK 10-2 話法がかわると〈時〉を表す副詞(句)がかわる点に注意!

直接話法	→	間接話法
now「今」	→	then「そのとき」
today「今日」	→	that day「その日」
yesterday「昨日」	→	{ the day before / the previous day } 「その前日」
tomorrow「明日」	→	{ the next day / the following day } 「その翌日」
next week「来週」	→	{ the next week / the following week } 「その次の週」
the day before yesterday「一昨日」	→	two days before「その2日前」
the day after tomorrow「明後日」	→	{ two days after / two days later } 「その2日後」
last night「昨夜」	→	{ the night before / the previous night } 「その前夜」
last year「昨年」	→	{ the year before / the previous year } 「その前年」
〜 ago「(今から)〜前に」	→	〜 before「(そのときから)〜前に」

CHECK 10-3 部分否定は語順に注意!

① Not <u>all</u> of them can solve the problem.

 「彼らの全員がその問題を解けるわけではない」

② <u>All</u> of them can't solve the problem.

 (1)「彼らの全員がその問題を解けるわけではない」

 (2)「彼らの全員がその問題を解けない」

※①のように not が all に先行すると部分否定になるが,②のような形では2通りの意味になる。not と結び付くと部分否定になる語には以下のものがある。

all / both / every / quite / always / necessarily / altogether / fully / absolutely / exactly / totally / completely / entirely など。

CHECK 10-4 〈命令文，and S V〉と〈命令文，or S V〉の違いに注意！

① Read carefully, <u>and</u> you will get something.
「注意深く読みなさい。そうすれば何か得られるでしょう」
　　＝If you read carefully, you will get something.
　　「注意深く読めば，何か得られるでしょう」

② Read carefully, <u>or</u> you will get nothing.
「注意深く読みなさい。さもないと何も得られませんよ」
　　＝If you don't read carefully, you will get nothing.
　　「注意深く読まなければ，何も得られませんよ」
　　≒Unless you read carefully, you will get nothing.
　　「注意深く読まない限り，何も得られませんよ（注意深く読んだときだけ何か得られます）」

CHECK 10-5 主語が示された命令文

① You wash these and she will wipe them.
「君はこれらを洗いなさい。彼女が拭くから」
② Don't you be noisy！「本当に静かにしなさい！」
※①は命令された人が誰であるかを明確にするために主語が示されている。
　②はいら立ちの気持ちを表す。

CHECK 10-6 〈理由〉を尋ねるさまざまな表現

Why did he come here？「どうして彼はここに来たのですか？」
　＝What caused him to come here？
　＝What made him come here？
　＝What did he come here for？
　＝How come he came here？

CHECK 10-7 〈目的〉を表すさまざまな表現

We walked fast <u>so (that)</u> we <u>might</u> catch up with her.
「彼女に追いつくために急ぎ足で歩いた」 ※略式では that は省略する！
=We walked fast <u>(in order) that</u> we <u>might</u> catch up with her.
　※in order の省略は堅い表現。
=We walked fast <u>in order to</u> catch up with her.
=We walked fast <u>so as to</u> catch up with her.
　※(○) I made room <u>in order for her to</u> sit down.
　（×）I made room <u>so as for her to</u> sit down.
　　　　so as to do は意味上の主語を置くことができない！
=We walked fast <u>for the purpose of</u> catching up with her.
=We walked fast <u>with a view to</u> catching up with her.
=We walked fast <u>with the view of</u> catching up with her.

CHECK 10-8 〈他動詞＋代名詞＋副詞〉──語順に注意！

① put off the meeting ＝ put the meeting off 「会議を延期する」
② put it off (○)
③ put off it (×)
※①のように目的語が名詞の場合は 2 通りの形が可能だが，目的語が代名詞の場合は，③の形は不可。
《その他の例》put on「着る」，try on「試着する」，call up「電話する」，give up「あきらめる」，look up「調べる」など。

CHECK 10-9 〈否定語＋倒置文〉──語順に注意！

① "I'm not hungry." 「おなかは空いていない」
　"<u>Neither</u> am I." 「私もだ」
　　="<u>Nor</u> am I." / "I'm not, either." / "Me, neither." / "Me, either."
② He doesn't smoke, (and) <u>neither</u> does he drink.
　「彼はタバコも吸わないし，酒も飲まない」
　　=He doesn't smoke, (and) <u>nor</u> does he drink.
　　=He doesn't smoke, and he doesn't drink, either.
　※neither は副詞，nor は接続詞だが，いずれの場合も and はあってもなくてもよい。

CHECK 10-10 重要書き換え表現──「～してはじめて…」

「そこへ行くまでは状況の深刻さがわからなかった」
① It was not until I went there that I realized how serious the situation was.
　=② Not until I went there did I realize how serious the situation was.
　=③ I didn't realize how serious the situation was until I went there.
※①は強調構文。②は〈否定語句＋倒置文〉の形になっている点に注意。

CHECK 10-11　強調構文 It is 〜 that …

It is〔was〕〜 that …「…なのは〜である〔だった〕」は〜の部分を強調するための構文である。強調する〜の部分には名詞・名詞句だけでなく，①のように副詞句・副詞節もくる。

① It was on my birthday that she gave me a watch.
　　「彼女が私に時計をくれたのは誕生日だった」
② It was she that gave me a watch on my birthday.
　　「誕生日に私に時計をくれたのは彼女だった」
　　※ that は who で代用可。
③ It was a watch that she gave me on my birthday.
　　「誕生日に彼女が私にくれたのは時計だった」
　　※ that は which で代用可。

CHECK 10-12　重要書き換え表現──「〜するときは必ず…」

「この写真を見るときはいつも学生時代を思い出す」

① Whenever I see this photograph, I remember my school days.
　＝② I can never see this photograph without remembering my school days.
　＝③ I can never see this photograph but I remember my school days.

※①は whenever の代わりに every time や each time を用いることができる。
　②の直訳は「学生時代を思い出さずにこの写真を見ることはできない」となる。
　③は，never 〜 but … で，これは〈否定語句＋従位接続詞（but）〉の形。

CHECK 10-13　重要書き換え表現──「〜ならばなあ」

① How I wish I knew how to do it !「そのやり方がわかればよいのに」
　≒② If only I knew how to do it !
　≒③ I am very sorry that I don't know how to do it.
　≒④ It is a great pity that I don't know how to do it.
⑤ How I wish I had known how to do it !
　「そのときそのやり方を知っていればよかったのに」
　≒⑥ If only I had known how to do it !
　≒⑦ I am very sorry that I didn't know how to do it.
　≒⑧ It is a great pity that I didn't know how to do it.

※①・②の下線部は仮定法過去形，⑤・⑥の下線部は仮定法過去完了形。②は How happy I would be if only I knew how to do it ! の省略表現。⑥は How happy I would be if only I had known how to do it ! の省略表現。

CHECK 10-14 〈結果〉〈程度〉を表す表現の整理

① He is <u>so</u> wise (that) he can tell the difference.

＝② He is <u>such</u> a wise man that he can tell the difference.

＝③ He is <u>so</u> wise a man that he can tell the difference.

＝④ <u>So</u> wise is he that he can tell the difference.

＝⑤ <u>Such</u> is his wisdom that he can tell the difference.

＝⑥ His wisdom is <u>such</u> that he can tell the difference.

＝⑦ He is wise <u>enough</u> to tell the difference.

「彼はとても賢いのでその違いがわかる（彼は違いがわかるほど賢い）」

≒⑧ He is <u>too</u> wise not to tell the difference.

「彼はとても賢いので違いがわからないわけがない」

※①のように that は省略可能である点に注意。②は such（a）＋形容詞＋名詞の語順に注意。③は so＋形容詞＋a＋名詞の語順に注意。such は形容詞で離れた位置から名詞を修飾し，so は副詞で直前で形容詞を修飾する。④は強調のために So wise が文頭にきたもの。語順が is he となる点に注意。⑤の場合も強調のために Such が文頭にきて is his wisdom と倒置されている点に注意。⑥は⑤が通常の語順に戻ったもの。⑦の enough は副詞で，形容詞の wise を後ろから修飾する点に注意。⑧は not が to tell を否定している。なお，以下のように不定詞を用いた表現もある。

He is so wise as to tell the difference.

He is such a wise man as to tell the difference.

CHECK 10-15 〈so＋倒置文〉と〈so＋平叙文〉の違いに注意！

① She likes gardening and so does her mother（＝and her mother does too）.

「彼女はガーデニングが好きだ。母親もそうだ」

② He is a boozer. So is his father（＝His farther is too）.

「彼は大酒飲みだ。父親もそうだ」

③ "It is very cold today." "So it is." 「とても寒い」「全くだ」

※ So＋助動詞〔be 動詞〕＋主語で「〜もまた…」の意味。So＋主語＋助動詞〔be 動詞〕は相手の発言に対する強い肯定を表す。

CHECK 10-16 hardly, hardly ever, hardly any の違いに注意！

① I hardly understand what he says. 「彼の言うことはほとんど理解できない」
　　＝Hardly do I understand what he says. 　（否定語＋倒置文の形）
② We hardly ever go camping. 「キャンプにはめったに行かない」
　　＝Hardly ever do we go camping. 　（否定語＋倒置文の形）
　　（×）Hardly do we ever go camping.
③ There is hardly any wine left in the bottle. 「ボトルにはほとんどワインがない」
　　＝There is little wine left in the bottle.
※① hardly は〈程度〉を表す。＝scarcely
　② hardly ever は〈頻度〉を表す。＝scarcely ever＝seldom＝rarely
　③ hardly any は〈量・数〉を表す。＝scarcely any
　　　　　　　　　　　　　　　　　　＝little＋不可算名詞または few＋可算名詞
《参考》barely 　(1)「かろうじて～」 　(2)「ほとんど～ない」＝hardly
　(1) He barely escaped death. 「かろうじて死を免れた」
　(2) I can barely hear you. 「ほとんど聞こえません」

CHECK 10-17 重要書き換え表現——「～がなければ」

① If it were not for his support, she might fail.
　「彼の支援がなければ，彼女は失敗するかもしれない」
　　＝Were it not for his support, she might fail.
② If it had not been for his support, she might have failed.
　「彼の支援がなければ，彼女は失敗していたかもしれない」
　　＝Had it not been for his support, she might have failed.
※①は帰結節に仮定法過去時制を含む場合，②は帰結節に仮定法過去完了時制を含む場合に用いる。それぞれ倒置・省略表現に注意。また，どちらも Without や But for で書きかえることができる点にも注意。

CHECK 10-18 重要書き換え表現——「いくら～してもしすぎることはない」

You cannot be too careful in crossing the street.
「その通りを渡るときはいくら注意してもしすぎることはない」
　　＝You cannot be careful enough in crossing the street.
※それぞれ副詞の位置に注意。

MEMO

MEMO